FASCISMO À BRASILEIRA

PEDRO DORIA

FASCISMO À BRASILEIRA

COMO O INTEGRALISMO, MAIOR MOVIMENTO DE EXTREMA-DIREITA DA HISTÓRIA DO PAÍS, SE FORMOU E O QUE ELE ILUMINA SOBRE O BOLSONARISMO

Planeta

Copyright © Pedro Doria, 2020
Copyright © Editora Planeta do Brasil, 2020
Todos os direitos reservados.

PREPARAÇÃO: Andressa Veronesi
REVISÃO: Tiago Ferro e Carmen T. S. Costa
DIAGRAMAÇÃO: Nine Editorial
CAPA: Departamento de criação da Editora Planeta do Brasil
PESQUISA ICONOGRÁFICA: Tempo Composto

DADOS INTERNACIONAIS DE CATALOGAÇÃO NA PUBLICAÇÃO (CIP)
ANGÉLICA ILACQUA CRB-8/7057

Doria, Pedro
Fascismo à brasileira – como o integralismo, maior movimento de extrema-direita da história do país, se formou e o que ele ilumina sobre o bolsonarismo / Pedro Doria. – São Paulo: Planeta, 2020.
280 p.

ISBN 978-65-5535-131-6

1. Fascismo 2. Fascismo - História 3. Fascismo - Brasil 4. Brasil - Política e governo 5. Ação Integralista Brasileira (Partido político) I. Título

20-2482 CDD 335.6

Índices para catálogo sistemático:
1. Fascismo – Brasil.

2021
Todos os direitos desta edição reservados à
EDITORA PLANETA DO BRASIL LTDA.
Rua Bela Cintra 986, 4º andar – Consolação
São Paulo – SP CEP 01415-002
www.planetadelivros.com.br
faleconosco@editoraplaneta.com.br

Para Lya
(*And the way you look tonight*)

È questo il fiore del partigiano,
O bella ciao, bella ciao, bella ciao, ciao, ciao,
È questo il fiore del partigiano
Morto per la libertà

Esta é a flor do homem da Resistência,
Adeus, minha bela, adeus, adeus, adeus,
Esta é a flor do homem da Resistência
Que morreu pela liberdade

("Bella Ciao", canção antifascista italiana)

SUMÁRIO

Antes de começar............................ 11
A Cidade Eterna............................... 16
O ovo da serpente 27
4 de outubro................................... 59
A formação de um líder fascista 90
Um integralista não corre, voa........ 128
A última marcha............................ 173
Depois.. 231
Plínio e Bolsonaro......................... 236

ANTES DE COMEÇAR

Prezado leitor, nas próximas páginas segue uma história da Ação Integralista Brasileira (AIB), o maior movimento fascista do mundo fora da Europa entre os anos 1920 e 1940. Foi, também, o maior movimento popular de direita da nossa história – ao menos até o surgimento de Jair Bolsonaro. Em seu auge, a AIB contou com mais de 1 milhão de afiliados num país que passara fazia pouco dos 30 milhões de habitantes.

É até difícil de imaginar, mas, em meados dos anos 1930, era comum nas ruas das grandes cidades brasileiras cruzar com homens vestindo calça preta, camisa verde, gravata preta e uma braçadeira semelhante à nazista contendo, dentro do círculo branco, não uma suástica, mas a letra grega Σ (sigma). No Brasil, como em outros cantos, a esquerda tinha uma expressão para se referir a eles: os "encamisados". De preto na Itália, de cáqui na Alemanha, de verde cá no Brasil. O apelido não veio à toa. Parte do *éthos* fascista era estar uniformizado, que remetia a uma padronização de toda a sociedade como eles consideravam ideal. Assim como remetia à disciplina militar pela qual cultivavam fetiche.

Esse fetiche militar aparece no bolsonarismo, como tantas outras características do fascismo. Conforme ponho as últimas palavras neste livro, o Brasil avança no terceiro mês da quarentena imposta pela Covid-19. A total falta de empatia com os mortos deixou mais clara, no presidente Jair Bolsonaro, aquilo que os freudianos chamam de pulsão de morte. Essa força que vem de dentro, uma violenta atração pela destruição não só da vida mas também do outro. Do diferente. É alguém que compreende liberdade como a permissão da violência, como a imposição de um jeito único de ser. Tampouco os integralistas conseguiam lidar com a liberdade no sentido liberal-democrata – aquele espaço permitido a cada um para buscar o seu melhor, com tolerância por desacordos. Aquele foi um tempo em que esse ideal iluminista, o da tolerância por diferenças, o de culto ao debate, foi questionado de frente. Foi um tempo como este nosso. Os afetos do bolsonarismo são fascistas, embora o bolsonarismo tenha muitos traços distintos daquele fascismo.

Nunca lemos a história separada do tempo presente. Assim, é inevitável perceber que, como o integralismo, também o bolsonarismo faz parte de um movimento internacional que inclui Donald Trump, nos Estados Unidos, Viktor Orbán, na Hungria, Matteo Salvini, na Itália, entre outros. A história sempre ilumina aquilo que vivemos. Além da atração por armas de fogo, do encantamento com o militar e do flerte com a violência física, também existiam a preocupação em usar o Estado para dar forma a uma cultura nacionalista e o sistema educacional como máquina de uniformização do pensamento. Mas aquilo que Benito Mussolini batizou de fascismo também trazia muitas diferenças importantes – a extrema-direita de hoje não é um movimento que nasce de ambições intelectuais. O comando do integralismo era formado por artistas e pensadores, Benito Mussolini era um leitor voraz, António Salazar, um acadêmico. Mesmo Hitler, um artista de segunda, trouxe para sua proximidade filósofos, cineastas, e alguns dos melhores cientistas alemães. Não só, havia a disciplina. Os encamisados de verde, muito rígidos em relação à ideia de um comportamento educado, rigorosos com a polidez no trato, certamente ficariam chocados com a rudez dos seus sucessores brasileiros.

Essa é uma discussão, a das diferenças e semelhanças, igualmente importante. Ela remete à busca pelas respostas a duas perguntas. O que a AIB nos ensina sobre o bolsonarismo? E, claro, o que é fascismo? Mas cumpre não adiantar o debate, caro leitor. Ele fica para após o clímax final. Me permita antes levá-lo ao Brasil dos anos 1930. Recriar esse país para você, guiá-lo por seus debates, pelos corredores do mundo integralista. Ao fim, é inevitável que retornemos ao presente. À comparação entre Plínio Salgado e Jair Bolsonaro. No que se tocam e no que se afastam. O bolsonarismo é grande hoje. Mas como foi grande, como foi presente, como chegou a parecer inevitável o integralismo, ontem.

A AIB durou quatro anos desde o seu nascimento, em outubro de 1933, até ser tornada ilegal, em dezembro de 1937. Ainda caiu na clandestinidade por uns meses até o ponto em que a história deste livro chega a seu clímax final. Mas essa parte, para quem não conhece, tampouco cumpre adiantar.

O grupo tinha um *duce*, um *führer*, que aqui batizaram de Chefe Nacional. Plínio era um político paulista do interior, muito magro e baixo, mas, perante um microfone, eletrificava o público. Já velhinhos, muitas décadas depois, integralistas ainda depunham comovidos a respeito da emoção que sentiam perante seus discursos. Antes de ser político, Plínio se tornara conhecido como escritor e jornalista. Como escritor, leu poemas seus no palco do Theatro

Municipal de São Paulo durante a Semana de Arte Moderna de 1922. Não só era um romancista razoável do modernismo brasileiro, como, até sua morte em 1975, teve entre seus melhores amigos outros expoentes daquela geração, como Menotti del Picchia e Cassiano Ricardo.

Não era só ele. O número dois da AIB era o historiador Gustavo Barroso, que já havia presidido a Academia Brasileira de Letras quando a Ação surgiu. O número três, Miguel Reale, foi um dos maiores juristas brasileiros do século XX. Foram integralistas o folclorista Luís da Câmara Cascudo, o então padre Hélder Câmara, o político San Tiago Dantas e, depoimentos afirmam, o poeta Vinicius de Moraes. Vinicius no mínimo se sentiu tentado a se juntar ao grupo; todos os seus amigos de faculdade eram integralistas. Ele próprio sempre evitou o tema. Muitos, como dom Hélder, San Tiago ou Vinicius, passaram por transformações pessoais que os levaram à esquerda ao longo da vida. Outros, como Miguel Reale, se tornaram conservadores moderados. Nem todos. Plínio e Barroso morreram confortavelmente embalados pela direita autoritária.

Há duas maneiras de ler este livro. O integralismo está inserido num ambiente que surge com os camisas negras italianos liderados por Benito Mussolini. O tipo de discurso que Mussolini fazia, suas práticas de militância e o método baseado no terror que o levou a uma rápida ascensão inspiraram políticos com inclinações semelhantes em todo o Ocidente. O capítulo 2 é todo passado na Itália e conta esta história: a de como o fascismo nasceu, como se estruturou, como seduziu milhões de pessoas. Plínio seguiu a fórmula de Mussolini e, assim, ergueu um movimento formidável que Getúlio Vargas enxergou como a maior ameaça que existia ao seu poder. O capítulo 2 está lá para quem deseja compreender esse contexto. Quem, no entanto, já conhece a história do fascismo ou tem a curiosidade aguçada por compreender especificamente o que foi a AIB pode, perfeitamente, pular o capítulo. Do 1 saltar ao 3. Não haverá perda e toda a história do fascismo brasileiro estará lá.

Por fim, um último ponto. Dois amigos me ajudaram muito com este livro. Ricardo Rangel e Christian Lynch. De pequenas correções fundamentais que sugeriram passando pelas longas conversas sobre a política de ontem e a de hoje, me ajudaram a refinar a compreensão daquilo que li e ouvi. Como ajudaram, como lhes sou agradecido.

Agora, já no virar da página, Plínio Salgado está para viver o mais importante encontro de sua vida.

Pedro Doria
Gávea,
junho de 2020

A CIDADE ETERNA

No final da tarde de 14 de junho de 1930, Plínio Salgado viveu o encontro mais importante de sua vida. Havia algumas nuvens no céu,[1] em Roma, mas fazia calor e não havia sinal de chuva. Os termômetros chegaram a bater em 31°C no meio da tarde. Era dia claro, ainda, às 18h; o sol só iria se pôr quase às 20h. Ele estava ansioso, Plínio. Apenas a sala em que entrou já causava impressão. Dezoito metros de comprimento, quinze de largura, num canto, uma larga mesa de madeira sólida, cuidadosamente talhada, com um elegante abajur *art déco* no meio. Nas paredes, afrescos de cinco séculos cobrindo toda a superfície e uma lareira imponente, e o chão marcado por um mosaico de motivos gregos em pedra tão bem lustrada que chegava a brilhar. Cinco janelas davam para a praça em frente, a do centro

---

[1] LA STAMPA. Turim, 15 jun. 1930.

abrindo para uma sacada. O ocupante daquela sala fazia muito uso da estreita varanda para discursos intensos, marcados por gestos fortes, ampliados por microfones de rádio e cinema. No momento em que entraram, o sol iluminava o ambiente através dos vidros. Era a sala mais importante do palácio construído por um papa renascentista para si, a oito minutos de caminhada do Pantheon. Papa rico, nobre, sobrinho de outro papa. Nascido e criado para emanar poder. Ainda a chamavam de *Sala del Mappamondo*, embora o imenso mapa do mundo que a marcara de origem já não existisse havia muito tempo. Fora isso, mantinha--se intocada, restaurada com a mesma aparência dos tempos de Paulo II. Menos o mapa, marco de uma era antes de a Reforma destruir o poder que a Igreja manteve sobre todo o continente por dez séculos. Um papa morto onze anos antes de Colombo descobrir a América e tudo mudar – incluindo o mapa. Uma sala, afinal, adequada às ambições de seu novo inquilino. Pois os esperando, com simpatia, estava *il Duce*, quadragésimo e mais jovem primeiro-ministro da história italiana. Benito Mussolini.

O premiê estava sentado à mesa quando o pequeno grupo entrou. Vestia paletó cinza e calças amarelas.[2] Levantou-se de pronto e rumou em sua direção. "Sejam bem-vindos, amigos brasileiros", disse. À frente do trio, Plínio estava ansioso. Todos lhe disseram que o encontro seria muito difícil de marcar. O embaixador brasileiro, Oscar de Teffé, irmão da viúva de um ex-presidente, já o alertara. Jornalistas às vezes esperavam meses por uma entrevista. Entre as maiores estrelas políticas europeias, o *Duce* era um homem ocupado. E Plínio era um jornalista feito político. Como, aliás, Mussolini. O assessor de imprensa do premiê, Lando Ferretti, confirmara que seria difícil. Mas aí veio um encaixe, só quinze minutos de duração às 18h, combinados na manhã do mesmo dia. Um dirigir-se apressado ao Palazzo Venezia. "Tinha certeza que teria, na minha

---

2 O PAIZ. Rio de Janeiro, 27 jul. 1930.

frente, dois braços cruzados numa estatura de atleta", escreveria depois o brasileiro. "A catadura fechada do ditador."

Estava a dias de completar 47 anos, Mussolini. Não era alto. Mas era imponente. "Tinha um queixo viril",[3] descreveu naquele tempo um parlamentar japonês. "Impressionava pela tez, pela cabeça grande",[4] comentou um estudante brasileiro que o conheceu uns anos depois. Os olhos, de um azul muito vivo, eram constantemente mencionados por todos que o encontraram. Olhos intensos, expressivos. Atentos. Nas conversas pessoais, observava fixo enquanto ouvia. Era excelente ouvinte. Quando falava de ideias, porém, tinha o hábito de virar os olhos para cima, fitando o nada. E ele gostava de ideias. *Mussolini é um emotivo*, pensou Plínio. "Muito bem informado sobre nossa terra",[5] percebeu um de seus companheiros, o escritor Mário Graciotti.

E informado parecia mesmo estar. O chanceler comentou brevemente sobre o governo Washington Luís e logo se meteu numa conversa de teoria política. Agitado, Plínio falava muito. Estava fascinado com a Itália, lera muitos artigos do *Duce* e buscava comparações com o momento brasileiro. "Constatei que o prestígio do fascismo vem, em grande parte, do primado que deu à inteligência", comentou. "Não à erudição estéril, o apego aos textos e utopias", seguiu, mas "à inteligência viva e ágil que apreende o sentido dos tempos modernos". Para Plínio, o Brasil estava se aproximando disso com uma nova geração de intelectuais. "Uma consciência realista." O jovem deputado estadual paulista que abandonara o mandato parecia buscar alguma forma de pragmatismo. Mussolini estendeu o dedo indicador com ênfase. "Sim, esse é o

---

3 HOFMANN, Reto. *The Fascist Effect*: Japan and Italy, 1915-1952. Ithaca, EUA: Cornell University Press, 2015.
4 NERY, Sebastião. *Folclore político*: 1950 histórias. São Paulo: Geração Editorial, 2002.
5 GRACIOTTI, Mário. *Os deuses governam o mundo*: a magia e a ciência de Paracelso. São Paulo: Nova Época Editorial, 1980.

programa", confirmou no seu leve sotaque toscano. "Também como eu, ele pensa que antes da organização de um partido é necessário o movimento de ideias",[6] contaria Plínio, depois, a um amigo. "Mussolini lera no meu olhar meu grande amor pelo Brasil. Augurou-me os mais completos triunfos à mocidade do meu país."[7] Não era só isso que desejava o comandante. "Quero pedir aos senhores, que são intelectuais e que viram a Itália, que não se esqueçam de contar o que presenciaram." Estava em campanha aberta. "Dediquem alguns momentos desfazendo as falsidades que correm sobre o regime fascista."

E impressionados eles estavam com o país. Na noite antes de chegarem a Roma, Plínio e Mário fizeram o motorista parar o pequeno Fiat no qual viajavam numa cantina que funcionava em casa de família. Comeram bem e beberam um vinho ali do Lazio, um tinto de Velletri, ainda feito seguindo a tradição dos tempos imperiais. E foi assim, inebriados por aquele vinho forte, com o motorista igualmente inebriado cantarolando músicas napolitanas, que seguiram ao norte pela madrugada até verem surgir, à beira do lago Nemi, uma enorme galera que pertencera ao imperador Calígula. Tinha 1,67 km² a superfície da nave, um palácio flutuante que arqueólogos retiraram com o casco intacto ali do fundo, a pedido de Mussolini. Símbolo de uma Roma que havia sido grande. E de uma Roma que voltava a ser grande. Conversavam agitados os dois brasileiros, entusiasmados, quando viram surgir uma curva fechada e na noite sem estrelas um caminhão de feno. Bateram de frente – ninguém se machucou. "*Sono rovinato*",[8] gritou o pobre motorista, com a ênfase dramática dos italianos do sul. "Estou arruinado." O radiador, destruído. Estava quase de dia, e a capital, próxima. "Vamos entrar a pé em Roma",

---

6 Carta de Plínio Salgado a Manoel Pinto, datada de 4 de julho de 1930.
7 SALGADO, Plínio. *Como eu vi a Itália*. São Paulo: Sociedade Editora Latina, 1992.
8 GRACIOTTI, Mário. Op. cit.

sugeriu Plínio a Mário. "De lá mandaremos um socorro mecânico", falou, acalmando o motorista. "Não se preocupe, pagaremos todas as despesas."

Hospedaram-se no Hotel Lago Maggiore, no alto de Esquilino, a mais alta das sete colinas romanas. Estavam, assim, a vinte minutos a pé do palácio do *Duce* e ao lado da estação de trens Termini, a principal da cidade. Plínio havia passado meses preparando aquela viagem que se iniciou pelo Egito, em abril, seguiu pela cidade santa de Jerusalém, daí Turquia, e ainda passaria por França, Alemanha e Portugal. Seus custos estavam sendo financiados por um amigo: Alfredo Egídio de Sousa Aranha.[9]

Alfredo era um advogado paulistano rico com profundo respeito intelectual por Plínio. Financiaria, pouco tempo depois, um jornal para o político editar – *A Razão*. Ambos faziam, também, parte da facção insatisfeita dentro do Partido Republicano Paulista. Consideravam a sigla por demais oligárquica, sem vontade de reformas, parte inerente de um regime que decaía a olhos vistos. Décadas depois, Alfredo Egídio seria também fundador do Banco Federal de Crédito, que, nas mãos do sobrinho Olavo Egídio de Sousa Aranha Setúbal, se tornaria o Itaú. Mas, para isso, ainda faltava muito. Naquele ano, as preocupações de Alfredo eram bem mais simples. Queria uma boa formação para seu sobrinho, Joaquim Carlos. Aquela viagem era para ser uma aula viva de história, na qual Plínio Salgado, como preceptor, apresentaria ao rapaz o mundo onde havia nascido a civilização. Insatisfeito na Assembleia Legislativa, que percebia imutável, tentando terminar um romance, Plínio abraçou a oportunidade. Tinha, ele também, muitos planos. Pelo menos um movimento político europeu já mexia com sua imaginação – era a *Action Française*. Mas, por tudo

---

[9] BARBOSA, Jefferson Rodrigues. *Integralismo e ideologia autocrática chauvinista regressiva*: crítica aos herdeiros do sigma. 2012. 717 f. Tese (Doutorado em Ciências Sociais) – Faculdade de Filosofia e Ciências, Universidade Estadual Paulista, Marília, 2012.

que havia lido, algo de interessante lhe parecia surgir na Itália ao redor da *Carta del Lavoro*.

Aprovada em 1927, a lei mergulhava fundo na economia para reinventá-la. "A Nação Italiana é um organismo que tem fins, vida e meios de ação superiores aos dos indivíduos pelos quais é composta, individualmente ou em grupos", afirmava já no artigo primeiro. "É uma unidade moral, política e econômica, realizada inteiramente no Estado Fascista." E então seguia. "Há liberdade de organização profissional ou sindical, mas somente o sindicato legalmente reconhecido e sujeito ao controle do Estado tem o direito de representar a categoria de empregadores ou empregados", determinava o artigo terceiro. Até flertava com a livre iniciativa, para Mussolini atrair o apoio dos industriais. "O Estado corporativo considera a iniciativa privada, no campo da produção, o instrumento mais eficiente e útil da nação; a intervenção estatal na produção econômica só pode ocorrer quando a iniciativa privada está faltando ou é insuficiente." Mas logo, sem discrição, impunha limites a essa liberdade. "Os empregadores têm a obrigação de contratar trabalhadores registrados nos ofícios apropriados, e têm o poder de escolher entre os membros da associação, dando precedência a afiliados do partido e os sindicatos fascistas de acordo com sua antiguidade."

Quem não fosse fascista com carteira de registro não tinha chance naquela Itália. Para Plínio, havia uma lógica importante se desenhando ali. Nacionalista como era, brasileiro dedicado como se sentia, tentava imaginar como fazer para o país dar certo. Um país que, em plena república oligárquica, o frustrava tanto. Era preciso um método. E aquele, o inventado pelos italianos, parecia conseguir botar todos no país trabalhando a serviço da nação. E foi num almoço,[10] oferecido ao deputado pelo embaixador brasileiro no Vaticano, Carlos Magalhães de Azeredo, que, de repente,

---
10 GRACIOTTI, Mário. Op. cit.

surgiu a chance. O embaixador conhecia o assessor de imprensa do governo. E, embora muito difícil, sugeriu Lando Ferretti, no sábado, 14 de junho, talvez houvesse uma abertura.

O que os brasileiros não sabiam é que havia técnica naquele encontro. O premiê italiano dedicava um bom pedaço do dia a conversas pessoais como aquela – estavam no âmago de sua forma de fazer política. Ele contava com uma estrutura, a *Segreteria Particolare del Duce*,[11] que, oficialmente, não pertencia ao Partido Fascista, tampouco ao governo italiano, e, no entanto, àquela altura já reunia mais de cinquenta pessoas. Seu trabalho: criar a ilusão de que *il Duce* era acessível, atento, preocupado. Os funcionários respondiam cartas. Pinçavam, na imprensa diária, histórias de dramas pessoais de seus visitantes, que permitissem intervenções, por vezes demagógicas. Mais de um escritor, estrangeiro ou não, percebeu durante sua audiência pessoal, na mesa do premiê, um exemplar de seu próprio livro. Quem levou revistas ou outros materiais de leitura, mesmo que um tanto constrangido, se surpreendeu com a atenção que Mussolini dedicava ao conteúdo. Ninguém entrava em sua sala sem que antes o chanceler tivesse sido minuciosamente informado a respeito da pessoa, de seus interesses e, no caso de estrangeiros, de dados sobre o país de origem. Criava-se, assim, a ilusão do Mussolini sempre atento, que tudo sabe. Filho de líder político, criado dentro da política, agitador desde a adolescência, um homem que já chamava atenção pela qualidade dos discursos antes de completar vinte anos, Benito Mussolini se preparara a vida toda para o papel que exercia havia oito anos. Num tempo duro e austero, havia muito que o mundo não via um político com sua capacidade de sedução.

Mussolini ou Plínio não tinham como saber, mas, por aqueles meses, o *Duce* estava no auge de seu poder. Nunca mais ele seria

---

[11] GUNDLE, Stephen; DUGGAN, Christopher. *The Cult of the Duce*: Mussolini and the Italians. Manchester, Reino Unido: Manchester University Press, 2013.

tão grande, nunca mais seu futuro pareceria tão promissor, aqueles eram os últimos tempos de um ambiente tranquilo. Exatamente um ano antes, o premiê havia sancionado, com o papa Pio XI, o Tratado de Latrão. Em 1849, um grupo de revolucionários tomara Roma, que era governada por outro Pio, o IX. O bispo de branco deixou a Cidade Eterna vestindo batina preta como se padre ordinário fora. Um triunvirato assumiu seu comando. Revolucionários haviam destituído o papa e desde então, por oitenta anos, a Igreja considerou Roma território ocupado pelo reino invasor da Itália. A Questão Romana, num país tão católico, pesou, ultrapassou inúmeros gabinetes, sem que ninguém conseguisse resolvê-la. *Il Duce* a resolveu – o homem que, já passado dos quarenta, professara por bem mais que metade da vida um ateísmo radical. Agora, se dizia católico. E, pelo tratado, tornou o Vaticano um país soberano, governado pela Santa Sé, que também sob seu comando ganhou o palácio de Castel Gandolfo e as três basílicas de Latrão. Garantiu-lhe ainda um imposto anual que seria pago pelo Estado à Igreja. Pronto.

O que aquilo deu a Mussolini foi liberdade. O resto de Roma era sua para que a reinventasse. E era esse o espírito da exuberância fascista, que Plínio Salgado e seus amigos sentiram no ar. Estava nascendo a Terceira Roma.

No início do século XX, o arqueólogo Rodolfo Lanciani conseguira detalhar um mapa da capital no século terceiro. Criou, assim, a ideia da cidade qual um palimpsesto.[12] Da mesma forma que os escrivães antigos raspavam pergaminhos com pedra-pomes para reaproveitar a folha e escrever um novo texto, os palimpsestos, Lanciani via Roma. Uma capital de Império apagada pela história para que se erguesse sobre ela outra cidade. Foi com esse conceito em mente que Benito Mussolini imaginou nascer uma

---

12 KALLIS, Aristotle. *The Third Rome, 1922-1943, the Making of the Fascist Capital*. Londres: Palgrave Macmillan, 2014.

nova capital. A simbologia do tempo dos césares lhe era importante. Desde que chegara ao poder, em 1922, tivera muito trabalho. Primeiro, conviver com parlamentares ainda confusos, instáveis, que por certo lhe punham em risco o cargo. Tantos premiês haviam caído e com tanta frequência. Depois, se estabelecer num Parlamento domesticado por meios pouco sutis. Fazer então, em um primeiro momento de forma discreta, depois ostensivamente, a troca dos símbolos nacionais pelos de seu movimento. *Il Fascismo*. Como se Estado, Nação, Partido e líder fossem uma só coisa. Uma estrutura imposta primeiro pelo sistema educacional, também pelas moedas correntes, daí para selos e timbres e bandeiras, até a *Carta del Lavoro*. Com a formação do Vaticano, Mussolini terminou. A Itália era sua. Roma era sua. Mil novecentos e trinta foi o primeiro ano em que ele tudo podia, no qual a Itália funcionava como um motor composto de peças bem torneadas. A Terceira Roma limparia vizinhanças inteiras, faria ressurgir dos escombros a cidade que os imperadores conheceram, e seria completada por prédios imponentes do novo Estado.

Quando chegou ao Velho Mundo em busca da civilização original, Plínio não estava de todo perdido. Procurava, sim, uma nova ideia para formar o país, para governar, para dar estrutura a uma nação que funcionava mal. Mas ele tinha uma pista com a qual simpatizava.

A *Action Française* havia nascido na França, na última década do século XIX, ainda na esteira do caso Dreyfus. Aquilo havia sido um drama político de marcar os tempos – um jovem oficial do Exército francês que, por ser judeu, virou bode expiatório para um crime de espionagem, alta traição. Caso que, na carta aberta "J'accuse", publicada na primeira página de um jornal, Émile Zola registrou um dos mais importantes libelos contra a intolerância daquele período intolerante que estava para nascer. Dreyfus foi solto. A intolerância, porém, ainda havia de se impor.

Injustiça reconhecida, o caso levou a um fortalecimento da esquerda que, por pronta resposta, teve Charles Maurras. Poeta provençal, um romântico regional tardio que assistia ao modernismo se insinuar, Maurras lia a filosofia dos antigos, mal passava da Renascença, e percebia, no pós-Revolução Francesa, só decadência. Reconhecia a Santa Madre Igreja como guia. E tinha por certa, também, assim como por consequência, a monarquia. Mas não por Lei Natural, aquela antiga de que os escolhidos deveriam reinar. Maurras não era um homem do século XVII. Tinha os dois pés fincados no século XIX, indo para o XX, reconhecia nações, propunha-se racional. Mais que isso: um pensador. Um intelectual. Não queria de volta o absolutismo e endossava o capitalismo. Para ele, a monarquia simplesmente era parte da cultura francesa. Era natural aos franceses, lhes oferecia um espírito de identidade e, portanto, conforto. Fora dela, quebrava-se a espinha cultural, rompia-se um sentido de ser. A proposta de Maurras era a de um nacionalismo integral. Contrarrevolucionário. Propunha a restauração do ser francês para o século XX que chegava.

Que forte era, aquela ideia de um nacionalismo integral. Integral por ser original – fiel à essência mais antiga da cultura. O fascismo e aquela Itália tão fascinante mexiam com a cabeça do jornalista brasileiro, que como Mussolini havia se feito político. O nacionalismo integral de Maurras se coadunava com a identidade romana recuperada no *Fascio*. A identidade católica, às vistas de um Plínio católico, também lhe parecia combinar com a nova Itália. A diferença fundamental estava na concepção de Estado.[13] A *Action Française* via um rei forte, e pronto. Mussolini propunha algo diferente. Um Estado corporativista, que tudo organizava e fazia a engrenagem rodar. Se havia uma distinção entre franceses e italianos, é que Maurras era só teoria, já Mussolini, ação.

---

13 GONÇALVES, Leandro. Plínio Salgado e integralismo: relação franco-luso-italiana. *Lusitania Sacra*, Lisboa, v. 26, tomo XXVI, p. 133-154, jul./dez. 2012.

"O encontro com Mussolini foi apenas o momento histórico em que tomei a decisão",[14] escreveu Plínio a um amigo, semanas depois, já em Paris. "Em Roma, tudo nos convida à luta. A nossa personalidade cresce agressivamente entre os vestígios dos povos que passaram a vida lutando." Por tantos meses visitou tantos lugares. Teve até um encontro com o papa. E era tão católico. Mas nada mexia com ele como *il Duce*, um turbilhão de emoções.

"Uma manhã, no alto do Janículo, com Roma a meus pés – o Coliseu e o Vaticano, o Fórum Romano e as Termas de Caracala, o Aventino e o Polatino, e os palácios seculares que sobem e descem pelas colinas, senti uma saudade imensa do Brasil. E sentindo esse amor pela pátria, pensei em todas as marchas da Cidade Eterna e refleti sobre a necessidade que temos de dar ao povo brasileiro um ideal, que o conduza a uma finalidade histórica. Essa finalidade, capaz de levantar o povo, é o nacionalismo, impondo ordem e disciplina no interior, impondo a nossa hegemonia na América do Sul. Voltarei para combater esse combate cheio de entusiasmo."

---

14 Carta de Plínio Salgado a Manoel Pinto, datada de 4 de julho de 1930.

O OVO DA SERPENTE

Os homens vestindo camisas negras de motoqueiro, lapelas abotoadas na diagonal em direção ao ombro, marchavam num compasso raro. Aquele era um espetáculo militar de novo tipo pelo rigor, pela disciplina, pelo ritmo nunca quebrado. Ninguém marchava assim. Só eles. Os *arditi*. Soldados da elite do Exército italiano. Enquanto os outros se escondiam nas trincheiras da Grande Guerra, apavorados com a nuvem de tiros e explosões que não cessava, temendo juntar-se às multidões de mutilados, os *arditi* punham a cabeça para fora, saltavam dos buracos e avançavam contra o inimigo sem piscar. Embalados por uma coragem pessoal que beirava o limite da irresponsabilidade, eram escolhidos a dedo por essa bravura. Não levavam rifles, que lhes tolheriam os movimentos, mas sim pistolas e, principalmente, adagas. Adagas que carregavam entre os dentes trincados. Adagas eram a marca deles. Homens afeitos ao combate corpo a corpo que, agora que a guerra já acabara, mantinham-se tomados pelo espírito militar. E por isso marchavam, marchavam daquele jeito único, imponente, perante a multidão da pequena cidade de Fiume, que os admirava talvez com uma ponta de medo. Desfilavam assim, naquela marcha, para chamar atenção, claro, para demonstrar poder, mas também para se exibir ao comandante, fincado num balcão entre autoridades, prestes a fazer um discurso. *Il Duce*, o chamavam. O líder.

Pararam à frente dele, os *arditi* de preto, enfileiraram-se com o mesmo rigor que apresentavam na marcha e lançaram os braços direitos à frente num movimento impecável qual balé; braços inclinados, a mão espalmada para baixo. A saudação romana com a qual seu líder lhes respondeu sem esconder uma ponta de satisfação. Inúmeros filmes do tempo registraram a mesma cena. Ele próprio, *il Duce*, havia recuperado da história, apenas uns anos antes, aquele modo de saudar que os romanos usavam no tempo do Império. Gostava de história, o líder. Gostava de mulheres. E se ocasionalmente se queixavam de seu mau hálito[1] – ao menos uma cortesã o fizera certa vez, em Veneza –, ele não parecia perder conquistas. Já cobrira de rosas o chão para que outra passasse. Era poeta, um poeta lírico reconhecido em toda a Itália. Um soldado poeta. Um homem baixo e bastante magro, com o bigode fino encurvado para cima e uma calva extensa que lhe tomava quase toda a cabeça. Gabriele d'Annunzio, *il Duce*, que, naquele 1919, pouco antes de conquistar com seus mercenários a pequena cidade portuária fincada entre Itália e Iugoslávia, completara 56 anos.

Tanta era sua habilidade com as palavras que seus discursos hipnotizavam. Uns discursos patrióticos e interativos, exaltando a coragem dos homens num *staccato* ininterrupto, como que no

---

[1] HUGHES-HALLETT, Lucy. *Gabriele D'Annunzio*: Poet, Seducer, and Preacher of War. Nova York: Anchor Books, 2014.

mesmo ritmo marcial contagiante, ele em pé perante o povo, o braço com punho cerrado subindo e descendo em movimentos bruscos como se fosse um regente. Quando dava para falar, não parava. "A quem pertence Fiume?", gritava.[2] *"A noi"*, respondiam os soldados que o seguiam. "A quem pertence a Itália?", *"A noi"*, diziam mais alto, mais forte, sugerindo um sonho futuro. Não queriam parar em Fiume. Quanto mais falava, mais entusiasmo despertava, mais atenção atraía. Sempre em voz alta, sempre com uma nítida ponta de agressividade, discursos tão enérgicos, tão diferentes, que de alguma forma pareciam combinar com a maneira de seus *arditi* marcharem. Era política de massas, militarizada, transformada num ritual pagão.

D'Annunzio gostava do exuberante, do grandioso, do histórico, do dramático. Um homem de convicções profundamente conservadoras, até reacionárias, dedicado a restaurar a grandeza do passado no presente italiano. Logo antes da Grande Guerra, trabalhara como consultor e escrevera os intertítulos de *Cabiria*, um longa-metragem de duas horas passado na Roma das Guerras Púnicas e cujas técnicas de narrativa, posteriormente, seriam aproveitadas por D. W. Griffith e Cecil B. DeMille na invenção do cinema épico norte-americano.[3] Quando a guerra estourou, fez imensa campanha para que a Itália mergulhasse no conflito em busca dos espólios. Embora já tivesse cinquenta anos, não hesitou em se juntar às Forças Armadas e se tornou um dos primeiros e exímios pilotos da esquadra aérea. D'Annunzio tinha sonhos grandes para aquele conflito.

Para os italianos, foi uma decisão dolorosa a da entrada na Grande Guerra. Uma decisão demorada que rachou famílias, afas-

---

2 SFORZA, Carlo. D'Annunzio, Inventor of Fascism. *Books Abroad*, Norman, EUA, v. 12, n. 3, p. 269-271, 1938.
3 Introdução do diretor Martin Scorsese à edição restaurada do filme, exibida em Cannes.

tou amigos, cindiu movimentos políticos e, no fim, culminou com o rompimento de um tratado internacional.

Benito Amilcare Andrea Mussolini tinha 31 anos recém-completos quando o Exército alemão rompeu a fronteira invadindo Luxemburgo, em 2 de agosto de 1914, iniciando a Primeira Guerra Mundial. Apenas uns dias antes, em Bruxelas, líderes dos partidos socialistas de toda a Europa haviam se encontrado numa reunião feita às pressas. A marcha para a guerra foi repentina naquelas poucas semanas desde o assassinato do arquiduque Franz Ferdinand, herdeiro do Império Austro-Húngaro, em 28 de junho. Mas um conflito armado envolvendo boa parte da Europa não era surpresa. Todos previam que algo do tipo ocorreria – uma guerra, como se dizia no tempo, para terminar todas as guerras. E a decisão tomada pela Segunda Internacional Socialista, a associação que reunia todos os partidos e movimentos marxistas europeus, era clara: no momento em que essa guerra viesse, trabalhadores em todos os países beligerantes declarariam greve geral. A guerra entre nações interessava a quem tinha poder. Os trabalhadores, ditava o credo marxista, deviam se unir. Eram todos oprimidos por seus patrões, não importava o país em que estivessem, a língua que falassem. Tinham mais em comum entre si, pela exploração de seu trabalho pelo capital, do que com as nações em que viviam. Seu grupo não se chamava Internacional à toa. O nacionalismo era, como viam, uma criação burguesa. A eles não servia de nada, sua luta era outra.

A decisão pela greve em caso de guerra foi tomada no congresso de Stuttgart, em 1907, e reiterada no da Basileia, em 1912. Só que, no momento da execução, vacilaram. Não estava previsto nos manuais marxistas que os trabalhadores austríacos tomariam as ruas de Viena pedindo vingança contra os sérvios pela morte de seu futuro imperador. Os líderes do Partido Social Democrata da Áustria foram ao Congresso avisar que não se poriam contra seus eleitores. Os franceses e os belgas, por sua vez, já começavam a se alinhar também com seus governos. Para surpresa dos italianos, os únicos que advogavam neutralidade, a Internacional fora tomada por ímpetos nacionalistas. E o mundo real os pegava no contrapé. Mesmo estando tudo combinado, não deu.

"A Segunda Internacional morreu",[4] desabafou Mussolini com um amigo. Era um homem de esquerda, criado na esquerda, que dedicara toda a sua vida até ali à causa socialista. Segundo sua própria definição, um "socialista herético". De um antidogmatismo que herdara do pai, ele próprio um político radical que construíra sua filosofia pessoal pegando aqui e ali o que lhe parecia fazer sentido. Ferreiro de pouca educação e vereador de um mandato, leitor voraz, Alessandro Mussolini ensinou ao menino Benito desde pequeno sobre o anarquismo de Mikhail Bakunin, sobre o ímpeto militar revolucionário de Giuseppe Garibaldi e sobre as ideias de Karl Marx. Anticlerical convicto, nem sequer batizou o filho. Um filho que cresceu para flertar com o trabalho de professor de crianças, mas terminou construindo carreira como jornalista a serviço do Partido Socialista Italiano e, desde 1912, fazia parte do comitê central, nomeado editor-chefe do *Avanti!*, jornal oficial do PSI. E ele, assim como todos os outros na direção, defendia que a Itália não devia se juntar a Alemanha e Áustria-Hungria, como previsto no Tratado da Tríplice Aliança, de 1882.

Só que, embora o alto comando do PSI se mantivesse irredutível na defesa da neutralidade italiana, nas fileiras do partido cada vez mais gente ia rompendo com a premissa. Gente, aliás, entre os amigos mais próximos de Mussolini. O debate não ocorria apenas dentro da esquerda. Também os liberais e os conservadores estavam tomados pela discussão. Afinal, aquela guerra podia ser uma oportunidade para completar o mapa italiano. Para terminar o

---

4 RIDLEY, Jasper. *Mussolini*: a biography. Nova York: First Cooper Square Press, 2000.

trabalho de unificação iniciado por Garibaldi em 1860, faltava a Itália irredenta, aqueles territórios onde se falava italiano, mas que não pertenciam ao reino governado por Vittorio Emanuele III. Faltavam Trentino, no sul da Áustria; Fiume e Ístria, na costa oriental do Adriático. Caso entrassem na guerra, ignorando o tratado de 1882, mas apostando numa aliança com a Tríplice Entente de Império Britânico, Império Russo e França, poderia surgir, assim, a oportunidade de completar a Itália.

Poucos mistérios na história deixaram tão parcas pistas para resolvê-los quanto aquele sobre o que se passou na cabeça de Benito Mussolini entre princípios de agosto e o dia 18 de outubro de 1914. Entre os socialistas, ele não fora escolhido à toa como editor-chefe do *Avanti!*. Sua verve, a capacidade de convencer pessoas fosse falando, fosse escrevendo, já o fazia se destacar. Mas não era ainda o homem corpulento e careca que se tornaria um dos maiores ditadores do século XX. Mussolini era mais magro, usava um bigode fino à moda de estrelas do cinema mudo como Douglas Fairbanks e John Gilbert, e, embora a calvície já se fizesse mostrar uns três dedos além da testa, mantinha o cabelo curto, bem aparado. Até finais de setembro, foi a quantos encontros políticos pôde, e escreveu mais de uma dezena de colunas no jornal, numa agitação constante contra a guerra. Internamente, porém, era tomado por dúvidas. "Em alguns dias já não conseguirei confiar em você ou mesmo em mim",[5] escreveu numa carta pessoal a uma amiga. "É terrível perceber quantos de nós estão se tornando apologistas desta guerra."

Seus companheiros de direção foram tomados de susto quando leram a edição do *Avanti!* daquele 18 de outubro. "De uma neutralidade absoluta a uma neutralidade possível e ativa" era o título da coluna do editor-chefe. A visão absoluta de neutralidade seria unir-se à Tríplice Aliança. Mas os socialistas, ele defendia, precisavam

---

5 RIDLEY, Jasper. Op. cit.

ser inteligentes e perceber que aqueles impérios esmagariam uma revolução do proletariado. Apoiar os aliados se mostrava, taticamente, o melhor caminho. "O Partido Socialista Italiano não deve permitir que uma visão literal de socialismo destrua o espírito do socialismo." A executiva nacional foi convocada para enfrentar a crise. Com apenas o voto de Mussolini contrário, e outro que se absteve, o corpo de catorze membros deixou clara a posição do PSI pela neutralidade absoluta. O jornalista fez, então, uma questão de ordem: queria independência para tocar o *Avanti!* com liberdade editorial quanto à direção. Foi novamente derrotado.

E aí Benito renunciou ao cargo.

Na manhã de 15 de novembro, em 1914, chegou às bancas de Milão a primeira edição de *Il Popolo d'Italia*. Mussolini tinha um novo jornal. Um jornal só dele.

Seus companheiros de partido o denunciaram como traidor. Afirmaram que apenas suborno francês para erguer seu próprio jornal poderia justificar a repentina mudança de opinião. Ele negou, mas foi expulso do partido. "Não importa que resoluções passem, permanecerei um socialista por toda a vida", disse no discurso final aos companheiros. "Nunca abandonarei os princípios do socialismo."

Angelica Balabanoff, uma moça ucraniana e judia que atravessou o século XX conhecendo todos entre a Roma fascista, a Moscou de Stálin, a Nova York de Truman e a Tel Aviv de Ben-Gurion, dedicada comunista até o fim, conviveu muito com aquele Mussolini da direção executiva do PSI. Para ela, não houve suborno. Não era dinheiro que movia o futuro ditador. Naqueles meses tão intensos, Mussolini viu seus principais amigos no partido, um após o outro, se posicionarem a favor da guerra. E, em sua sensibilidade política, deve ter chegado à conclusão de que os italianos seguiriam também por aquele caminho. Não foi dinheiro, tampouco convicções ideológicas. Foi instinto político.

Não calculava, talvez, que terminasse expulso do partido. Mas faro político ele já demonstrava ter. A jornalista e socialite Margherita Sarfatti, que vivia àquele tempo o que seria um longo caso com Mussolini, guardou impressão semelhante. "Sua motivação", ela escreveu,[6] "era sua sede de poder e sua crença de que só a guerra poderia disparar uma revolução na Itália."

Benito Mussolini começava ali a se reposicionar para estar ao lado, e então, à frente das massas. Esse, porém, seria um processo ainda lento.

Il Popolo d'Italia não nasceu sozinho, fazia parte de um movimento. Ali entre outubro e novembro, recém-expulso do PSI, o socialista herético se juntou a um grupo de esquerda pró-guerra que acabara de ser formado: o *Fascio Rivoluzionario d'Azione Interventista*. Fascio não era um termo novo na esquerda italiana. Aliás, tampouco na esquerda europeia.[7] Quer dizer, literalmente, "um feixe de varas". Historicamente, remete à *fasces* latina, uma ferramenta simbólica, uma lâmina de machado não atada a uma única vara, mas a um conjunto delas, que era carregada, em desfile, à frente dos magistrados romanos. A ideia que o símbolo passa é a da força que nasce da união. Uma vara pode ser partida com o joelho. Muitas varas juntas não. Para os romanos, a união representava o Estado. Para a esquerda do século XIX, o símbolo se reconstruiu como união do povo. Marianne, a mulher ícone da República francesa, foi retratada inúmeras vezes com a *fasces* à mão, união solidária do povo contra a aristocracia e o clero. Não era raro que grupos de trabalhadores italianos, no *ottocento*, se organizassem em conjuntos chamados *fasci*, no plural, ou *fascio*, no singular. União. Até hoje, em inglês e francês, o termo para sindicato é *union*, como em italiano é *unione*.

---

6 SARFATTI, Margherita. *My Fault*: Mussolini as I Knew Him. Nova York: Enigma Books, 2014.
7 PAXTON, Robert O. *The Anatomy of Fascism*. Nova York: Vintage Books, 2005.

Não chamou atenção de ninguém, portanto, quando sindicalistas nacionalistas agrupados na Milão industrial de 1914 se organizaram num grupo chamado *"Fascio Rivoluzionario d'Azione Interventista* (Liga Revolucionária de Ação Intervencionista)" para defender a intervenção da Itália na guerra contra os vizinhos do Império Austro-Húngaro. Não eram poucos os empresários interessados nos lucros desse embate militar, e, para eles, fazia sentido financiar uma organização de esquerda que caminhasse na mesma direção. Ajudaria na construção de consenso. Por isso mesmo, também fazia sentido que essa organização tivesse um jornal, um veículo de comunicação por meio do qual pudesse alcançar mais gente entre os trabalhadores.

Benito Mussolini se encaixou como uma luva nos planos de Giovanni Agnelli, da Fiat, e dos irmãos Mario e Pio Perrone, da Ansaldo, uma fabricante de armas. Foi encontrado por eles mais do que os encontrou. Tinha credibilidade junto à esquerda por vir da direção nacional do PSI, a habilidade com argumentos e a cancha de editor. Eles financiaram *Il Popolo d'Italia*. Não era um jornal rico. "Nem eu nem os outros poucos que trabalhávamos lá recebíamos salário", lembraria anos depois Margherita Sarfatti. "O jornal era composto com moldes de chumbo de segunda mão e impresso numa prensa tipográfica velha."

Livre, enfim, para publicar o que desejasse, aos poucos o editor-chefe se sentiu confortável para soltar a verve. "Se a reação prussiana triunfar na Europa amanhã, se a destruição da Bélgica e a planejada aniquilação da França levarem a civilização europeia ao chão, aqueles que não tiverem tentado evitar a catástrofe serão traidores e apóstatas."[8] Começava, cedo, a se distanciar dos antigos amigos.

---

8   KODRIC, M. Evangeline. *Origins of Fascism*. 1953. Dissertação (Mestrado em História) – Marquette University, Milwaukee, EUA, 1953.

Em 23 de maio de 1915, a Itália declarou guerra contra a Áustria e, nos dias seguintes, contra a Alemanha, a Bulgária e contra o Império Otomano. No dia 31 de agosto daquele ano, o futuro ditador foi convocado pelo Exército.

Em três anos e meio de guerra, os italianos perderam 600 mil homens; 1 milhão de soldados foram feridos, e destes, 220 mil arrastaram pelo resto de suas vidas mutilações que os incapacitaram por completo.[9] Num repente, 7% da mão de obra masculina se foi. Em 1915, os austríacos haviam oferecido Trieste e Trentino à Itália para que se declarasse neutra. Como num jogo de pôquer, a Tríplice Entente ofereceu mais para atrair um novo aliado às trincheiras. Prometeu aos italianos que, caso saíssem vitoriosos, eles levariam não só Trieste e Trentino, como também a península da Ístria, na costa oriental do Adriático, as ilhas do Dodecaneso, próximas à Grécia, além de influência sobre a Albânia. A proposta encheu os olhos de Roma, e o acordo foi formalizado num documento, o Tratado de Londres. Um tratado nunca cumprido. Assinado em 28 de junho de 1919, e com termos determinados pelo presidente norte-americano Woodrow Wilson, o Tratado de Versalhes, que selou a paz na Europa, humilhou os derrotados e também alguns dos vencedores. Como a Itália, que terminou por receber como espólio de guerra apenas aquilo que já lhe havia sido oferecido para não entrar. Lutou – mesmo – por nada.

A Grande Guerra foi única. Diferentemente de todos os conflitos anteriores, nela foram usadas armas nunca antes vistas. Canhões de alta potência, tanques de guerra, metralhadoras, vários gases. Ao mesmo tempo, foi combatida como sempre se combateu: homem a homem, um em frente ao outro, quilômetros de trincheiras que expunham fisicamente os soldados. A soma de equipamento bélico moderno com táticas militares antigas deixou um rastro de ampu-

---

9 RIDLEY, Jasper. Op. cit.

tados e deformados, além de homens obrigados a conviver com um nível de terror inédito. E, quando voltaram a seus países, esses soldados encontraram terras transformadas.

A Itália havia se tornado uma nação dividida e ressentida. Nos últimos anos da guerra, já farejando a derrota, o governo alemão começou a distribuir dinheiro entre os políticos marxistas do continente. Contando que se opusessem ao conflito, pretendia assim espalhar a cizânia, fortalecer a oposição à guerra, enfraquecer convicções e, quem sabe, dinamitar politicamente os governos adversários. Em pelo menos um caso a estratégia deu certo. Quando embarcaram Vladimir Ilich Ulianov, um agitador russo de 47 anos que vivia no exílio suíço, num trem rumo à estação Finlândia de São Petersburgo, puseram em marcha um fluxo de eventos que culminaria na transformação da Rússia czarista no primeiro país socialista. Ulianov entraria para a história com o nome de guerra que usava no partido: Lênin.

Naqueles idos da década de 1910, a obra de Karl Marx era lida como profética por muitos dos que se alinharam a ele. Uma linha histórica inquebrantável e inevitável desembocaria na crise final do capitalismo, que levaria, impreterivelmente, o mundo ao comunismo. À ditadura do proletariado. Mas nem todos os marxistas eram iguais. Os moderados viam como seu trabalho operava dentro dos regimes liberais, as democracias, agindo nos parlamentos para atenuar a dura vida dos mais pobres. Esperariam que o fluxo natural da história conduzisse o processo. Os radicais, e a guerra ajudou a consolidar essa impressão para muitos, defendiam que era sua responsabilidade, dado o sofrimento de tantos, acelerar o processo e antecipar a revolução. Provocá-la. Essa foi a aposta política de Lênin.

Assim como foi a de Benito Mussolini.

Ao fim da guerra, como país, a Itália não tinha cinquenta anos. No longo processo de unificação dos vários reinos e principados, Roma só havia sido tomada pelos italianos em 1870, e tornara-se capital do novo país oficialmente no ano seguinte. Décadas depois, no pós-Primeira Guerra, o papa Bento XV ainda considerava aquele território usurpado, ilegitimamente ocupado, e exigia o retorno das terras à Santa Sé, como havia sido por séculos. A crise diplomática com a Igreja estava muito longe de ser resolvida. A ideia de nacionalidade, de uma identidade italiana – e não veneziana, ou florentina, ou siciliana –, ainda era frágil. Para alguns, porém, a Grande Guerra fizera muito para despertar essa identidade comum. A carnificina de tantos pais, filhos e maridos só poderia ser tolerada pela ideia de que lutavam por algo que fizesse sentido. Por uma nação, um valor maior que os unia a todos. Uma nação, porém, que tendo feito o mais difícil – conquistado a vitória militar – terminou abandonada pelo Tratado de Versalhes. Humilhada por França e Inglaterra, suas companheiras iniciais de luta, e principalmente por aquela nova potência que só entrou na batalha quando já se aproximava do fim e agora se impunha sobre a Europa: os Estados Unidos.

Não bastasse isso, a economia não ia bem. Não ia nada bem. As perdas materiais e humanas da guerra representaram um custo alto para todo o continente, e, desde a virada do século, a Itália vivia uma lenta e dolorosa transição da economia agrária para a industrial.

Após a unificação, os latifundiários, incorporando o liberalismo do tempo, haviam se tornado o núcleo central do poder no Parlamento. Foram eles que mais lucraram com a formação do país – com menos fronteiras e o desaparecimento de impostos, passaram a dominar o mercado de alimentos, muitos deles antes importados. Se para a população em geral isso representou uma queda de preços, para quem vivia no campo, trabalhando em terras arrendadas, os aluguéis aumentaram. Algum ganho a monarquia produzira: os 74% de analfabetos com mais de seis anos em 1861 caíram e já se aproximavam dos 50% no início do século XX.[10] E o nascimento de indústrias, principalmente em Turim, Milão e Gênova, criou cidades mais relevantes, gerou novos empregos e também provocou o surgimento de sindicatos fortes. Não é à toa que o Partido Socialista Italiano era tão presente entre os trabalhadores urbanos: num ambiente com mais leitores e mais operários, sindicatos se organizavam com facilidade. Só que a guerra quebrou a espinha dorsal dessa união. Na essência do socialismo marxista estava a ideia de que o movimento ia além de nações, de que a luta proletária era de toda a classe, independentemente da pátria. Quando uns, movidos pela luta, se tornaram nacionalistas e outros seguiram onde sempre estiveram, a primeira cisão se fez. A brutalidade do conflito armado sedimentou emocionalmente as decisões tomadas. E a tática prussiana de estimular o socialismo internacionalista nos territórios inimigos acirrou a cisão.

Politicamente, o país sempre fora instável. Como apenas 10% da população votava, era natural o domínio do liberalismo latifundiário. Não significa que houvesse equilíbrio, e a média histórica diz muito: cada governo, cada gabinete formado naquele parlamentarismo, durou em média dezoito meses.[11] Desde a primeira Legislatura, formada em 1871. Se os políticos optaram pela guerra também na fé de que após o armistício viria um novo *Risorgimento*, um novo *boom* econômico como aquele pós-unificação, viram sua ilusão frustrada. E assim, discretamente, começou a se formar um novo tipo de insatisfação política nas ruas. Uma insatisfação que contaminou uma gente com educação supe-

---

10 GREGOR, Anthony James. *Young Mussolini and the Intellectual Origins of Fascism*. Berkeley, EUA: University of California Press, 1979.

11 KODRIC, M. Evangeline. Op. cit.

rior – jornalistas, advogados, professores –, porém empobrecida.[12] Não pertencia à massa, tampouco à elite. Eles consideravam a elite política medíocre, por ter sido incapaz de evitar a crise econômica e social que se instalara, e temiam, como muitos na Europa, que a instabilidade ainda maior que se impusera sobre a Itália levasse a uma revolução comunista como a russa. Entre 1918 e 1920, a sombra daquela revolução que parecia ter vindo do nada e que depusera toda a estrutura de uma nação fazia parte dos pesadelos de muitos.

Juntem-se ao caldeirão social ainda todos os homens e rapazes que voltavam do front para suas famílias. Haviam testemunhado os horrores inimagináveis daquela guerra simultaneamente bárbara e moderna, haviam vivido anos tendo por base emocional a camaradagem que companheiros de regimento desenvolvem – baseada em hierarquia, disciplina, lealdade, no medo profundo e íntimo compartilhado, assim como o testemunho de atos de bravura que geravam em todos admiração e, às vezes, sincera gratidão. Voltavam para lidar com a pobreza e o desespero da busca por empregos inexistentes ou precários.

Essa foi a Itália que os veteranos encontraram. A elite de latifundiários e industriais tinha controle da política, mas nada conseguia fazer, tampouco sabia por onde seguir. Os líderes de trabalhadores formados pelo sindicalismo haviam se dividido entre nacionalistas e socialistas e, outrora amigos, viam-se, então, com mútua desconfiança. Entre os socialistas alguns queriam acelerar a revolução, outros buscavam estabilizar a política. Havia uma classe média culta e pobre que via na Rússia seu pesadelo e perdera a esperança na democracia parlamentar. E havia eles, ressentidos, nostálgicos da camaradagem que tiveram em campo de batalha.

---

12 POLLINI, Maria Grazia. Recent Interpretations of Mussolini and Italian Fascism. *Il Politico*, Pavia, Itália, v. 48, n. 4, p. 751-764, 1983.

Quando o poeta Gabriele d'Annunzio juntou uns tantos desses veteranos e partiu para Fiume, estava apenas acendendo o pavio de uma bomba já armada.

Embora a maior parte da população falasse italiano, a cidade de Fiume estava sob o jugo da dinastia Habsburgo desde 1466, quando o Império Austro-Húngaro se dissolveu após a guerra. Ficava na península da Ístria, que os italianos reivindicavam, quase do outro lado de Veneza, com o mar Adriático e a ponta de Trieste as separando. Quando já estava claro que o presidente americano Woodrow Wilson forçava a criação de um novo país, a Iugoslávia, e que a Ístria faria parte dele, D'Annunzio reuniu um grupo de aproximadamente 2 mil soldados veteranos, atravessou o mar estreito e, de Fiume, expulsou as tropas norte-americanas, francesas e britânicas que guardavam a cidade. Assumiu seu poder e foi recebido, pela parte italiana da população local, com festa. O plano era que, tomado militarmente o lugar, a Itália o anexasse unilateralmente. O governo italiano não fez nada disso – seguiria as leis e os tratados internacionais. Mas, por quinze meses, aquele poeta reacionário, saudosista da Roma imperial, governou o Estado Livre de Fiume. Seus homens, a maioria deles *arditi*, a tropa de elite, reviveram a camaradagem dos tempos de guerra e criaram sua realidade particular. Fizeram, em conjunto, mais do que isso: deram forma à estética do fascismo. Os desfiles militares ritmados, as milícias vestindo camisas negras, a saudação romana e os comícios para massas de pessoas feitos por um *Duce* que falava aos berros em *staccato*, como que ditando o ritmo dos ânimos populares, insuflando emoções e delírio.

Enquanto isso, na Itália, a parcela dos socialistas que pretendia acelerar a revolução apostou numa estratégia baseada em semear o caos e agravar a crise. Greves. Greves que foram aumentando em frequência e em escopo. Greves que tanto paravam indústrias, fazendas e serviços públicos, estancando a economia, como espalhavam símbolos. Quando os socialistas venceram as eleições locais de 1919 em Bolonha e Ferrara, as duas mais importantes cidades da Emília-Romanha, uma das ricas regiões ao norte, de presto fizeram descer o pavilhão tricolor da prefeitura e lá ergueram a bandeira da foice e do martelo. Em Ferrara, chegaram a trocar o dia semanal de descanso para a segunda-feira. Anticlericais. Em meados de 1920, foi a vez dos motorneiros de bondes, em Roma, que fizeram seus carros circularem pela capital com a bandeira vermelha. Foram meses intensos aqueles entre 1919 e 1920, tanto que o período terminou batizado *Biennio Rosso* – Biênio Vermelho. Ao todo, ocorreram 1.663 greves no primeiro ano e 1.881 no segundo. Mais de 1 milhão de operários se envolveram até o ápice.

E que ápice. Em 3 de setembro de 1920, os metalúrgicos de Turim e Milão, armados, tomaram centenas de fábricas entre as duas cidades. Sua estratégia ia agora para além da greve. Queriam provar que seus Conselhos fabris, os comandos sindicais dentro de cada planta, eram também capazes de gerir os negócios. Um dos principais pensadores comunistas do país, Antonio Gramsci, viu neles o embrião de *soviets* italianos, a base sobre a qual um futuro governo comunista poderia se erguer. Os operários não queriam apenas aumento de salários, queriam também o direito de participar da gerência das fábricas. Tendo ocupado as maiores indústrias do país, impedindo a entrada de qualquer um, hastearam as bandeiras comunistas e designaram um grupo como Guarda Vermelha, para lhes garantir proteção. Então, abriram um mercado, colocando os produtos à venda abaixo do preço de custo, para pressionar os patrões.

Mais pragmático que Gramsci, o líder anarquista Errico Malatesta percebeu ali a oportunidade de disparar de vez a revolução. Mas viu também um risco. "Se permitirmos que este momento favorável passe", escreveu, "pagaremos com lágrimas de sangue pelo medo que despertamos na burguesia."[13]

Giovanni Giolitti acabara de voltar ao comando político da Itália. Aos 77 anos, ocupava o cargo de primeiro-ministro pela quinta vez. A primeira havia sido no século XIX. Na lida com a medíocre máquina política nacional, não havia maior ás. Jogava políticos uns contra os outros e distribuía cargos públicos a quem pudesse trazer votos localmente; subsidiou jornalistas, advogados, e não poucas vezes foi acusado de fraudar eleições.[14] Governava ao centro, oscilando entre esquerda e direita conforme o clima popular. Mas, mesmo com todo o seu fisiologismo, era sensível, muito sensível politicamente, e percebia a gravidade da crise. Não bastasse, seu governo era de minoria. O pleito de 1919 foi o primeiro a garantir voto a todos os homens maiores de idade. Por isso, o maior partido do Parlamento era justamente o socialista, que ocupava 30% da Casa. Giolitti fora, porém, como sempre, capaz de costurar uma coalizão. A esquerda podia não ser unida, mas era numerosa o bastante para impedir a aprovação de qualquer lei proposta pelo governo. Seria mais um gabinete incapaz de se mover, com tamanho suficiente para se manter no poder, mas não para governar.

Giolitti logo entendeu que, caso usasse a polícia, ou mesmo o Exército, para desocupar as fábricas, iria piorar a situação. Provocaria uma mortandade que poderia disparar revoltas locais, abater seu gabinete e, dado o barril de pólvora que se tornara o país, derrubar até o regime. Então deixou o tempo correr e a força daqueles rebeldes arrefecer. Na quinta semana de ocupação, chamou patrões e empregados à mesa. Vieram aumentos, salários pelos dias parados e alguma participação executiva. Parecia ser uma vitória, era de Pirro.

---

13 RIDLEY, Jasper. Op. cit.
14 KODRIC, M. Evangeline. Op. cit.

Malatesta, o anarquista, havia afinal sido profético: "Pagaremos com lágrimas de sangue pelo medo que despertamos na burguesia".

Na noite de 23 de janeiro, em 1921, Benito Mussolini se pôs perante um público que incluía *arditi* veteranos da tomada de Fiume pelo poeta-soldado Gabriele d'Annunzio. "Estou relutante em falar", disse. "Fale", gritaram os homens, "fale!" O editor de *Il Popolo d'Italia* não era alto, 1,69 m, mas tinha presença. Não usava mais o bigode de antes da guerra, e a calva avançara a ponto de recuar a linha de cabelo para além da metade da cabeça. O resto dos fios negros, ele os cultivava muito curtos e penteados para trás. Seu queixo proeminente transmitia força. "Reluto em falar também porque vocês já tiveram a honra invejável de ouvir alguns dos mais belos discursos já pronunciados em italiano."[15] Referia-se aos discursos de D'Annunzio, cujo estilo já imitava. Mussolini estava prestes a substituí-lo.

Pois ocorreu que naquele mesmo dia, a menos de trezentos quilômetros dali, quatro caminhões cheios de homens vestindo camisas negras percorreram as ruas da pequena San Martino, um distrito de Ferrara, até parar em frente ao sindicato de trabalhadores agrícolas. Fora ali, apenas um ano antes, que, após as eleições, os socialistas fizeram erguer-se na prefeitura a bandeira vermelha. Ninguém sabia, mas o *Biennio Rosso* ia encontrar seu fim. Aqueles homens de preto saltaram do caminhão e, rapidamente, tomaram o prédio. Então, de cômodo em cômodo, com fúria calculada, saíram estilhaçando os móveis todos. Um dos trabalhadores esboçou reação. Sacou a faca e partiu contra o camisa negra mais próximo – mas este não teve dúvidas: dedo no gatilho, o abateu com três tiros. Os móveis todos foram empilhados em frente ao prédio. Incendiados numa grande pira. No dia seguinte, os mesmos caminhões chegaram a Aguscello, ao lado. Repetiram tudo. Entraram

---

15 Discurso proferido por Benito Mussolini em Milão, 23 de janeiro de 1921.

no sindicato, juntaram os móveis, destruíram tudo. Dessa vez, os acompanhava a distância um grupo menor de *carabinieri*. Policiais. Só intervieram no fim: prenderam catorze socialistas e os acusaram de resistência armada.

"Incumbi-me de dar disciplina, hierarquia e responsabilidade àquelas esquadras",[16] diria depois, não sem disfarçar o orgulho, Italo Balbo. Um homem de vasta cabeleira negra, bigode e cavanhaque pontudo, veterano da Força Aérea, já conhecido, aos 24 anos, pelo bom humor, pelo prazer com trotes vários, pela coragem e agressividade. Acabara de assumir a secretaria do *Fascio di Combattimento* em Ferrara.

O primeiro desses núcleos foi fundado pelo próprio Mussolini, em abril de 1919. Era, de certa forma, uma desculpa para empregar algumas dezenas de *arditi* veteranos que não encontravam trabalho. Formalmente, os homens ofereceriam proteção ao prédio do jornal. Mas sua primeira missão foi atacar a sede do rival, o *Avanti!*. Ao longo dos meses seguintes, em todo o centro-norte italiano, começaram a pipocar essas "uniões de combate", grupos vigilantes que patrulhavam, um tanto desordenados e vestindo suas camisas negras, as ruas. Gostavam, particularmente, de enfrentar grevistas que consideravam desordeiros. Grevistas não faltavam. E, ainda assim, não eram grupos numerosos aqueles de Bolonha, Gênova ou Roma. Em agosto de 1919, havia 67 *Fasci*. Em dezembro, foram reduzidos a 31.[17] O movimento não parecia ter deslanchado. Quem pôde avançar foram os socialistas, com o discurso de que os soldados foram enganados pela burguesia e enviados a uma luta inútil. Vieram a conquista eleitoral vermelha e os dois anos de greves. Nem Mussolini, que fora candidato, conseguiu se eleger depu-

---

16 SEGRE, Claudio G. *Italo Balbo*: A Fascist Life. Berkeley, EUA: University of California Press, 1987.
17 RIDLEY, Jasper. Op. cit.

tado: em todo o país, 160 mil votos para os socialistas, 4.637 para os fascistas.

Aos poucos, os membros de cada *Fascio* começavam a ser chamados fascistas. Personagens de um movimento nascido, ao que parecia, para fracassar.

Mas aquele *Fascio di Combattimento* aberto em Ferrara, em outubro de 1920, havia chegado a trezentos membros em novembro. Três mil em dezembro. Se havia uma diferença entre os outros *Fasci* e aquele, era a diferença entre o urbano e o rural. Ao redor de Ferrara estavam grandes latifúndios cujos donos, apelidados *agrari*, enfrentavam tantas greves e piquetes quanto os industriais. Eles queriam uma solução dura, mesmo que não viesse do governo. Como também queria uma solução dura a classe média empobrecida e bem-educada. Queriam, todos, ordem. E, por isso, rapidamente se converteram, naquele final de 1920, em fascistas. Menos um partido político, mais um movimento vigilante, os *Fasci* propunham-se a impor a ordem que o Estado não conseguia construir. Mas havia, em Ferrara, outra diferença: Italo Balbo. Se os fascistas em seus primeiros dois anos haviam tido inúmeros embates com socialistas, os confrontos eram erráticos. Balbo os sistematizou.

Em 17 e 18 de fevereiro, saiu em nova missão contra sindicatos nos subúrbios rurais de Ferrara. Voltou tendo perdido um homem e matado dois. Entre janeiro e março, promoveu 57 ataques contra sindicatos e cooperativas. Em 25 deles, incendiou os prédios. Não raro, mandava sequestrar os líderes de trabalhadores e os mantinha cativos até que renunciassem ao cargo. Um de seus truques favoritos, dado o humor cáustico, era forçá-los a tomar óleo de rícino, o extrato de semente de mamona que provoca diarreias terríveis. Morreram ao menos doze pessoas – para o número de embates, e pela fama agressiva, pouco. Balbo estava mais interessado no teatro, na imposição de medo pelo rito daqueles homens de preto que chegavam perfilados a cantar:

Su, compagni in forti schiere,
marciam verso l'avvenire.
Siam falangi audaci e fiere,
pronte a osare, pronte a ardire.
Giovinezza, giovinezza,
primavera di bellezza,
nel fascismo è la salvezza
della nostra libertà.

[Venham, companheiros em fortes fileiras,
marchemos com destino ao futuro.
Somos bastões audazes e orgulhosos,
prontos para ousar, prontos para arder.
Juventude, juventude,
primavera da beleza,
no fascismo está a salvação
da nossa liberdade.]

Não morriam só socialistas, embora fossem mais eles do que os camisas-negras. Mas, para cada camarada que morresse em combate, Balbo oferecia um funeral de mártir. "Fascistas da Itália, atenção",[18] gritou em meio à procissão fúnebre de um, e 10 mil homens, contou mais de uma testemunha, de presto se puseram em posição de sentido. Eram funerais com banda, discursos, bandeiras. Um foi enterrado com uniforme de gala militar; outro, com uma adaga cerimonial dos *arditi*. Noutro evento daqueles meses iniciais de 1921, Balbo apareceu de uniforme, bastão de comandante em punho – e só – numa reunião de quatrocentos socialistas. Fez um breve discurso e os mandou para casa. O terror que inspirava já era tanto que os homens lhe obedeceram sem reagir. E, primeiro devagar, depois aceleradamente, os trabalhadores do campo foram deixando os sindicatos antigos para se juntarem à Liga Fascista para Trabalhadores Agrícolas.

---

18 SEGRE, Claudio G. Op. cit.

Em 31 de janeiro de 1921, quando as patrulhas em Ferrara haviam apenas começado, Giacomo Matteotti, o principal líder do braço moderado entre os socialistas, se ergueu em plenário para falar ao Parlamento. Eram tempos violentos, ele disse, e todos os grupos políticos ali haviam sido responsáveis por brigas.

"Mas hoje há uma organização na Itália, uma organização publicamente reconhecida, assim como são conhecidos seus membros, como o são seus líderes, com o são suas sedes, bandos armados que declaram – admitamos isto, lhes reconheço a honestidade – abertamente que atos de violência, de represália, ameaças, incêndios, execuções são seu método para atacar qualquer movimento organizado pelos trabalhadores contra a classe burguesa. É uma organização de Justiça privada. Não há controvérsia nisto."[19] Então Matteotti se dirigiu ao premiê Giovanni Giolitti: "O senhor é cúmplice de todos esses atos de violência".

Para Giolitti, porém, governar era uma troca constante.[20] Matteotti, líder de um partido dividido em facções que não se entendiam, era incapaz de lhe oferecer os votos socialistas que permitissem mover pautas. Por isso montara seu gabinete com os partidos de direita. E, sem capacidade de mover o governo, via nos *Fasci* uma solução. Tornavam-se cada vez mais populares e, parecia, promoveriam ordem. Estavam trabalhando para seu governo.

Os *agrari* de Ferrara acreditavam que os fascistas eram os capangas perfeitos. Giolitti acreditou que eles pudessem acalmar o país, resolvendo ao menos o problema das greves. Todos acreditavam que controlariam os camisas-negras.

Ao final de março, o avanço daquele *Fascio di Combattimento* em Ferrara inspirou movimentos similares em todo o norte. Se em seu início urbano não haviam florescido, no campo, um encontrou sucesso. Naquele momento, 150 mil italianos já haviam se

---

19 MATTEOTTI, Giacomo. *Contro il Fascismo*. Milão: Garzanti Classici, 2019.
20 ROSSI, Angelo. *The Rise of Italian Fascism*: 1918-1922. Oxford: Routledge, 2010.

afiliado. Nas eleições de maio, os socialistas perderam 33 cadeiras. Os fascistas elegeram seus primeiros 35 deputados.[21] Entre eles, Benito Mussolini.

As patrulhas continuariam. O número de afiliados só crescia.

"É um erro grave acreditar que o fascismo deslanchou com um plano formado", escreveu, em 1935, Palmiro Togliatti.[22] Antes da guerra, portanto, mas num momento em que Mussolini já tinha controle total da Itália e Hitler era chanceler da Alemanha. "O fascismo não nasceu totalitário, se tornou totalitário. Se observarmos a primeira concepção das relações entre o cidadão e o Estado, encontraremos elementos similares ao anarquismo. O fascismo não pode ser definido de forma estanque, deve ser pensado como algo em desenvolvimento, nunca estático. É preciso observar que o fascismo nasceu do sindicalismo revolucionário. Ele incluiu as pessoas que se distanciaram dos sindicatos no racha intervencionista." Togliatti não tinha nada a ganhar em apontar a origem na esquerda do movimento que se bandeou para a direita. Foi ele quem sucedeu a Gramsci como secretário-geral do Partido Comunista Italiano, um homem que penou no exílio por décadas, transformou o PCI num braço do bolchevismo internacional e manteve-se no comando até 1964. "Aqueles homens sabiam muito sobre movimentos de massa e sobre como tais movimentos são organizados. Ao elaborar uma teoria, chegaram ao conceito particular de sindicalismo nacionalista. Quais as origens desse conceito? Originalmente havia resíduos de uma ideologia marxista. Algumas tentativas foram feitas para incluir ideias de nação e classe. São

---

21 SCHMITZ, David F. "A Fine Young Revolution": The United States and the Fascist Revolution in Italy, 1919-1925. *Radical History Review*, Durham, EUA, v. 1985, n. 33, p. 117-138, maio 1985.

22 SETTEMBRINI, Domenico. Mussolini and the Legacy of Revolutionary Socialism. *Journal of Contemporary History*, Essex, Reino Unido, v. 11, n. 4, p. 239-268, out. 1976.

ideias que não vieram apenas de burgueses reacionários, mas também de homens que lutaram no movimento da classe trabalhadora. Não podemos jamais esquecer que Mussolini foi líder do Partido Socialista."

De certa forma, Mussolini cumpriu a promessa feita no ato de expulsão do PSI: "Permanecerei um socialista por toda a vida". Ele deixaria o marxismo, assim como deixaria a esquerda. Mas o que criaria a partir de então nasceu ali, de suas origens ideológicas ainda na casa do pai, entre Bakunin, Marx e Garibaldi.

Mikhail Bakunin, principal ideólogo do anarquismo, propunha que a estratégia de chegar à revolução deveria nascer de organizações criadas pelos próprios trabalhadores. Não uma revolução de cima para baixo, como a feita por Lênin, mas uma de baixo para cima. Formadas, essas organizações de sindicalismo revolucionário se ligariam, então, umas às outras por federações. Os *Fasci di Combattimento*, criados em toda a Itália, cada um independente, mas todos ligados por um objetivo comum, aliados então às Ligas Fascistas que substituíam os sindicatos tradicionais, eram a estratégia de Bakunin posta em prática. De outro teórico do marxismo anarquista, Piotr Kropotkin, cujos livros traduziu na juventude,[23] Mussolini levaria consigo a noção de que o principal traço evolucionário do homem era o da cooperação.

O ponto que fez Mussolini se afastar de forma determinante do marxismo, embora ainda pensando com uma estrutura marxista, foi o nacionalismo. Ao longo dos anos da guerra, de alguma forma, em sua cabeça a nação substituiu a luta de classes. Karl Marx previu um colapso do capitalismo, com a concentração do dinheiro nas mãos de poucos, que empobreceria as classes médias, forçando uma aliança natural com os proletários, que por inércia desem-

---

23 CANNISTRARO, Philip V. Mussolini, Sacco-Vanzetti, and the Anarchists: The Transatlantic Context. *The Journal of Modern History*, Chicago, v. 68, n. 1, p. 31-62, mar. 1996.

bocaria numa revolução capaz de derrubar todo o sistema. Se no centro do ideário marxista está a ideia de que burgueses e proletários estão em conflito, o futuro *Duce* pôs no centro de sua ideologia ainda malformada a nação. No fascismo, os interesses tanto de proletários quanto de capitalistas deveriam estar submetidos aos interesses da nação.

Não é uma mudança trivial. A prioridade não é a proteção dos mais pobres, e sua ambição deixa de ser a busca por um mundo igualitário. E, no entanto, segue com uma construção similar à feita por Lênin. Mussolini e Lênin acreditavam na revolução, mas não acreditavam em esperar que ela ocorresse espontaneamente. Precisavam provocá-la. "Os fascistas se opunham à burguesia tanto quanto se opunham aos socialistas", observou um dos bons biógrafos do *Duce*, Nicholas Farrell.[24] "Ambos exaltavam uma classe ao invés da outra. Os fascistas exaltavam a nação, unida, não dividida."

"Reconheço que entre nós e os comunistas não há afinidades políticas, mas há afinidades intelectuais", escreveu Mussolini em 1º de dezembro de 1921.[25] "Nós, como vocês, consideramos necessário um Estado centralizado e unitário que impõe uma disciplina de ferro sobre todos os indivíduos. A diferença é que vocês chegam a esta conclusão através do conceito de classe e, nós, através do conceito de nação." A data, 1921, é chave. "O fascismo", como observou o secretário-geral do PCI, Palmiro Togliatti, "deve ser pensado como algo em desenvolvimento, nunca estático". Em cada momento de sua existência, da criação do primeiro *Fascio di Combattimento*, em 1919, até a morte de Mussolini, em 1945, ele foi algo diferente. Mas ali no nascimento, antes de chegar ao poder, o fascismo foi essa estranha costura à direita de Bakunin com Marx e Garibaldi.

---

24 FARRELL, Nicholas. *Mussolini*: A New Life. Londres: Weidenfeld and Nicolson, 2003.
25 SETTEMBRINI, Domenico. Op. cit.

Porque, ora, o que Giuseppe Garibaldi fez, em todos os lugares pelos quais passou – o Uruguai, o Rio Grande do Sul, a Sardenha, a Sicília –, foi reunir homens, vesti-los de vermelho e partir para a luta armada. Havia um retrato de Garibaldi no quarto de dormir do menino Mussolini.[26] Não era apenas um comandante militar, um revolucionário por vocação; era também, aos olhos do século XIX, um inspirador da literatura romântica de Victor Hugo, Alexandre Dumas e George Sand. "A vida militar",[27] escreveu de certa feita o comandante do *Fascio* de Ferrara, Italo Balbo, "é não apenas ação, mas também poesia." Balbo, como Mussolini, naquele princípio se considerava garibaldino, abraçando e renovando aquela tradição italiana.

Em 4 de março de 1921, o republicano Warren Harding sucedeu ao democrata Woodrow Wilson na Presidência dos Estados Unidos. Fazia já dois anos que o premiê italiano Giovanni Giolitti buscava com Washington um empréstimo que nunca saía. Linha dura, porém, bem informado a respeito da Itália, Wilson não cedia. Considerava o país instável e qualquer investimento, um risco. Após a Segunda Guerra, os Estados Unidos reavaliariam por completo sua política em relação à Europa destruída – puseram fortunas no continente, não pelo lucro imediato, mas para estabilizar a política. Mas não naqueles anos 1920. Ali, com um olhar exacerbadamente prático, entre tratados desastrosos e empréstimos negados, incubavam no calor de uma sociedade derretendo os ovos da serpente. Um deles, prestes a eclodir.

"Mesmo que muitos considerem os *fascisti* como o principal fator de supressão dos bolcheviques na Itália", escreveu a Wilson um de seus cônsules, "também há uma percepção de que a situação mudou tanto desde o ano passado, quando os comunistas eram

---

26 RIDLEY, Jasper. Op. cit.
27 SEGRE, Claudio G. Op. cit.

fortes, que os *fascisti* e seus métodos estão provocando, ao invés de suprimindo, desordem. Esses milhares de jovens violentos e entusiasmados podem superar a habilidade de serem contidos e o que começou como remédio pode se tornar ameaça."[28] Os diplomatas escolhidos por Harding apareceriam com leituras muito distintas. "Perante ministros fracos e hesitantes que por quatro anos não conseguiram se impor como líderes, os italianos preferem a determinação de Mussolini. Ele representa as aspirações e as esperanças de um povo que aguarda faz tempo a chance de respirar em paz."

O crescimento do fascismo vinha num ritmo vertiginoso. No início de 1922, Benito Mussolini já tinha sob seu comando o maior exército privado do mundo. Assim como tinha popularidade. Em maio, um contingente de 63 mil camisas-negras marchou sobre Ferrara. Seu alvo não era mais sindicato algum. Era o próprio governo. Os homens ocuparam a cidade por dois dias. Intimidaram parlamentares a renunciar e assumiram a administração. Dois dias depois, marcharam sobre Bolonha. Em horas, o prefeito deixava a cidade. Ravena, Forli, Gênova. No final de julho, socialistas e comunistas decretaram greve geral num último esforço débil. Se o governo não conseguia conter os fascistas, um movimento de trabalhadores o faria. Mas já não eram os mesmos de dois anos antes. Os camisas-negras enfrentaram os grevistas e encerraram os movimentos. No dia 3 de agosto, marcharam sobre Milão, invadiram a Câmara e obrigaram os vereadores de esquerda a renunciar.

Mussolini nunca esteve presente nesses eventos. Liderava a distância, cuidadosamente dissimulando a compostura de parlamentar. Como se nada tivesse com o assunto. Quando subiu ao palanque para falar a um grupo de 30 mil dos seus em Cremona, em setembro, não conseguiu. "A Roma", gritavam os homens. "A Roma!"[29] Mussolini não disse nem que sim nem que não.

---

28 SCHMITZ, David F. Op. cit.
29 RIDLEY, Jasper. Op. cit.

Na noite de 27 de outubro daquele intenso ano de 1922, *il Duce* dos camisas-negras e sua mulher, Rachele, ocuparam calmamente uma frisa do Teatro Manzoni, de Milão, para assistir a uma comédia. Com seus binóculos, os outros espectadores não tiravam o olhar deles, que permaneciam impassíveis. Naquela mesma noite, apreensivo, o premiê adentrou o Quirinal, palácio do rei Vittorio Emanuele III, com um pedido: ele assinaria o Estado de sítio, permitindo ao Exército que resistisse a uma invasão fascista? Sua Majestade disse sim. Porque naquela madrugada, vindos de todo o norte, via trem e a pé, 30 mil camisas-negras marchavam contra Roma. Mas o governo não sabia quantos eram – 60 mil, diziam uns; 100 mil, outros. Vittorio Emanuele não assinaria o decreto. Entre policiais e soldados, a capital não tinha mais que 8 mil homens a defendê-la. Temeu uma carnificina. Temeu até algo pior. Sabia da simpatia dos militares pelos fascistas. Se desse uma ordem e não lhe obedecessem, arriscava a queda da própria monarquia.

Quando o dia amanheceu, a Itália não tinha mais primeiro-ministro e o telefone tocou na casa de Benito Mussolini, em Milão. O secretário do rei lhe perguntava se aceitaria o convite para formar gabinete, assumindo como premiê. Naquela noite, tendo recusado vagão especial, *il Duce* embarcou no trem comum. A Roma.

Seu movimento tinha quatro anos. Ao final do segundo, quase morrera por inanição. Ao assumir o poder, só o deixaria, seu corpo triturado, chutado, destroçado pela multidão, 23 anos depois.

Isso só aconteceria depois de tudo. Porque, no início, ainda foi um premiê comum, Benito Mussolini. Ainda seria necessário um último ato de audácia e terror para que o homem de olhar penetrante e queixo quadrado se tornasse o Mussolini que Plínio Salgado conhecera, numa tarde de 1930.

No dia 30 de maio, em 1924, Giacomo Matteotti se ergueu perante o Parlamento lotado. Havia completado 39 anos oito dias antes. Apesar do marxismo idealizado que lhe corria nas veias, era também um aristocrata de boa cepa, que no porte e na pronúncia acusava a elegância dos bem-nascidos. "Honoráveis colegas, contestamos as eleições realizadas em abril último." Em 1921, quando os fascistas esboçavam os primeiros avanços contra pequenos sindicatos, havia sido ele próprio, como líder dos socialistas moderados, que os acusara pela primeira vez naquele mesmo plenário. "Nós argumentamos que o grupo da maioria, tendo recebido 4 milhões e tantos votos, não os recebeu em eleições, de fato, livres." De presto, parlamentares da direita começaram a se levantar, dedos em riste, gritando a plenos pulmões, ofendendo-o, contestando-o, tentando calá-lo. "Teremos de terminar aquilo que ainda não fizemos",[30] disse com tanta ênfase quanto pôde um dos fascistas. Matteotti manteve-se de pé, sem titubear. "Lemos na imprensa e ouvimos dos oradores fascistas que este governo nem sequer se sentia sujeito à resposta eleitoral. Nenhum eleitor italiano esteve de fato livre para votar. Há uma milícia armada nas ruas." Os deputados gritavam, mas não Mussolini. Sentado, circunspecto, o primeiro-ministro observava a movimentação e ouvia atento o líder da oposição. "Uma milícia rebelde que, durante as eleições, com sua presença, com suas emboscadas, inviabilizou as possibilidades de uma real competição eleitoral. É pressuposto para quaisquer eleições que os candidatos possam expor livremente suas opiniões. Na Itália de abril passado, isso não foi possível."

Nascido numa família rica de agricultores do Trentino,[31] Matteotti se formou advogado, e nos estudos mexeram com ele as primeiras leituras marxistas. Juntou-se ao Partido Socialista no tempo em que entre seus quadros de comando estava Mussolini.

---

30 FOOT, John. *Italy's Divided Memory*. Nova York: Palgrave Macmillan, 2009.
31 CASANOVA, Antonio. *Matteotti*: una vita per il socialismo. Milão: Bompiani, 1974.

Quando a esquerda começou a se fragmentar no pós-guerra, entre socialistas revolucionários e socialistas moderados, entre anarquistas e comunistas da linha bolchevique, manteve-se um defensor do caminho democrático eleitoral. Ainda antes de os fascistas chegarem ao poder, apoiou uma aliança com os liberais para impedir o crescimento da direita radical. Um dos raros apologistas de uma aliança que jamais ocorreu. Quantas vezes, naquele Parlamento do premiê Mussolini, não se levantou para, em discursos duros, acusar de não democráticos os fascistas. Como naquele 30 de maio, em 1924. Apenas, agora, levantava o tom. Questionava a validade das eleições. "Agora você já pode preparar o discurso para meu funeral",[32] ele teria dito a um amigo, deixando o plenário.

O que os testemunhos dizem, e quem viu, viu de longe, é que cinco homens o pegaram quando caminhava à beira do rio Tibre e o empurraram para dentro de um carro. Onze dias após o discurso. O corpo de Giacomo Matteotti foi achado bem mais que um mês depois. Pelo menos 10 mil pessoas acompanharam o cortejo fúnebre. "Ele vive", discursou um amigo. "É parte de todos nós. É um indivíduo e é o povo. Ele repete as palavras: 'Vocês estão me matando, mas nunca matarão minhas ideias'. Minhas crianças vão se lembrar de seus pais, os trabalhadores vão abençoar meu corpo. Vida longa ao socialismo." Tornada mito, a história do assassinato de Matteotti seria repetida e repetida por anos – o mártir do fascismo.

Atordoado com aquela morte pela qual Mussolini negava responsabilidade, um grupo heterogêneo de 150 deputados cindiu o Parlamento, deixando o plenário para nunca mais voltar. Não eram apenas homens de esquerda, havia também entre eles alguns liberais e outros representantes assustados do centro. Deram corpo, assim, a um novo Parlamento, a Secessão do Aventino. Tentavam evocar a memória do tribuno romano Caio Graco, que, deposto por um

---

32 FOOT, John. Op. cit.

golpe do Senado, se isolou para resistir no Monte Aventino, uma das sete colinas romanas. Tentavam, também, sensibilizar o rei, na esperança de que, reconhecendo a brutalidade do primeiro-ministro, dissolvesse o Parlamento convocando novas eleições. Só que os meses passaram e, assim perceberam, não tinham mais apoio popular.

Em 3 de janeiro do ano seguinte, foi Benito Mussolini quem se pôs de pé perante os parlamentares que ficaram. "A lei afirma que a Câmara dos Deputados tem o direito de acusar os ministros do rei perante o Superior Tribunal de Justiça", afirmou.

"Pergunto formalmente se há alguém, dentro desta Câmara ou fora dela, que planeje fazer uso deste recurso legal. Pois então declaro, perante esta assembleia e todo o povo italiano, que assumo a responsabilidade política, moral e histórica de tudo o que se deu. Se o fascismo fosse apenas óleo de rícino e cassetetes, mas é tão mais, é uma paixão soberba que pretende elevar a juventude italiana. Pois culpo o fascismo. Se o fascismo é uma organização criminosa, se toda violência é resultado de um momento histórico, político, moral, então sou eu o responsável, pois criei este clima. Nos últimos dias, não são apenas os fascistas, mas muitos cidadãos que se perguntam: há governo? Não têm dignidade, esses homens? A Secessão do Aventino impõe consequências. Desestabiliza. Fascistas estão arriscando suas vidas, onze deles foram assassinados nos últimos dois meses. A Itália, senhores, quer paz, quer tranquilidade, calma para trabalhar. Pois nós lhe concederemos isto com amor, se possível, ou com força, se necessário. Nas próximas 48 horas esta situação se encerrará. Não há capricho pessoal ou desejo de poder. O que existe aqui é um amor incondicional pela pátria."

O ovo eclodiu.

Mussolini tinha apoio popular. E paulatinamente, nos meses e anos seguintes, *il Duce* foi desconstruindo a frágil democracia italiana. Desde 1924, moedas de 1 e 2 liras já circulavam com o rei em uma das faces e o *fascio littorio* na outra. Nas escolas, crianças passaram a aprender, junto à língua e às primeiras operações, também que a Itália era o berço da civilização, o centro da Europa. Exposições sobre o passado romano começaram a ser inauguradas por toda parte. Um ambicioso projeto de restauração da capital, Roma, se iniciou. A cidade seria reinventada. Em 1929, todos os partidos foram abolidos e a lei estabeleceu que o *fascio* substituiria o emblema da Casa Real de Savoia como símbolo do país[33] – sendo estampado, assim, em alto-relevo nos prédios, com cores nas bandeiras. Municípios, organizações de caridade, sindicatos, clubes, foram todos estimulados a encaixá-lo nos timbres de papéis e envelopes. E então, em algum momento, de forma que não foi nem rápida, nem lenta, o processo de *fascistizzazzione* fez de Estado e partido uma coisa só. E se há muito de mito na história de que os trens cumpriam sempre seu horário – a Itália não deixou de ser Itália –, haveria, sim, ordem. Aquele filho de vereador garibaldino, um socialista com quedas anarquistas, havia, pela primeira vez, estabelecido ordem na Itália.

Mas, para que ordem houvesse, não bastou uma transformação do Estado. Também o partido precisou mudar. Em 1927, sua elite já não era mais aquela dos fundadores de 1919. "O fascismo teve de destruir sua própria dissidência se era para se tornar um partido unitário", lembraria o comunista Palmiro Togliatti.[34] "Não poderia se manter no poder com a mesma estrutura que o levara ao poder. O Partido Fascista deixou de ser um partido, não havia mais qualquer debate político interno. Quando uma política era mudada, seus membros passaram a ser informados delas pelos jornais, como todos os outros." O fascismo não nasceu totalitário. Mas, no poder, assim se tornou. "A Itália, senhores, quer paz, quer tranquilidade, calma para trabalhar", disse *il Duce*. "Com força, se necessário."

---

33 FOLLO, Valentina. *The Power of Images in the Age of Mussolini*. 2013. 249 f. Tese (Doutorado em Filosofia) – University of Pennsylvania, Filadélfia, EUA, 2013.
34 SETTEMBRINI, Domenico. Op. cit.

4 DE OUTUBRO

Quem assistiu àquele jogo, dele se lembrou por anos. Fidêncio Osses fez cinco dos sete gols do Palestra Itália contra o América, ainda hoje o segundo maior goleador em uma única partida na história alviverde. Os outros dois foram marcados pelo craque do time, Pedro Sernagiotto, um ponta-direita que, por lembrar no estilo o primeiro ídolo palestrino, Giovanni Del Ministro, todos chamavam de Ministrinho. Uma vitória era esperada – só não daquele jeito. "Os americanos, em sua casa, jogam futebol perigoso",[1] lembrou o cronista de *A Gazeta* na edição da véspera, o sábado 4 de outubro, em 1930. E, de fato, foi um jogo razoavelmente equilibrado no primeiro tempo, que se encerrou em 2 a 0. No segundo é que os americanos se perderam por completo. E entregaram. Sete a 0, placar final. O Palestra entrou em campo

---

1 A GAZETA. São Paulo, 4 out. 1930.

com seu uniforme tradicional, verde de golas brancas, o escudo circular e dentro as letras maiúsculas P, em verde, e I, em vermelho. Até uns anos antes, no escudo estavam as armas da Casa de Savoia. Do rei italiano. Isso já mudara. Mas a escolha das cores, verde, branco e vermelho, assim como a identidade italiana, seguia viva. Diziam pelas ruas, e periga que fosse verdade, que tinha mais italiano morando em São Paulo do que em Veneza.

A primeira Copa do Mundo ocorrera no Uruguai poucos meses antes. O futebol brasileiro ainda oscilava entre o amadorismo e um profissionalismo velado. Na véspera daquele jogo, o América publicara no *Correio Paulistano* um aviso: "A direcção sportiva do C. S. América solicita o comparecimento de todos os seus jogadores às 13h, na sede".[2] Era para que não se esquecessem de que tinham um jogo aquela tarde. Nesse ambiente, a Copa abria todo um mundo de possibilidades. Naquilo havia um negócio para fazer dinheiro, assim como estava lá uma força ainda mais poderosa de promoção de identidade do que imaginavam. O Palestra, afinal, nascera em 1914, após os italianos do Torino passarem em *tour* por São Paulo. Aquela equipe mexeu tanto com os brios da comunidade que um grupo da Companhia Matarazzo decidiu formar sua própria equipe de *oriundi*.[3] A ligação entre o time e a terra natal mostrou-se tão forte que, na temporada seguinte àquela goleada histórica, Ministrinho tomaria um navio para jogar na Juventus de Turim, equipe pela qual foi campeão nacional em 1933 e 1934.[4] Um feito grande o suficiente para que *il Duce* presenteasse a equipe com um estádio próprio.

---

2 CORREIO PAULISTANO. São Paulo, 4 out. 1930.
3 LOURENÇO, Marco Aurélio Duque. *Um rio e dois parques: a formação da rivalidade entre Corinthians e Palestra Itália durante o período de construção de seus estádios*. 2013. 118 f. Dissertação (Mestrado em História Social) – Faculdade de Filosofia, Letras e Ciências Humanas, Universidade de São Paulo, São Paulo, 2013.
4 SANTOS, Tarcyanie Cajueiro. Os primeiros passos do profissionalismo ao futebol como megaevento. In: CONGRESSO DA INTERCOM, 7. 1999, Rio de Janeiro.

Chamou-se, o campo da Juve, *Stadio Mussolini*. Até ser rebatizado, em 1945. Assim como o Palestra foi rebatizado, só uns anos antes: Palmeiras.

Ocorre que São Paulo era mesmo uma cidade italiana. Numa visita breve na primeira década do século, a médica Gina Lombroso, filha do célebre criminalista Cesare Lombroso, bem o observou. "Ouve-se falar italiano mais em São Paulo que em Turim ou Milão, porque ao passo que entre nós se fala o dialeto, em São Paulo todos os dialetos se fundem."[5] Em 1911, viviam na capital 600 mil italianos. Em 1934, eles e seus filhos chegariam a metade da população.[6] Mussolini incentivava o retorno de *oriundi* e seus filhos para que jogassem futebol na Itália. Era uma política de Estado. De reaproximação de quem havia deixado a terra. Mas, em São Paulo, essa relação de identidade, que passava pelo nome, pelo dialeto e seu marcante sotaque, pela comida e pelo futebol, era um bocado complexa. Não existia a ideia de ser italiano quando começaram a chegar os primeiros imigrantes, entre fins do Império e princípios da República. Havia vênetos, calabreses, lombardos, sicilianos. Os brasileiros os chamavam de italianos, mas não era como eles próprios se sentiam. O país Itália era jovem demais para emanar sentimentos fortes.

O que aqueles homens e mulheres tinham em comum é que vinham *fare l'America*, fazer a América, conquistar no Novo Mundo aquilo que não conseguiram no Velho. Eram, quase todos, camponeses, muitos dos quais começariam a trabalhar num chão de fábrica pela primeira vez ali, naquela terra nova. Viviam os medos de estar num país diferente ao mesmo tempo que se acostumavam, simul-

---

5 ROLNIK, Raquel. *A cidade e a lei*: legislação, política urbana e territórios da cidade de São Paulo. São Paulo: Fapesp, 1997.
6 BERTONHA, João Fábio. Trabalhadores imigrantes entre identidades nacionais, étnicas e de classe: o caso dos italianos de São Paulo, 1890-1945. *Varia Historia*, Belo Horizonte, n. 19, p. 51-67, nov. 1998.

taneamente, com duas novas identidades. Eram agora operários e percebidos, por todos ao redor, como "italianos".[7] Mas, na altura dos anos 1930, o cenário já era distinto, e havia *oriundi* de muitos tipos. Daqueles trabalhadores braçais, passando por uma extensa classe média, e alguns muito ricos. Justamente porque a maioria chegara num tempo anterior à consolidação da pátria italiana, o sentimento nacionalista teve de ser construído ao longo dos anos. Um trabalho ao qual se dedicaram, com igual afinco, a elite entre os migrantes e o consulado italiano local. O Palestra fazia parte dessa criação de identidade. Também faziam parte as muitas festas, a associação Circolo Italiano, de difusão cultural, e uma escola, o Istituto Medio Dante Alighieri. E, a partir de 1924, o *Fascio* de São Paulo.

O *Fascio* paulistano, originalmente, era só a reunião de "três ou quatro deslocados que procuram levar vantagens em seus negócios através de lisonjas ao *Duce*",[8] descreveu um diplomata. Mas cresceu com o tempo. O organismo promovia festas, apresentava peças de teatro e filmes na língua natal. Por isso, era frequentado pelos nostálgicos, mesmo que a princípio não se considerassem fascistas. O objetivo era esse mesmo. Conversão pelo ilusionismo que fundia as identidades nacional e política. Ao *Fascio* seria adicionada, sem muito sucesso, a *Opera Nazionale Dopolavoro*, um projeto que na Itália servia para oferecer atividades aos operários após o trabalho. No chão de fábrica, porém, a trupe vinha de outra tradição, socialista ou anarquista. Nas décadas anteriores, italianos haviam criado os primeiros movimentos operários brasileiros. Num levantamento de todos os líderes sindicais da região, em 1922, chegou-se ao nome de 36

---

7 MARTINS, José de Souza. *A aparição do demônio na fábrica*: origens sociais do eu dividido no subúrbio operário. São Paulo: Editora 34, 2008.
8 BERTONHA, João Fábio. *O fascismo e os imigrantes italianos no Brasil*. Porto Alegre: ECIPUCRS, 2001.

homens. Destes, 22 italianos.⁹ O conflito político que houve na Itália antes da chegada de Mussolini ao poder inevitavelmente se refletiu na cidade italiana que era São Paulo. Com uma diferença: no Brasil, não foram os sindicatos que abraçaram o fascismo, mas sim seus patrões.

Quem tinha acesso às publicações e livros que vinham da Itália eram os mais endinheirados. Era um luxo. E eles, portanto, a classe média e os ricos, foram os que mais cultivaram esse sentimento de ser italiano. Com os operários o processo foi distinto por outro motivo. O Brasil não segregava quem vinha de fora — ao menos, não como outros cantos. Pelo contrário. Era um país dado a misturas. Na vida dura que levavam, uma vida propensa, naqueles anos 1920 e 1930, à solidariedade de classe, a identidade de ser operário, para eles, terminou pesando mais do que a de ser italiano. Tinham mais em comum com o português, o japonês ou o brasileiro com quem dividiam o galpão industrial do que com o chefe, mesmo que *il capo* fosse também italiano.

Talvez tenha sido inevitável que esse racha ocorresse. Porque já em 1930 o ser italiano e o ser fascista estavam se fundindo numa só ideia. Adolf Hitler não havia sido eleito, ainda, na Alemanha. Mas o processo disparado por Mussolini fazia efeito. Na Itália que *il Duce* imaginou, ser cidadão era pertencer ao Partido, a hierarquia de cada um no Partido ditaria seu lugar entre os de sua corporação, e cada corporação – os industriais ou os operários, os professores ou os advogados – teria seu papel a serviço do Estado, num projeto comum. Mais que um plano, o fascismo era todo um conceito novo, uma maneira radical e, muitos afirmavam, moderna de se imaginar um país e seus cidadãos, projeto que valia para italianos na Europa e também para aqueles muito longe de casa. Por isso mesmo o racha foi inevitável. Enquanto a classe média e os ricos

---

9   Id. Trabalhadores imigrantes entre identidades nacionais, étnicas e de classe: o caso dos italianos de São Paulo, 1890-1945. *Varia Historia*, Belo Horizonte, n. 19, p. 51-67, nov. 1998.

abraçavam o fascismo junto à italianidade que sentiam, no Brasil os operários o veriam com desconfiança.

Naquele mesmo sábado, 4 de outubro, véspera da goleada do Palestra sobre o América, um Plínio Salgado com a imaginação ainda agitada pelo encontro com *il Duce* aportava de volta em seu país. Encontraria, em São Paulo, um ambiente no qual o espírito fascista já se esgueirava fazia um tempo. Ele sabia disso. Em *O estrangeiro*,[10] seu romance de algum sucesso lançado em 1926, um personagem, que bem poderia ser ele próprio, mata os papagaios de um vizinho chamado Carmine Mondolfi. Estrangula-os um por um pelo crime de cantarem "Giovinezza", o hino fascista italiano. Deviam, no Brasil, cantar o Hino Nacional. "Todo o livro é de uma inaudita riqueza de novidades bárbaras", escreveu na época Monteiro Lobato, "sem metro, sem verniz, sem lixa acadêmica – só força, a força pura."[11] Boa parte dessa força que Lobato enxergava estava num novo tipo de nacionalismo, já muito intenso, que o jovem escritor, ainda por se tornar político, demonstrava. Por simpático que fosse ao fascismo, mesmo após definitivamente ter-se convertido, Plínio jamais perderia esse norte. O movimento que iria criar seria nacionalista. E, nisso, o fascismo italiano era um concorrente estrangeiro.

Mas havia algo de mais profundo ali pelas páginas de *O estrangeiro*, disfarçando-se de ficção. O romance acompanha a família Mondolfi, imigrantes que chegam ao porto de Santos e criam raízes na pequena Mandaguari, norte do Paraná, quase São Paulo. Enquanto eles enriquecem e ascendem social e economicamente, a família local Pantojo entra em declínio. O pai, fazendeiro de café que explorou os imigrantes, torra o dinheiro até o fim em jogos, tralhas importadas e amantes. Enquanto isso, o símbolo

---

10 SALGADO, Plínio. *O estrangeiro*. Rio de Janeiro: Livraria José Olympio Editora, 1936.

11 LOBATO, Monteiro. *Na antevéspera*. São Paulo: Editora Brasiliense, 1957.

máximo da ascensão, para Carmine Mondolfi, é poder abrir na cidade uma sucursal do colégio Dante Alighieri, inaugurado com fanfarra, uma banda batizada Giuseppe Verdi, em meio a fogos e discursos. Aquela é uma escola que mexe com os brios do professor Juvêncio, um nacionalista que vê ameaçada a cultura local. E, em meio ao drama, nascida no Brasil, a filha de Carmine encontra num caboclo seu objeto de amor.

A história não só reconstrói, num arco de saga familiar, o brutal desenvolvimento vivido por São Paulo nas primeiras três décadas do século XX. Embutida está uma visão de mundo. Circulando entre o interior e a capital, os Pantojo são como tantos que viram ir embora seu dinheiro de negócio rural, entre a má administração, o excesso de dívidas e a industrialização. Mas nos cacoetes desses brasileiros ricos, fascinados pelo exterior, Plínio enxergava outro tipo de decadência além da econômica. "Os homens femininos dos bailes da capital", ele escreve em dado momento, "referem-se a Rodolfo Valentino, a Norma Talmadge e a Dorothy Dalton." Atores e atrizes da Hollywood ainda muda. Nas grandes cidades, para o escritor, o imenso número de imigrantes, a pressão industrial, o número de pessoas, tudo empurrava para um cosmopolitismo que ameaçava a identidade nacional e tirava dos homens sua força.[12] Tudo empurrava para um liberalismo baseado na lógica do capitalismo ou um socialismo fincado na ideia da luta de classes, ambos desagregadores de famílias.[13] Em oposição a esse Brasil urbano havia, para ele, outro. "Apesar de todas as luzes de uma civilização cosmopolita", pôs de epígrafe no início da segunda parte, "o Boitatá acende o seu fogo no sertão."

---

12 GONÇALVES, Leandro Pereira; MATOS, Maria Izilda Santos de. O estrangeiro na obra de Plínio Salgado: matrizes, representações, apropriações e propostas. *Patrimônio e Memória*, São Paulo, v. 10, n. 1, p. 157-182, jan./jun. 2014.

13 VICTOR, Rogério Lustosa. *O labirinto integralista:* o conflito de memórias (1938--1962). Goiânia: Ifiteg Editora, 2013.

O herói de Plínio Salgado era o sertanejo. O caboclo descendente dos bandeirantes que abriram caminho para a conquista do país. Em dado momento, um personagem pergunta ao professor Juvêncio como é um verdadeiro caboclo.

"Contou-lhe o amigo que eram raros. Quase todos estavam no sertão. Poucos ficaram nas redondezas, cantando a viola, empalamados. Alguns – pequenos agricultores, taverneiros, carreadores ou peões – andavam por ali, mas guardavam poucos traços do caboclo genuíno, ou antes, eram uma expressão inferior do caboclo. O legítimo, esse prosseguia a sua faina, rumo às brenhas, afastando-se da onda de absorvente dos estrangeiros. Os que partem são fortes como fundadores de países." Mesmo que rude, sem refinamento, nesse tipo o escritor encontrava a força que movia a história do Brasil.

Muitos anos depois, Plínio lembrou-se de uma viagem que fez para além de Araraquara e que o inspirou. "Estive num lugarejo de duas dezenas de casas onde funcionava a escola dirigida por um professor chamado Serapião",[14] contou. Seus alunos vinham de toda parte. "Filhos de italianos, de espanhóis, japoneses, pretos, caboclos. E ali, na haste de um coqueiro decepado, desfraldada a bandeira verde e amarela, essas crianças cantaram o Hino Nacional. Emocionei-me profundamente."

Ele não via problema na imigração ou nos imigrantes. Os filhos de estrangeiros na escola improvisada de Araraquara dos anos 1920 cantavam o Hino Nacional assim como a filha de Carmine Mondolfi se apaixonou por um caboclo. Os imigrantes faziam crescer um país como o Brasil, ainda tão deserto. Mas era preciso que se tornassem brasileiros. O professor Juvenal de *O estrangeiro* era esse Serapião. Mas era, também, Plínio Salgado. "Caboclinho enxuto, nervoso e formidável", o descreveu de certa feita o amigo e poeta Menotti del Picchia, ele próprio filho de italianos que se

---

14 Id. Ibid.

tornara brasileiro. "Minha mentalidade, desurbanizada e cabocla", descreveria a si próprio o escritor feito político, "debalde tem procurado sentir como o homem da fábrica ou do gabinete, da burocracia ou dos salões." Inutilmente tentando se sentir como aquela gente das cidades, sem nunca conseguir.

Plínio Salgado não era um homem alto, nada tinha de imponente. O cabelo era preto. O corpo muito magro, que só ganharia algum peso com a velhice, o tornava desengonçado, fazendo parecer que as roupas sobravam. Era aquele tipo físico tão brasileiro de corpo mirrado e cabeça grande, cabelo crespo. Seguindo a moda do tempo, cultivava um bigode e tentava dominar o penteado para trás com óleo capilar. Contraía o rosto todo por instantes rápidos e num ritmo frequente, tique nervoso. Quando falava, puxava o "R", acusando o paulista do interior, nascido em São Bento de Sapucaí, fronteira com Minas. "Guardara a pronúncia caipira, mas, quando discursava, tais defeitos eram superados por seu incontido fluxo verbal, um feixe de nervos se convertendo em palavras", se lembraria, muitos anos depois, o jurista e amigo Miguel Reale.[15] "Era espontâneo, não destituído de certa dose de desconfiança e malícia."

Quando a década de 1920 entrou, ainda chamavam o terrível conflito terminado em 1918 de "a guerra para terminar todas as guerras", bordão emprestado do escritor H. G. Wells e adotado pelo presidente americano Woodrow Wilson. Wilson enxergava ali uma oportunidade para "tornar o mundo seguro para a democracia". A Alemanha vivia o princípio eufórico, liberal, e talvez até libertino, da República de Weimar. Adolf Hitler ainda estava para começar a chamar atenção com sua capacidade de oratória, recém-filiado que era ao Partido dos Trabalhadores Alemães. Lênin enfrentava uma crise de fome na Rússia, lutava uma guerra

---

15 REALE, Miguel. *Memórias*: destinos cruzados. v. 1. São Paulo: Editora Saraiva, 1986.

civil e ainda tentava inventar, na prática, como funcionaria um governo comunista. A União Soviética ou mesmo a ideia de que em Moscou poderia nascer uma potência militar não ocorria a ninguém. Não parecia que iria ocorrer uma nova guerra mundial, os grandes regimes totalitários ainda estavam para mostrar suas garras. O Holocausto não era projeto senão de algumas mentes doentias, e poucos poderiam imaginar que um dia estas teriam poder para matar aos milhões.

O que ficou claro muito rápido é que Wilson havia sido otimista. O mundo não estava mais seguro para a democracia. Pelo contrário. A eficácia da democracia liberal estava sendo questionada. A Grande Guerra, as fomes, o desemprego, a brutal desigualdade de renda e a farsa de eleições nas quais poucos eram eleitores, de governos nos quais pobres não tinham voz, governos que se mostravam incapazes de equilibrar seus países, de impedir rupturas – tudo era mostra de que a democracia liberal estava em crise. Talvez porque fosse fraca. Talvez porque fosse, na essência, corrupta. Talvez porque simplesmente não funcionasse. Muitos começaram a vê-la como um artefato de finais do século XVIII. Acreditavam na necessidade de um novo regime político. Moderno. Eficiente.

É nesse ambiente que nascem fascistas.

No caso de Plínio Salgado, foi por conta desse ambiente, mas também por causa de duas mortes.

Plínio nasceu na pequena São Bento do Sapucaí, uma cidadezinha colonial no alto da Mantiqueira, onde Minas e São Paulo se encontram. No dia de seu nascimento, 22 de janeiro, em 1895, a vila pertencia a Minas, só depois passou ao estado vizinho. Prudente de Morais, o primeiro presidente civil eleito pelo voto, estava havia dois meses no governo, e a República era só promessa. Prudente, cuja militância liberal durante o Império o levara àquele cargo, vinha da elite paulista, justamente no momento em que as famílias havia quatro séculos na terra procuravam se impor com o peso da genealogia perante os migrantes.

Plínio vinha dessa elite, assim como vinha de imigrantes. Filho, neto, bisneto, descendente até onde a vista alcança de políticos ou gente com poder. O avô paterno, Manuel Esteves da Costa, era um português que deixara Portugal por ser miguelista.[16] Dom Miguel I, já em pleno século XIX, defendia uma monarquia absolutista, era antiliberal e argumentava que seu irmão mais velho, dom Pedro IV, perdera o direito à Coroa ao declarar o Brasil independente. Pedro deixou o filho no Brasil e voltou a Lisboa para disputar o trono. Da guerra civil, saiu vencedor. Não foram poucos os miguelistas a deixar o país, derrotados.

A avó, Mariana Salgado Cerqueira César, podia traçar sua linhagem até Tibiriçá, o principal tupiniquim da aldeia de Piratininga na qual São Paulo foi fundada. Descendente de Tibiriçá e de muitos bandeirantes nos dois ou três séculos seguintes. Esse espírito, o de mateiro desbravador, era muito vivo na família de Mariana. Seu pai mesmo cultivava a fama de matar onças no braço com o auxílio apenas de uma espada.[17] Seus avós paternos fizeram dinheiro tornando-se grandes comerciantes da região.

Num texto autobiográfico, certa vez, Plínio escreveu com orgulho descender da "princesa Terebê".[18] Os indígenas não tinham o conceito de títulos de nobreza, algo que não fazia sentido em sua cultura. Mas era como a via, essa filha de Tibiriçá, o futuro escritor modernista. Era como se via. E foi o Salgado dessa avó paterna que usou toda a vida por sobrenome. A mística do sangue tupi, do sangue bandeirante, tingiu sua ideia de Brasil, assim como sua

---

16 GONÇALVES, Leandro Pereira. *Plínio Salgado, um católico integralista entre Portugal e o Brasil (1895-1975)*. Rio de Janeiro: FGV Editora, 2018.
17 LOUREIRO, Maria Amélia Salgado. *Plínio Salgado, meu pai*. São Paulo: Edições GRD, 2001.
18 GONÇALVES, Leandro Pereira. Op. cit., 2018.

identidade, desde a infância. Não foi acidente que, ao criar uma vertente brasileira do fascismo, tenha usado para acompanhar a saudação romana o grito *Anauê*. Em tupi, "você é meu irmão".

Essa cultura bandeirante, em princípios dos 1900, era ainda muito viva na região pela qual suas tropas passaram, do norte do Paraná a um bom pedaço de Minas, incluindo o sul do Mato Grosso e de Goiás, além de toda São Paulo. Todos se viravam muito bem na Mata Atlântica. O espírito existia até no sotaque que Plínio e todos os seus traziam.[19] O "R" dobrado para trás, que os linguistas chamam de retroflexo, vem provavelmente da língua dos indígenas Jê. O "S" do plural engolido, de *as casa*, é uma adaptação do tupi, que não flexionava em número, ao português. O "L" trocado pelo "R", na *frechada* ou no *revórver*, é fragmento da pronúncia portuguesa do quinhentismo. Os caipiras falavam, como ainda falam, o português dos bandeirantes.

O avô materno de Plínio, Antonio Leite Cortez, era professor primário, membro ativo do Partido Conservador no século XIX, vindo de uma família dona de muitas terras no Vale do Paraíba. Ele se casou com Matilde Sofia Rennó, neta de um governador do Paraná, filha de um capitão prussiano, por coincidência igualmente descendente de Terebê em seu casamento com Pero Dias, um jesuíta amigo de Nóbrega e Anchieta que pedira permissão especial ao fundador da ordem, santo Inácio de Loyola, para deixar a batina pela filha de Tibiriçá. Matilde havia sido criada com riqueza nas fazendas da região. O Mestrinho, como era conhecido o avô de Plínio em São Bento, se vestia sempre elegante e, tarde na vida, manteve uma coleção de bengalas que alternava conforme a combinação da roupa. Montou a cavalo para bem depois dos 80, e até o fim recitava para os netos poesias em latim, assim como, nostálgico, recontava os embates políticos nos tempos do Império. Morreu em 1917, aos 96. "A casa dos meus avós maternos era a mais

---

19 SANTIAGO-ALMEIDA, Manoel Mourivaldo. Projeto Caipira, FFLCH-USP.

alegre da cidade",[20] Plínio escreveu em suas memórias rascunhadas, porém nunca publicadas. "Minhas tias e minha mãe tocavam piano, flauta, violão, cantavam, declamavam. Os intelectuais, os hóspedes da cidade, os doutores, e os cometas eram para ali levados pelo vigário, pelo juiz municipal." Cometas: caixeiros-viajantes.

Por toda a vida, Plínio descreveu uma infância feliz. Seu pai, Francisco das Chagas Esteves Salgado, era o farmacêutico dali. Mas, logo em princípios da República, foi feito coronel da Guarda Nacional, e tinha por responsabilidade cuidar da segurança em São Bento. Era um dos principais líderes políticos. Sua mãe, Ana Francisca Rennó Cortez, era professora da Escola Normal. Ocorre que a família de Ana pertencia a um grupo político, e Francisco, a outro. Quando estourava uma briga mais feia, o pai deixava a casa e ia se refugiar num sobrado a algumas ruas de distância, que mantinha mobiliado, justamente para essas ocasiões.[21] Ali aguardava até Ana, sempre acompanhada dos filhos, vir buscá-lo. Noutras vezes, era ela que saía de casa e ia com toda a filharada para alguma fazenda de parentes. Toda, não. O primogênito ficava. Francisco gostava de dizer que Plínio era seu melhor amigo. E, em seu ritmo cotidiano, quando não estava no balcão da farmácia, ele fazia visitas às casas, a todas elas e a todas as famílias, na costura cotidiana e no debate das questões de São Bento do Sapucaí. O filho, a seu lado, desde menino foi criado vendo o pai fazer política.

Uma infância de cidade do interior paulista em princípios da República. Gostava quando o padre o deixava badalar o sino da Matriz, caçava passarinhos e soltava papagaio, mas sentava-se sempre na primeira mesa da escola primária. A hierarquia era rígida: os meninos se sentavam por ordem de quem aprendia mais fácil. Plínio era o primeiro. Foi educado com rigor, com disciplina, numa família com a mãe muito católica, mas também com

---
20 GONÇALVES, Leandro Pereira. Op. cit., 2018.
21 LOUREIRO, Maria Amélia Salgado. Op. cit.

a liberdade de correr e brincar pelas ruas da cidadezinha. Uma liberdade que foi interrompida em 1907. O que aprendeu em casa com a mãe e com o avô Mestrinho, e com o mestre-escola que abria sua própria casa para dar aos meninos locais seus primeiros estudos, já batia no limite. Aos doze, o menino montou um cavalo, em cada lado do bicho pendurou duas malas com roupas de corpo, de cama e de banho, e, acompanhado de um empregado da família, tomou rumo de Pouso Alegre, a quase setenta quilômetros, e já bem dentro de Minas. Ali se internou no Colégio São José.

No internato fez amigos de toda a vida, principalmente Menotti del Picchia e o também poeta Guilherme de Almeida, que depois popularizou o estilo japonês dos haikus no Brasil. Do pátio assistiu, com uma licença especial dos padres por já ser noite, ao cometa Halley cruzar os céus, em 1910. Até que, em 1911, quando já corria o mês de junho, o diretor o mandou chamar. Tinha, nas mãos, uma carta. O coronel Francisco estava morto, o estudante ouviu em choque. Ao chegar em casa, dias depois, o rapaz de dezesseis anos já havia perdido o enterro. "O homenzinho da casa chegou", lhe disse a mãe.

A primeira morte.

Pois se fez homem. Abriu com a mãe mais uma sala em casa para que, além dela, ele também desse aulas das primeiras letras de forma a completar os ganhos da família. Foi uma época de apertos. Um tempo depois, trabalhou como agrimensor, voltando a fazer a cavalo rondas pela serra ao redor como fizera nos tempos de menino com o pai. Como bandeirante. Entre caboclos. E nesse ritmo manteve-se até o dia em que bateu à porta o senador estadual Antônio Dino da Costa Bueno. A mãe mandara lustrar as pratas, arrumar a casa, para hospedar o visitante que chegava para cumprir a promessa feita ao coronel Francisco: a de levar Plínio para São Paulo, de modo que estudasse direito no Largo São Francisco. Era a escola que formara muitos dos presidentes da República até ali, quase todos os governadores. Ex-secretário de Segurança, Dino Bueno também havia sido diretor da faculdade. Só que não deu. Com o estouro da Grande Guerra, a economia piorou e o garoto, com algo quebrado por dentro, teve de voltar à casa materna para novamente ajudar no sustento.

Porque algo de fato se quebrou ali dentro com a morte do pai. Algo relativo à fé. Plínio foi tomado por um cinismo de adolescente triste que após a infância feliz tem repentinamente de encarar a vida. Naqueles anos, ele trabalhou e leu.[22] Do francês Gustave Le Bon, talvez o primeiro teórico das massas, trouxe a ideia de que, quando em conjunto, os homens são atraídos por uma influência que vem das multidões. Atuam como se tivessem um único cérebro, porém mais primitivo. Sem oferecer às massas uma crença comum que pudesse lhes orientar a psicologia coletiva, pensou o rapaz, um verdadeiro espírito nacional não tinha como nascer. Com o alemão Ernst Haeckel, evolucionista que propôs uma tese separada daquela de Charles Darwin, se impressionou pela teoria de que o homem não teve uma única origem, mas várias, e que esses caminhos distintos desde um proto-humano ancestral justificavam a existência de várias raças. De outro evolucionista, o inglês Herbert Spencer,[23] compreendeu a sociedade como também um organismo que evoluía. Foi Spencer quem cunhou a frase "sobrevivência do mais apto" para descrever o processo darwinista da seleção natural. E foi um dos pensadores a promover a ideia de que poderia haver um darwinismo social, uma disputa por aptidão travada por sociedades distintas. Plínio leu também Karl Marx e, mexido, concordou com sua descrição de uma profunda injustiça que percebia na sociedade. Que o liberalismo não seria capaz de entregar sua promessa de liberdade e igualdade dentro do sistema capitalista, que impunha a exploração do homem pelo homem.

---

22 GONÇALVES, Leandro Pereira. Op. cit., 2018.
23 DICIONÁRIO histórico-biográfico brasileiro. Rio de Janeiro: CPDOC-FGV, 2001.

Um sistema que tornara a sociedade perversa.[24] Só não comprou a solução oferecida.

Numa manhã de 1916, um dia ensolarado, ele saiu com amigos para fazer um piquenique, um dos programas jovens mais badalados na região. Então aconteceu uma parada repentina, talvez um tropeço do cavalo, e ao chão foi sua irmã Irene. Caiu com tanta força contra o braço esquerdo que o fraturou. A menina se desorientou em prantos e Plínio entrou em pânico sem saber o que fazer. Então desceu de seu cavalo Maria Amélia, uma ex-aluna de sua mãe, vizinha por ali. Com calma, pôs a cabeça de Irene ao colo e tomou controle da situação. Mandou que trouxessem uma charrete da fazenda próxima, sossegou o jornalista seu irmão. Um jornalista que, naquela noite, em casa, escreveu assim:

> A beleza, Maria, me atordoa
> e ao meu sonho de artista a vida empresta.
> Mas não me atrai. O que me atrai
> *é essa bondade que possuis e me abençoa.*

Plínio chegava à idade adulta feito materialista. "Foi uma fase de uma dúvida perturbadora", lembrou numa entrevista.[25] "A mocidade do meu país sofria a influência dos últimos pensadores do século XIX. Tendo abandonado o caminho certo, todos nós nos desesperávamos entre as numerosas encruzilhadas." Estava também noivo fazia três anos. Aos 23, tinha uma ideia mais ou menos arrumada de como o mundo funcionava na cabeça e, na falta do diploma de advogado, se fizera, como outros tantos autodidatas, jornalista, e de jornalista, como quase todos os homens na família, político. Circulava dando palestras e promovendo reuniões nas cidades próximas. Criou dois clubes de futebol, fundou um sema-

---

24 LOUREIRO, Maria Amélia Salgado. Op. cit.
25 GONÇALVES, Leandro Pereira. Op. cit., 2018.

nário – o *Correio de São Bento* – e se juntou ao grupo que criava, ali pelo Vale, o Partido Municipalista. No ano seguinte, elegeriam o primeiro deputado. Na capital, tanto a *Revista do Brasil*, de Monteiro Lobato, como o diário *Correio Paulistano* começaram a publicar textos seus. De alguma forma, sem ter conseguido deixar o pequeno universo de sua vila, estava enfim ganhando o mundo. E, assim, se casou com Maria Amélia. Em 1919, nasceu-lhes a primeira filha. Era, agora, em todos os sentidos da época, um homem adulto de fato.

Quinze dias após o nascimento da filha, Maria Amélia morreu. Septicemia por uma infecção contraída no parto. O médico, muito jovem, não lavara as mãos.

A segunda morte.

O luto o dominou. "Este livro estava no prelo quando Deus te levou da Terra, amargando-me a vida para sempre", pôs na epígrafe de *Thabor*, seu primeiro livro, uma coletânea de poemas. "Tudo passou tão rápido para nós que sinto a impressão da velhice, uma velhice de pouco mais de vinte anos." Quando uma noite eleitoral terminou em tiroteio e, envolvido na confusão, Plínio se viu preso, ele percebeu que lhe chegara a hora. "Durante a infância da minha filha, deixei-a a cargo da minha mãe",[26] ele contaria anos depois. "Por falecimento desta, deixei-a com minha irmã Irene, enquanto eu lutava na capital, no jornalismo e nas letras." Juntou as malas, tomou o trem e foi criar, num quarto de pensão da avenida Brigadeiro Luís Antônio, em São Paulo, uma nova vida.

Assim como aconteceu após a morte de seu pai, o rapaz mergulhou em um processo de transformação intelectual, de compreensão do mundo. O materialista que foi perdera o sentido das coisas. Conforto, obteve-o na religiosidade da mãe. O encontro com a vida política o tornara mais preocupado com as questões do

---

26 Id. Ibid.

Brasil. A viuvez precoce o fez ser tomado por uma vida espiritual. Reencontrando-se com a Igreja Católica, Plínio abraçou um novo leque de autores brasileiros e contemporâneos. "Vinham todos os dias, pela manhã e à noite, Augusto Frederico Schmidt, Raul Bopp, aparecendo às vezes Mário Pedrosa e Araújo Lima",[27] lembrou daqueles primeiros tempos na capital. Ampliava, entre os também jovens escritores de sua geração, suas amizades. "Nossas leituras eram todas marxistas. Não cheguei a ficar comunista porque as novidades do materialismo histórico já tinham me fascinado aos dezessete anos. As páginas de Farias Brito despertavam, porém, no meu espírito."

Raimundo de Farias Brito, um cearense que encontrara casa no Rio de Janeiro, havia se tornado um dos adversários intelectuais mais importantes do materialismo, do evolucionismo, do positivismo, daqueles conjuntos de ideias que inauguraram a República. Ele se punha como um antispenceriano, questionava a possibilidade de uma filosofia encontrar uma explicação de origem única para toda a realidade. E, principalmente, falava da importância de uma vida espiritual. Suas ideias abriram, para Plínio, um novo rumo.

De Farias Brito, pulou para o sergipano Jackson de Figueiredo.[28] Eram tão amigos os dois, Farias Brito e Figueiredo, amigos de frequentarem as casas um do outro, que o sergipano terminou por se casar com a cunhada do cearense, irmã caçula de sua mulher. Na juventude, Figueiredo havia sido ainda mais materialista que Plínio, um estudante boêmio que zanzava pelas noites de Salvador. No início da idade adulta, viveu uma conversão profunda ao catolicismo, se entregando por completo. Encontrou nos passos do

---

27 ROQUE, José de Britto. *Imaginação vencida:* um estudo sobre as fontes do pensamento político de Plínio Salgado (1926-1937). 2003. 295 f. Dissertação (Mestrado em Ciência Política) – Instituto de Filosofia e Ciências Sociais, Universidade Federal do Rio de Janeiro, Rio de Janeiro, 2003.

28 PINHEIRO FILHO, Fernando Antonio. A invenção da Ordem: intelectuais católicos no Brasil. *Tempo Social*, São Paulo, v. 19, n. 1, p. 33-49, jun. 2007.

Calvário de Jesus Cristo uma metáfora para as fases da vida. A angústia existencial que sentia, passou a vê-la como reflexo de uma nostalgia da plenitude a que o homem teve acesso antes da queda. A Igreja, com seu delicado, mas rigoroso equilíbrio hierárquico, ele a viu como o espelho na Terra da ordem celeste. E o conjunto dessas percepções deveria ditar toda a vida em sociedade. Onde há ordem, não há revolução. Um povo tão indisciplinado como o brasileiro precisava, em particular, dessa ordem – e só dos preceitos da Igreja poderiam vir os princípios para ditar ordem e hierarquia.

Alberto Torres também viveu uma conversão,[29] mas não espiritual. Fluminense de Itaboraí, se lançou político como um liberal republicano em pleno Império. Parlamentar de tantos mandatos, deputado constituinte na virada para o novo regime, ministro da Justiça no governo Prudente de Morais, ministro do Supremo Tribunal Federal. Aí largou tudo por desistência, por não ver solução. Desencantou-se. Tornou-se antiliberal. A mão invisível era coisa de iludidos, uma abstração que em verdade nada criava. Aquilo que chamou "democracia política" não conseguiria encarar o trabalho que precisava ser feito. Defendeu que se fundasse uma "democracia social". "A democracia social substitui o encargo de formar e apoiar o cidadão pelo encargo de formar e apoiar o homem. Formar o homem nacional é o primeiro dever do Estado moderno." O Brasil não era desenvolvido, argumentava Torres. Não tinha, naquele princípio de século XX, uma população minimamente organizada. Precisavam, os brasileiros, de direção. Não bastava ao Estado apenas regular a vida pública seguindo os preceitos do liberalismo. O Estado precisava, isto sim, criar a nação. O velho político deixou de acreditar no sistema eleitoral e partidário. "O parlamentarismo é a antítese da organização, é o regime da dispersão, da vacilação, da crise permanente", escreveu. "O

---

29 SOUZA, Ricardo Luiz de. Nacionalismo e autoritarismo em Alberto Torres. *Sociologias*, Porto Alegre, ano 7, n. 13, p. 302-323, jan./jun. 2005.

Brasil carece de um governo consciente e forte, seguro de seus fins, enérgico e sem contraste."

Ideias, de alguma forma, estão no ar por toda parte, e pessoas distintas, em todo o mundo, nesse enlace contínuo de pensadores que conversam ou se correspondem ou mesmo só se leem uns aos outros, vão trocando, adaptando, repensando, localizando. Também fluminense como Torres, mas de Saquarema e uns vinte anos mais novo, Francisco José de Oliveira Viana publicou o primeiro livro em 1918 e num ritmo pesado passou o resto da vida entre política e a escrita de uma ideia de Brasil.[30] Via nele um país incompatível com o liberalismo. Não era um povo, o brasileiro, capaz de solidariedade social, de pensar no interesse coletivo. A ideia, portanto, de que partidos pudessem representar correntes de pensamento na sociedade era ilusória. Que eleições fossem capazes de resultar em um projeto comum era falso. O Brasil de Oliveira Viana precisava criar um sistema de governo compatível com sua natureza. Propôs, então, que a sociedade se dividisse em grupos profissionais, reunidos em federações e sindicatos, e que cada categoria elegesse representantes para um Parlamento classista. Esse Parlamento auxiliaria um Executivo forte e centralizador, que moldaria o Estado e inventaria um novo Brasil.

Com esse pacote de influências intelectuais conduzindo sua ideia de país, não é difícil entender o fascínio que despertou em Plínio encontrar na Itália, dez anos depois, aquele regime baseado num Estado centralizador, preocupado em moldar a ideia de nação, organizado em entidades classistas – corporativista –, obcecado por ordem e disciplina. E se a Igreja tinha um papel próximo, embora não tão próximo, isso seria fácil de corrigir numa versão brasileira.

Já passava das 19h naquela quarta-feira, 15 de fevereiro em 1922, quando os automóveis começaram a chegar ao Theatro Municipal,

---

30 DICIONÁRIO histórico-biográfico brasileiro. Op. cit.

um prédio em estilo eclético que, fundado dez anos antes, pretendia oferecer à capital paulista um ponto de cultura nobre, digno de qualquer cidade cosmopolita. Os ingressos estavam esgotados para aquela segunda noite da Semana de Arte Moderna. Os homens que chegavam, quase todos muito elegantes, vestiam ternos jaquetão, chapéus de feltro. Os chapéus das mulheres eram quase todos do modelo clochê, que, arredondados em cima, se encaixavam justos nas cabeças, suas abas quase inexistentes apenas sugeridas por uma curva ligeira. Os vestidos, de gola ampla, mostrando-lhes o colo, cinturados, mas soltos abaixo, sempre descendo até um palmo antes dos pés. Desfilavam por aquela festa porque era uma noite de ver e de ser visto, um evento marcante sobre o qual a imprensa falava fazia já semanas, num longo debate sobre aquela gente jovem que queria apresentar um novo tipo de arte. Uns, como Menotti del Picchia, a chamavam futurismo, em homenagem ao movimento italiano que inspirava Mussolini. Mário de Andrade, que como Del Picchia tinha também 29 anos, preferia chamar modernismo, por ver diferenças nos propósitos.

A semana foi organizada para que o público fosse recebido na segunda, na quarta e na sexta-feira, cada noite celebrando uma forma de arte. Na primeira, a do dia 13, a elite paulistana assistiu a uma exposição de artes plásticas, por entre os quadros de Anita Malfatti e Emiliano Di Cavalcanti, as esculturas de Victor Brecheret, a arquitetura de Antônio Moya. Tarsila do Amaral só não apareceu porque estava em Paris. Mas aquela quarta era a noite dos escritores, como a sexta seria dos músicos. Era, por isso mesmo, na noite do dia 15 que o trio promotor do evento – Mário e Oswald de Andrade, além de Del Picchia – planejava brilhar. Eram bons de marketing, de levantar polêmicas, chamar atenção.

Tinham lá suas rusgas. Por ser editor do *Correio Paulistano*, Del Picchia era quem tinha mais capacidade de divulgação. Mas, entre os três, era também quem mais se embaralhava nos conceitos, além de trazer um fascínio pelo futurismo italiano do poeta Filippo Marinetti que incomodava os outros dois. Com discrição, Mário lhe dava aulas com a esperança de que orientassem seus textos. De polêmica em polêmica, a cada debate nas páginas dos jornais, o evento terminou com sucesso de audiência, mesmo que não de agrado. O recital de poesias ocorreu durante uma palestra em que Del Picchia explicava a proposta do grupo enquanto era interrompido por poetas que ilustravam, com trabalhos seus ou de outros, aquilo que ele dizia. Foi Oswald quem leu *Os sapos*, de Manuel Bandeira, o pernambucano que não conseguira vir. E Plínio leu uma poesia sua. Foram, todos, vaiados por várias vezes, vaias que nas décadas seguintes carregariam como medalhas.

Até hoje há debates sobre quem esteve, quem declamou.[31] Na lista publicada dois dias depois pelo *Jornal do Commercio* está indicado que Plínio Salgado subiu ao palco e leu coisas suas.[32] É também sempre citado pelo amigo Menotti. E nunca citado por Oswald, que também com o passar das décadas foi recontando a história a ponto de fazer a participação de Del Picchia cada vez menor até que parecesse apenas um coadjuvante. O que nunca foi.

A amizade dos dois, de Menotti com Plínio, vinha da adolescência e era sólida, mas teve lá suas tremidas. O poeta já estabelecido havia sido inclemente com o livro de poemas parnasianos que o amigo, viúvo recente, escrevera. No jornal, em sua resenha, chamou *Thabor* – que levava o nome de um monte no vale do rio Jordão citado em inúmeras passagens da Bíblia – de *Tambor*.[33] Piada de modernista, que por característica tinha um constante sarcasmo. Mas foi pelo amigo filho de italianos com ambições futu-

---

31 GONÇALVES, Marcos Augusto. *1922, a semana que não terminou*. São Paulo: Companhia das Letras, 2012.
32 BOAVENTURA, Maria Eugenia. *22 por 22, a Semana de Arte Moderna vista por seus contemporâneos*. São Paulo: Edusp, 2008.
33 LOUREIRO, Maria Amélia Salgado. Op. cit.

ristas que Plínio se converteu à versão brasileira do movimento. Foi também por suas mãos que, chegando a São Paulo, encontrou um bom emprego na redação do *Correio*.

Virou rotina que durou anos. Plínio chegava ao trabalho todos os dias por volta das 21h, depois de fazer hora no tradicional Café Paulista e de lá trazer um maço de cigarros Jockey. Subia a escada para o segundo piso do prédio na XV de Novembro, de cara para a praça Antônio Prado, atravessava o corredor com chão de madeira passando pela porta do Salão Nobre, onde os políticos se reuniam, daí pelo escritório administrativo e, na terceira, entrava. Era uma sala grande, a da redação. Os janelões, abertos para a praça. A sua era logo a primeira mesa, ao lado da porta. Imediatamente à esquerda sentava-se Menotti, que, em geral, já escrevia concentrado a coluna política do dia, que assinava sempre com o pseudônimo Helios. Encontrava o poeta perdido nas laudas, fazendo deslizar a caneta de pena, sempre com um cigarro pendurado, vez por outra correndo os dedos pelo cabelo louro. Quando terminava, punha-se de pé e lia o texto em voz alta para saber as impressões de quem ouvia. Quando aprovado, o colunista descia o corredor até o Salão Nobre, onde costumava se encontrar trabalhando o governador, Washington Luís Pereira de Souza.[34] Se não era ele, seria outro figurão do partido. E lia para que ouvisse. Aprovada a coluna, mandava descer ao linotipista.

Não era, o *Correio*, qualquer jornal. Tratava-se do mais antigo diário da cidade, fundado em 1854, e veículo oficial do Partido Republicano Paulista. Plínio já conhecia uma parte do poder no Estado por conta de sua vivência no Vale do Paraíba. Agora, passava a conhecer por dentro, direto na capital, todos os principais líderes, que circulavam diariamente por lá. O PRP fornecera quatro dos nove presidentes eleitos até ali, seguido de três vindos do Partido Republicano Mineiro. E todos os nove gover-

---

34 Id. Ibid.

nadores paulistas, incluindo Washington Luís. A política do PRP e essa vertente do modernismo se encontravam naquela redação diariamente, a qual tinha Menotti como editor e Plínio com um terceiro poeta, Cassiano Ricardo,[35] de redatores. Simultaneamente, o rapaz do interior encontrava espaço na intelectualidade e na política da capital.

Para ele, a rotina pesava. Deixava a redação lá pelas 3h, não raro comia um filé acompanhado doutros jornalistas. Alguns mais boêmios esticavam para uma partida de bilhar, e Plínio às vezes os acompanhava. Nesses dias, chegava em casa com o sol já se mostrando. Não sempre. Desde princípios de 1923, batia ponto às 9h no escritório do advogado Alfredo Egídio de Sousa Aranha, um dos mais influentes da cidade. Plínio Salgado não tinha o diploma do Largo São Francisco, mas era inteligente, já havia trabalhado como auxiliar de juiz e sabia muito bem escrever textos legais com clareza e precisão. Nessa função, operava como assistente de Alfredo, a quem havia conhecido pelos laços do PRP. Completava a renda ainda como comentarista de futebol para as páginas de *A Gazeta*, que, se não lhe pagava bem, ao menos garantia ingressos gratuitos para os jogos do fim de semana.

Foram, aqueles, anos de trabalho intenso e aprendizado. Firmou-se, no início ainda sem verbalizar, com mais segurança numa visão de país. Construiu laços, se inseriu na dinâmica política paulista. Faltava era lidar com suas ambições, que não passavam por ser jornalista, muito menos assistente paralegal, que muitas vezes até pagava bem. Queria ser político e precisava lançar um romance. Um romance no qual pudesse retratar o contraste do país verdadeiro, que encontrava no interior, e aquele ilusório da capital, contaminado pelo estrangeiro nos gestos, nos hábitos, nas

---

35 CAMPOS, Maria José. *Versões modernistas do mito da democracia racial em movimento.* 2007. 371 f. Tese (Doutorado em Antropologia Social – Faculdade de Filosofia, Letras e Ciências Humanas, Universidade de São Paulo, São Paulo, 2007.

roupas. Havia uma alma brasileira por ser recuperada que deveria ser abraçada para que enfim o Brasil pudesse ser grande. Política e literatura caminhavam juntas.

Plínio queria ganhar uma voz pública que alcançasse mais gente.

"Após a Semana de Arte Moderna em 1922", lembrou mais de meio século depois, "deu-se uma diáspora dos elementos que a promoveram. Mas houve um denominador comum: o sentido brasileiro dos novos literatos e artistas."[36] O que os unia era a busca pela construção de uma cultura brasileira para o futuro. O que os dividiu foram visões artísticas e políticas muito divergentes. Algo similar ocorria na Europa. Os futuristas italianos abraçaram o fascismo da mesma forma que os surrealistas franceses e espanhóis mergulharam na extrema-esquerda.[37] A partir de 1924 se iniciou uma guerra de manifestos que cindiu os participantes da Semana de 1922. E quem o disparou foi Oswald de Andrade.

Oswald vinha de uma família rica e muito respeitada. O pai era latifundiário, e o tio, Inglês de Souza, fora deputado e um dos fundadores da Academia Brasileira de Letras. Cresceu rico, fez-se ousado, talentoso e, como todos no cume da elite paulista, viveu entre Paris e a capital. Suas primeiras peças de teatro, escreveu-as em francês. E estava justamente voltando de uma Paris em plena explosão criativa dos anos 1920, com a cabeça fervilhando e acompanhado da nova mulher, a pintora Tarsila do Amaral, quando ao aportar no Rio fez publicar, no *Correio da Manhã*, o *Manifesto da Poesia Pau-Brasil*. O ano: 1924.

"A poesia existe nos fatos",[38] escreveu já na abertura. "Os casebres de açafrão e de ocre nos verdes da Favela, sob o azul cabralino, são fatos estéticos." No seu estilo por vezes opaco, mas sempre

---

36 GONÇALVES, Leandro Pereira. Op. cit., 2018.
37 ROQUE, José de Britto. Op. cit.
38 ANDRADE, Oswald de. Manifesto da Poesia Pau-Brasil. *Correio da Manhã*, Rio de Janeiro, 18 mar. 1924.

rítmico na batida das frases curtas, Oswald era sonoro e instigava em seus leitores imagens que, sentia, inspiravam um olhar tenro sobre o Brasil. Sua proposta era que o país deveria produzir uma arte com qualidade de exportação, assim como uns tantos séculos antes fizera com a madeira de tinta vermelha. "Dividamos: poesia de importação. E a Poesia Pau-Brasil, de exportação", seguiu. "O Brasil *profiteur*. O Brasil doutor. E a coincidência da primeira construção brasileira no movimento de reconstrução geral. Poesia Pau-Brasil." Entre termos e ideias francesas, apontava para o lado arcaico do país. "O lado doutor, o lado citações, o lado autores conhecidos. Comovente. Ruy Barbosa: uma cartola na Senegâmbia. Tudo revertendo em riqueza. A riqueza dos bailes e das frases feitas. Falar difícil." Ilustrando enquanto dizia, mostrava como o conhecimento se tornara elitista e a arte fora junto, tornando-se irrelevante. "O bacharel. Não podemos deixar de ser doutos. Doutores. País de dores anônimas, de doutores anônimos. O Império foi assim. Eruditamos tudo. Esquecemos o gavião de penacho." E atacava a poesia passada, que compreendia influenciada pela erudição artificial e que, preocupada com a forma, se esquecera de realmente observar o país. "A língua sem arcaísmos, sem erudição. Natural e neológica. A contribuição milionária de todos os erros. Como falamos. Como somos." Para Oswald, era preciso jogar tudo fora e recomeçar do zero.

A repercussão foi imensa, mas nem de todo positiva. Nas conversas de redação no *Correio Paulistano*, alguns de seus companheiros daquela Semana já passada, tendo tudo processado, discordaram. Não se tratava apenas de um debate estético. Era, mais que isso, um debate sobre a ideia que tinham de Brasil. Oswald apontava um caminho para produzir uma arte genuinamente brasileira. Os jornalistas consideraram aquele de Oswald um "nacionalismo afrancesado". O que eles apresentariam era em todo distinto. Em 1925, puseram na rua o Movimento Verde-Amarelo. "Para o brasileiro, que é a Pátria?",³⁹ perguntou-se Plínio. "Oito milhões de quilômetros quadrados. Apenas. Quando se diz Brasil, a imagem imediata é a da carta geográfica. É a concepção parcial da nação. Tudo o mais é cosmopolitismo, adaptações de leis, de modas, de costumes, de maneiras, estilos, preferência artística." Tudo ao que se dava valor parecia ter vindo de fora. E era esse o lapso de julgamento implacável que ele via Oswald cometendo. Estava simplesmente adaptando o que vira à realidade brasileira. Cassiano Ricardo seria bem mais sucinto. "Oswald havia descoberto o Brasil na Europa, queríamos descobrir o Brasil no Brasil, mesmo."

Não se tratava apenas de um debate no plano das ideias abstratas ou mesmo estéticas. Os verdamarelistas diziam não querer jogar o passado fora. Oswald propunha uma busca por inspiração e diálogo com as vanguardas europeias. Olhava para o mundo. Via o Brasil no mundo. Cosmopolita. Plínio, Menotti e Cassiano queriam era voltar-se para dentro, buscar no passado, na herança, na tradição e no presente um Brasil verdadeiro. "Eu, que tenho assento na seção mais elegante do *Correio*, sinto em mim uma alma tão próxima da gente rude da nossa terra",⁴⁰ escreveu certa vez Menotti. "Ao ouvir o pranto dos violões, se alvoroçam meus nervos e revi noites claras de lua nos terreiros da fazenda, onde de cócoras, triste e noctâmbulo, o Belarmino, meu ex-pajem, arrancando ao pinho toda a angústia profunda da sua alma de caboclo cantava trovas ingênuas." *Alma de caboclo* é expressão que todos os verdamarelistas usariam muito. "O Brasil começou a interessar, com a sua paisagem, a sua gente, suas lendas e tradições, seus dramas, sua luta, seus mistérios africanos e tupis, seu linguajar, suas toadas e canções, a índole e a cadência de suas vozes bárbaras." As

---

39 SCHMIDT, Patricia. *Plínio Salgado:* o discurso integralista, a revolução espiritual e a ressurreição da nação. 2008. 170 f. Dissertação (Mestrado em História) – Centro de Filosofia e Ciências Humanas, Universidade Federal de Santa Catarina, Florianópolis, 2008.
40 CAMPOS, Maria José. Op. cit.

imagens da vida em fazenda, das cócoras herdadas dos tupis, do caboclo, não eram apenas emotivas. Eram projeto. "Queríamos opor um 'ismo' brasílico bem contagiante, bem visual, aos 'ismos' europeus que alguns arautos da Semana começaram a importar",[41] escreveu Cassiano.

Estavam rompidos. E o rompimento não era artístico, era político. Oswald e aqueles que mais tarde se batizariam antropofagistas eram revolucionários internacionalistas. Plínio e os que adiante se batizariam integralistas eram nacionalistas e, no mínimo, conservadores. Mas todos modernistas. Todos apontando uma visão de futuro, fosse baseada em vanguardas, fosse em tradição.

Já era tarde, naquela noite, quando um Plínio cansado pegou na Mooca um bonde em direção a sua casa, a esta altura em Santa Cecília, para onde já conseguira trazer a mãe, a irmã e a filha. Pensativo e solitário, o único passageiro. Num dos momentos em que o vagão parou, mirou para o lado e percebeu que, num prédio, uma pequena placa indicava: Hospedaria dos Imigrantes. "Alguém deve estar meditando ali dentro",[42] pensou. Uma ideia que veio do nada – ideia que se transformou num jorro interno. Precisava escrever. Tinha muito o que escrever. Tudo o que lera, tudo o que pensara, tudo o que havia vivido até ali havia se transformado num romance que tinha na cabeça. Não pôde esperar. Saltou, pegou um táxi para que chegasse rápido. Em casa, todos dormiam, com exceção de Cajado, um gato pardo com o peito branco que logo subiu à mesa em busca de atenção quando Plínio se sentou. Arrumou as folhas. Pegou a caneta. "Na noite espessa, os gritos das locomotivas cruzavam-se repentinos, como meteoros de sons", escreveu. Só parou quando o primeiro capítulo de

---

41 MEDEIROS, Jarbas. Introdução ao estudo do pensamento político autoritário brasileiro. *Revista da Ciência Política*, v. 17, n. 4, p. 67-124, out./dez. 1974.
42 LOUREIRO, Maria Amélia Salgado. Op. cit.

O estrangeiro estava escrito. Manteve o mesmo ritmo por todas as noites seguintes. Às vezes, Cajado erguia a pata e batia contra a caneta em movimento, buscando atenção. E o escritor se distraía. Mais à frente, quando já estava adiantado o texto, por vezes convidava amigos à casa para ler em voz alta o que escrevia. No início de 1926, Cassiano Ricardo lhe pediu os originais para poder apreciar em casa com mais calma. Quando devolveu, foi uma cópia tipografada já com revisões. Plínio tomou um susto. Seria, naquele ano mesmo, o primeiro volume publicado pela editora Helios, que Cassiano e Menotti fundaram. Também o primeiro romance duma coleção que batizaram Verde-Amarela. Augusto Frederico Schmidt viu no texto "uma força nova, uma esperança, um Gogol do Brasil". No Rio, o pensador católico Jackson de Figueiredo o elogiou. O livro esgotou-se num mês.

Foi no mesmo ano que o governador Júlio Prestes o convidou a concorrer a uma cadeira na Assembleia Legislativa. Era um escritor conhecido, circulava bem entre quem era relevante na capital, redator do *Correio*. Apesar de vir de uma família da elite, coisa da qual muito se orgulhava, não havia sido criado com luxos e seus pais sempre tiveram que trabalhar para viver. Nunca pôde viajar para fora do Brasil. Mas havia construído, no leste do estado, região do Vale do Paraíba, uma reputação. Conheciam-no por ser da terra e ter dado certo na capital. Relacionava-se bem. E foi eleito. "Plínio Salgado é um homem que pensa",[43] escreveu o poeta Augusto Frederico Schmidt. "Fez-se só como pensador. Sua vitória é vitória do homem da inteligência brasileira que, como o homem do nosso mato, foi relegado para o mais injusto e revoltante esquecimento." *O Progresso do Estado de São Paulo* registrou a vitória no estilo floreado, ainda não tocado pelo modernismo, que parte da imprensa adotava. "Chegada a oportunidade de renovação do Congresso Paulista, o terceiro distrito apontou, entre os

---

43 Id. Ibid.

mais dignos de seus filhos, o nome já glorioso de Plínio Salgado. E foi eleito com grande votação."

Mas renovação era mesmo o projeto dele. Queria reformar a Assembleia e o PRP. Mas descobriu que não conseguiria. Mudança, só com uma revolução. Uma revolução que o deputado de 32 anos não conseguia imaginar vindo. Foi nesse cenário de desânimo que um velho amigo o procurou.

Alfredo Egídio de Sousa Aranha tinha um sobrinho. Chamava-se Joaquim Carlos. O período no qual trabalharam juntos no escritório de advocacia despertara, em Alfredo, um imenso respeito por Plínio e suas ideias. E ele tinha uma proposta: uma longa viagem da Terra Santa até a França, na qual o deputado, devidamente licenciado, poderia apresentar o Velho Mundo ao rapaz e fazer daquilo uma grande aula. Plínio não teria dinheiro para fazer a viagem sozinho. Aceitou. Não poucos sugerem que o sobrinho tenha sido uma desculpa.[44] Alfredo esperava que na Europa Plínio abrisse seus olhos, ganhasse ele próprio o mundo e trouxesse, para o Brasil, novas ideias políticas.

Afinal, eram tantas ideias as que tinha, fervilhando, juntas, por vezes desconexas. Um sistema político baseado nos valores mais altos da Igreja Católica, como sugerido por Farias Brito e Jackson de Figueiredo. Um Estado organizado não pela fragilidade daquela democracia dos liberais, mas sim em corporações, como propunha Oliveira Viana. O conceito de que era obrigação de um Estado, com pulso, formar o homem, como cantado por Alberto Torres. O desenho de uma ideia forte e sedutora de nação que, como sugeria Gustave Le Bon, poderia guiar a massa num bom caminho. A injustiça obscena que inevitavelmente se implantava numa sociedade abandonada por um falso conceito de liberdade, como percebera Karl Marx. A força que estava ali, nunca apro-

---

44 BERTONHA, João Fábio. *Plínio Salgado, biografia política (1895-1975)*. São Paulo: Edusp, 2018.

veitada, de todo ignorada pelas elites, na alma do caboclo. Uma brasilidade real, vinda do interior, verdadeira. Não aquela artificial, fingida, importada do exterior, como a que se encontrava na capital paulista.

Tantas ideias com conexões aparentes, mas sem caminho simples para sua execução. Uma viagem lhe faria bem, sim. Ficar uns bons tantos meses fora refletindo, tendo conversas, escrevendo. Talvez trouxesse algo novo.

Quatro de outubro, 1930. Um sábado. Dia em que Plínio Salgado aportou ao país vindo pelo navio *Duilio*, com a cabeça fervilhando após a viagem à Europa.[45] Véspera da goleada de 7 do Palestra sobre o América. Um dia 4 no qual, em nenhum dos jornais do país, foi publicada a notícia mais importante do momento. Porque, na tarde anterior, um dia 3 modorrento em Porto Alegre, um ataque liderado por Osvaldo Aranha, primo-irmão de Alfredo Egídio, terminou com a rendição do Quartel-general da 3ª Região Militar. O Brasil estava às portas de uma revolução.

---

45 GRACIOTTI, Mário. Op. cit.

A FORMAÇÃO DE UM LÍDER FASCISTA

Ninguém achava Plínio bom orador. Não no início. "Ele era absolutamente monótono",[1] lembrou anos depois um médico das Forças Armadas que havia sido integralista na juventude. "Dizia *carçada, de sartoarto*, à moda paulista do interior. Mas achei lindo o que ele dizia." Aí algo foi mudando nele. Em Plínio. Uma mudança nascida de uma noite de cansaço em Manaus, no mês de agosto de 1933. Ele e um pequeno grupo, incluindo o amigo recém-feito que carregaria pelo resto da vida, Gustavo Barroso, estavam circulando o Brasil no que haviam batizado de Bandeiras Integralistas. Já tinham passado pelo Nordeste, da Bahia para cima, de estado em estado, de lá, pelo Maranhão, chegaram ao Pará e, via barco,

---

[1] TRINDADE, Hélgio. *A tentação fascista no Brasil, imaginário de dirigentes e militantes integralistas*. Porto Alegre: UFRGS Editora, 2016.

à capital amazonense.² A sua era uma missão que outros também executavam em caravanas semelhantes pelos vários cantos do país. Precisavam espalhar a palavra do integralismo, fundar núcleos regionais, arregimentar seguidores. Tinham o projeto de uma revolução e, para isso, precisavam que o movimento ganhasse corpo. Um movimento daqueles precisava mobilizar multidões.

É o mês mais seco do ano, o agosto manauara, mais propício às visitas, embora as temperaturas durante o dia com frequência passem dos 30° C. Quente para um paulista da Mantiqueira. Após dormir no hotel à tarde, Plínio e seu grupo se dirigiram a um restaurante para jantar antes de rumar ao teatro, que encontrariam cheio.³ Devem ter causado alguma impressão, todos aqueles homens de verde, que ainda não haviam se tornado comuns de ver. Não ainda – porque se tornariam. O chefe, que só depois abraçaria convicto o papel de chefe, vestia a camisa de cor verde inglês e gravata preta estreita sem paletó, na altura do braço esquerdo um círculo branco com contorno azul-escuro e uma grande letra grega Σ (sigma) ao centro, no mesmo azul. As calças eram pretas, e também pretos, mas em couro, eram cinto e sapatos. As mangas, jamais dobradas em público; a camisa, sempre passada. Em ambos os ombros, no lugar das berimbelas militares, novamente o sigma. Havia de se apresentar impecável, um integralista. Aquele homem baixo, franzino e ainda inseguro que era Plínio Salgado trazia consigo também uma pasta opaca na qual guardava o discurso que faria.

No teatro cheio, o líder do movimento subiu ao palco e parou ao púlpito, abriu a pasta – e nela encontrou folhas de papel almaço em branco. Girou com os dedos uma, duas, três. Todas em branco. O discurso havia desaparecido. Passou os olhos pelo público até

---

2 FAGUNDES, Pedro Ernesto. Revista Vida Capichaba (1934-1937): As imagens fotográficas a serviço dos integralistas do estado do Espírito Santo. *Em Tempo de Histórias*, Brasília, n. 15, p. 88-107, jul./dez. 2009.
3 LOUREIRO, Maria Amélia Salgado. Op. cit.

encontrar os de Barroso. Que sorria. Era do tipo que pregava peças, Barroso. Nunca por maldade, só mesmo para se divertir e ter uma história para contar depois – histórias que contava com gosto. Às vezes, tinha até uma intenção maior na peça que pregava. E o público, perante Plínio, aguardava sua palavra. Ele tomou fôlego e, pela primeira vez, forçado pelo amigo cearense, teve de falar no improviso da hora.

Um tempo depois, à frente de outro público bem mais familiar, em Jaboticabal,[4] interior de São Paulo, fez o mesmo, só que por escolha própria. Em meio à leitura do discurso escrito, Plínio optou por abandoná-lo. Ele não precisaria mais de texto para explicar o que era o integralismo. Fazia já três anos que vinha construindo sua doutrina. Ninguém a conhecia como ele próprio. E o orador monótono se tornaria outro. "São as forças criadas pelo temperamento e depois por uma obsessão", descreveria um velho Menotti del Picchia. "Ele não sai do mito. Aquele menino que conheci na intimidade não tinha nada de *führer*. Mas quando ele se toma daquela áurea, é o chefe. Comanda. É fora do comum. E cultivou o magnetismo pessoal ao máximo."[5] Havia sempre um traço de afeto quando Menotti se referia ao amigo dos tempos de escola ginasial. "Ele tem um sotaque caipirado. Fechava os olhos. Agora, tem um belo preparo e uma coisa formidável: fé em si mesmo."

A capacidade de falar em público, sofisticada ao ponto máximo nos anos seguintes, deixaria em seus seguidores uma marca indelével, fixa para sempre na memória. "Nos comícios dele, era o povão que ia",[6] lembrou um editor de livros em depoimento nostálgico. "Você vê pelas fotografias, pela fisionomia, que era gente

---

4   TRINDADE, Hélgio. Op. cit.
5   Id. Ibid.
6   CARNEIRO, Márcia Regina da Silva Ramos. *Do sigma ao sigma. Entre a anta, a águia, o leão e o galo:* a construção de memórias integralistas. 2007. 415 f. Tese (Doutorado em História Política) – Instituto de Ciências Humanas e Filosofia, Universidade Federal Fluminense, Rio de Janeiro, 2007.

do povo. Ele eletrizava a plateia. O Plínio começava a falar, com aquele ritmo de interiorano, mesmo, ele ia mudando aos poucos, até chegar ao ponto máximo. Quando botava a mão na cintura e começava a mexer os braços, se transfigurava."

Revolução, da forma como habitualmente é definida na ciência política, é mais do que a tomada de poder acompanhada, em geral, de violência.[7] As classes dirigentes, afinal, sempre resistem. Para que seja mesmo uma revolução, não basta que o poder seja tomado à força. É preciso que haja uma transformação de natureza política e socioeconômica no Estado, não apenas troca de comando. Se na história da República o Brasil viveu uma única revolução, esta terá de ser a comandada por Getúlio Dornelles Vargas em outubro, 1930.

Proclamada em 15 de novembro de 1889 por um golpe de Estado, a Primeira República durou oficialmente até 24 de outubro daquele 1930. Quase que exatos 41 anos de regime. Começou instável, com o governo de dois marechais ditadores, e na sequência dois presidentes paulistas inventaram em conjunto a maneira de equilibrar o governo – Prudente de Morais Barros e Manuel de Campos Sales. O conflito sério que havia era o que sempre há quando um novo regime se impõe: divisão do poder. Em cada região havia líderes locais com suas pretensões, todos lutando para se manter onde estavam ao passo que buscavam também ascender.

Prudente herdou um país em convulsão. No Rio Grande do Sul, um movimento armado tentava garantir a independência do estado. Uma ilha do Espírito Santo, Trindade, havia sido tomada por ingleses. A França invadiu o Amapá via Guiana Francesa. A Argentina questionava os limites da fronteira. Os militares haviam entregado os cofres públicos quebrados. E, não bastasse, ainda

---

7 BOBBIO, Norberto; MATTEUCCI, Nicola; PASQUINO, Gianfranco. *Dicionário de política*. Brasília: UnB, 1998.

durante seu mandato explodiu no interior da Bahia uma pequena rebelião que aos poucos foi se tornando um pesadelo, já que uma missão militar após a outra se mostrava incapaz de controlá-la – Canudos. Pois Prudente conseguiu um acordo de paz entre ximangos e maragatos, no sul gaúcho. Ao invés de guerra, optou pela arbitragem e conseguiu negociar favoravelmente ao Brasil todos os conflitos internacionais, e ainda por cima viu crescer como diplomata um barão que havia sido esnobado pelo Império. Rio Branco. Negociou bons termos com banqueiros ingleses para parcelar a dívida externa. O que lhe escapou ao controle foi Canudos, que terminou em matança.

O esforço de entregar ao sucessor um país pacificado lhe custou muito. Precisou ficar cinco meses afastado convalescendo de uma cirurgia renal, seu vice tentou dar um golpe e ainda lhe encomendou o assassinato. Um soldado durante uma cerimônia avançou contra o presidente, garrucha à mão, que Prudente afastou com a cartola. O rapaz então sacou uma peixeira e partiu para cima. O marechal Carlos Machado de Bittencourt, seu ministro da Guerra, que comandara pessoalmente a última batalha em Canudos, pôs-se entre assassino e o presidente. Tempo o suficiente para que o soldado fosse contido pelos outros. Mas Bittencourt recebeu no tórax a facada e morreu horas depois.

Campos Sales, por sua vez, aproveitou-se do país pacificado que herdou para estabilizar a política. Perante tantos focos de peleja por poder, decidiu aplicar em nível nacional o que fizera quando governador de São Paulo: propôs um pacto. Os governadores teriam poder e o governo central não se meteria com eles. Em seu tempo, o sistema foi chamado Política dos Governadores. Perante a ciência política, terminou apelidado de República Oligárquica. O regime, afinal, garantia a cada oligarquia regional seu poder e, em troca, a fraude eleitoral era pactuada e presidentes se elegeram naquele tempo quase sempre com cerca de 90% dos votos. Facilitou, assim, aquilo que o outro apelido do sistema bem descrevia. República do café com leite – alternavam-se no Palácio do Catete, sede carioca da Presidência, os dois estados mais ricos da federação: São Paulo, produtor de café, e Minas, pecuarista, leiteiro.

Aquelas quatro décadas de regime foram estáveis politicamente, mas cravejadas de revoltas populares que explodiam a toda hora. E se durante o Império o país crescera pouco, a Primeira República foi eficiente do ponto de vista administrativo e econômico. Trouxe do exterior mão de obra, ergueu indústrias por toda parte, principalmente em São Paulo, e de fato criou uma burocracia de governo onde antes nada havia. O Brasil imperial mal teve uma estrutura administrativa de Estado. A República a criou – e nesse processo de criar uma burocracia capaz, entre outros pontos profissionalizou as Forças Armadas, plantando assim a semente de sua derrocada.

Novos regimes nascem em confusão, encontram equilíbrio, no equilíbrio se confortam, e no conforto amolecem sem perceber as transformações ao redor, que terminam por fazê-los entrar em decadência. Até que caem de velhos. Por conta dos méritos daquela República, dois grupos surgiram dentre os brasileiros, ambos com poder de fazer impor sua voz. Os operários, porque com greve e protestos tinham como causar impacto na economia, e uma nova classe média ilustrada, quase sempre formada por funcionários públicos, com poder de consumo, mas, principalmente, controle da estrutura do governo.

Em 1922, jovens oficiais do Exército brasileiro, formados na primeiríssima turma que profissionalizou o preparo de oficiais, se rebelaram contra o governo. Faziam, todos eles, parte da gente pobre que ascendia socialmente pelo serviço público. Entre o levante no Forte de Copacabana, em 1922, e a Revolução de 1930, passaram-se oitos anos intensos. Os tenentes foram presos, se exilaram, voltaram do exílio para novamente se rebelar, chegaram a controlar São Paulo por um mês, para, então, partir em marcha pelo

Brasil tentando emplacar a revolução. A Coluna Prestes frustrou-se, seus comandantes voltaram ao exílio para retornar ao país de novo nos primeiros meses de 1930.

Enquanto os jovens oficiais se rebelavam, a Política dos Governadores perdia força com velocidade, a sapiência de Campos Sales já se esvaindo da memória. Estados economicamente importantes vinham demonstrando insatisfação contínua. O esquema de manterem-se no governo local sem poder participar do nacional não satisfazia mais. Mas só em 1930 veio o racha fatal. Minas rompeu com São Paulo e apoiou a candidatura à Presidência de certo governador gaúcho. E quando esse derretimento do pacto que sustentara o regime se encontrou com o apoio militar dos tenentes rebelados, a revolução tornou-se inevitável. Venceu a eleição o governador paulista Júlio Prestes. Não chegou a tomar posse. O grupo novo que entrava teria também seu apelido para aquilo que caía. Nem República dos Governadores, nem Oligárquica, nem do Café com leite. Chamaram-na de República Velha. Porque, a partir daquele momento, o Brasil seria apresentado a novos nomes que comporiam o cenário político nacional, nomes que perdurariam por até mais do que apenas quatro décadas. Aquele governador gaúcho derrotado no pleito fraudado, Getúlio Vargas, mas com ele também Osvaldo Aranha, Luís Carlos Prestes, Eduardo Gomes, Juarez Távora, João Alberto.

E, mesmo sem ter participado da revolução, ganharia muito espaço um ainda jovem deputado estadual paulista pelo partido do regime que caía, o PRP: Plínio Salgado.

Mas um detalhe: antes da queda, numa noite em Marselha já umas tantas semanas após o encontro que o marcou com Mussolini, Plínio sentou-se à mesa no quarto do hotel à beira-mar para escrever a Júlio Prestes, recém-eleito presidente da República.[8] Era por

---
8   GRACIOTTI, Mário. Op. cit.

volta das 23h. Ele jantara e ficara até tarde com Mário Graciotti, o jornalista que o acompanhava na viagem, e o vice-cônsul brasileiro por lá, também escritor, Rui Ribeiro Couto. Com os amigos, compartilhou a angústia que sentia pelas cartas que recebia do Brasil. Estava convencido de que Prestes não conseguiria tomar posse e de que, mesmo derrotada nas urnas, a Aliança Liberal de Getúlio preparava um movimento de deposição. No quarto, pôs o pijama e por cima um robe, na cabeça um turbante avermelhado, e se entregou a escrever por quase quatro horas. Ao final, tinha dez páginas. Envelopou-as e se dirigiu ao quarto de Graciotti, que iniciaria sua viagem de retorno ao Brasil bem cedo pela manhã. Eram 3h. Plínio pôs nas mãos de Mário a carta e lhe recomendou que só a entregasse pessoalmente ao governador de São Paulo, futuro presidente.

O deputado perrepista vivia um conflito interno que só se intensificaria nos dois anos seguintes. Havia saído do Brasil com a missão de educar como preceptor Joaquim Carlos de Sousa Aranha, o filho de seu amigo Alfredo Egídio. O momento da viagem havia sido propício. Seu mandato se arrastava, ele se sentia pouco eficaz, e todos os planos que tinha de reforma para o Partido Republicano Paulista se frustraram. Era um monólito que não se movia. Plínio tinha convicção de que uma transformação grande seria necessária, e não apenas no partido, mas em todo o Brasil. Contudo, seu pai havia sido líder regional do PRP, ele era deputado do PRP, e trabalhou por anos no *Correio Paulistano*, o jornal do PRP. As pessoas com quem conviveu ali, na redação, eram justamente os principais líderes do partido, incluindo o presidente Washington Luís e o presidente eleito, Júlio Prestes. Aqueles eram seus amigos, a sua gente. Além do mais, desconfiava daqueles revolucionários por vir. Ele já era um antiliberal convicto, não apoiaria um grupo que propunha um governo liberal. A democracia liberal havia fracassado, era sua avaliação. Um regime que pertencia ao passado. Ao mesmo tempo, criado no interior paulista, valorizando o caboclo e o trabalho na terra, Plínio percebia na defesa do agronegócio paulista abraçada por Júlio Prestes um ponto alto da plataforma política.[9] Enquanto isso, um dos líderes tenentistas, Luís Carlos Prestes, havia abraçado o comunismo no ano anterior.[10] (Júlio e Luís Carlos Prestes não eram parentes.)

A República tinha de ser transformada, mas todos apontavam para o caminho errado.

"O indivíduo deve ser considerado sob um tríplice aspecto: como Força Moral, Força Econômica e Força Política", escreveu Plínio.[11] "O indivíduo não pode ser concebido simplesmente como força política, no conceito da democracia liberal. Nem somente sob o dúplice aspecto econômico-político, como o considera o radicalismo de uma concepção mecânica das relações sociais." Como propunham os comunistas. Aquela revolução que se insinuava não era, definitivamente, a dele. "O indivíduo, como força moral, é o centro da família. Como força econômica, é a razão de ser da classe. E é, em consequência dessas duas forças, que ele age, como força política, no Estado." Fascista.

O presidente eleito recebeu a carta de Plínio. "O doutor Júlio leu-a e guardou-a no arquivo de aço", lembrou-se Graciotti de ter ouvido do chefe de gabinete. "Ele me disse, sorrindo, que o Plínio não passava de um belo poeta vendo fantasmas."[12]

O que nenhum deles tinha como saber é que aquela carta ainda seria lida por mais gente.

---

9 BERTONHA, João Fábio. Op. cit, 2018.
10 LOUREIRO, Maria Amélia Salgado. Op. cit.
11 CHASIN, José. *O integralismo de Plínio Salgado, forma de regressividade no capitalismo hipertardio*. São Paulo: Livraria Editora Ciências Humanas, 1978.
12 GRACIOTTI, Mário. Op. cit.

Graciotti estava em Santos quando chegou de manhã cedo o transatlântico *Conte Verde*,¹³ com Plínio a bordo. "Já sei tudo", lhe disse após descer. "No Rio, soubemos da revolução do Getúlio." Quando desceram do trem na Estação da Luz, na capital paulista, passava pouco do meio-dia e uma pequena festa aguardava o deputado.¹⁴ Estavam lá para recebê-lo Menotti e Cassiano Ricardo, alguns outros parlamentares, todos num clima de celebração, mas também nervosismo. Seguiram ao Palácio dos Campos Elíseos, sede do governo estadual. Não havia muito mais o que fazer, àquela altura, que não oferecer ajuda pessoal e um gesto de amizade. Afinal, os gaúchos já avançavam na direção de São Paulo e nada indicava que poderiam ser derrotados. "Encontrei no meu Brasil, num dia luminoso em que eu entrava na Guanabara, uma corrente desvairada de sonâmbulos pegando as armas para defender fantasmas",¹⁵ escreveu Plínio num artigo que publicou no *Correio* ainda antes de as tropas gaúchas chegarem à capital paulista. "Uma revolução em nome de um defunto."

Em meio à amargura na qual mergulhavam ele e os seus, passou pelo Palácio todos aqueles dias como se conversas continuadas tivessem o poder de mudar o inevitável. Se parecia convicto nos textos que escreveu para publicar, no íntimo, entregava-se às dúvidas. Não queria a revolução, tampouco desejava a manutenção do regime. "As tropas do Sul batem às fronteiras de São Paulo",¹⁶ escreveu em carta ao poeta Augusto Frederico Schmidt, no dia 14.

"Que ideias trazem? Elas marcham com essa bandeira vaga, imponderável, indefinível, de liberalismo. Que é o liberalismo? E nós, que vamos ao encontro delas, combatemos em nome de quê? Se vencermos, o que faremos? Manteremos as instituições para

---

13 CORREIO DA MANHÃ, Rio de Janeiro, 5 out. 1930.
14 CORREIO PAULISTANO, São Paulo, 5, 6, 7 e 8 out. 1930.
15 LOUREIRO, Maria Amélia Salgado. Op. cit.
16 Id. Ibid.

possibilitarmos novas revoltas e nova confusão? Continuaremos a manter essa mentalidade regional, estreita e intransigente, que é todo o fruto do regime federativo? Então para que tanto sacrifício? Há um desequilíbrio evidente na evolução política, econômica, social dos estados. Nós temos transplantado, para um outro plano, a mesma equação de Canudos." Cada vez mais nutria a impressão de que a política que dava aos estados tanta independência impedia o nascimento de uma cultura política genuinamente brasileira. Nacionalista, não regionalista.

Júlio Prestes pensou em resistir. Mas conforme as tropas revolucionárias avançavam, foi pego de surpresa pela notícia de que o presidente Washington Luís, no Rio, havia sido derrubado num golpe militar e levado preso, numa rendição negociada pelo cardeal dom Sebastião Leme. Era o dia 24 de outubro, 1930. Uma junta de três generais estava agora no comando do Brasil.[17] O comandante da Força Pública, a atual Polícia Militar de São Paulo, no mesmo dia aderiu ao movimento revolucionário. Prestes não tinha mais cartas na mão. Passou o governo ao comandante da Segunda Região Militar, pegou um carro e asilou-se no consulado britânico, um casarão no bairro do Jardim América.

Regime deposto, ainda não estava claro o que o substituiria.

O golpe dado pelos generais no auge das tensões aproveitou-se do momento de desequilíbrio do governo. Por dias, não ficou claro se pretendiam manter-se no poder, mergulhando o país numa guerra civil, ou se entregariam a Presidência a Getúlio. A desculpa para apear Washington Luís era dar fim ao conflito armado, posto que os gaúchos venceriam de qualquer forma. Mas a junta militar nomeou ministério e os boatos no Rio de Janeiro, Capital Federal, pareciam sugerir que tivessem planos de longo prazo.

---

17 NETO, Lira. *Getúlio (1882-1930)*: dos anos de formação à conquista do poder. São Paulo: Companhia das Letras, 2013.

No dia 27, chegou a São Paulo João Alberto, um dos chefes tenentistas. Os líderes do Partido Democrático, uma legenda menor que fizera parte da Aliança Liberal durante o período de campanha, tinham expectativa de receber o comando do Estado. Ocorre que, no momento em que estourou o levante, justamente em sua fase mais crítica, os democráticos não haviam corrido em auxílio dos gaúchos. Era, pois, João Alberto quem assumiria o governo paulista antes mesmo de Getúlio Vargas ser presidente.

Aquela pequena vingança contra os aliados eleitorais que hesitaram no primeiro instante da revolução ainda custaria caro ao novo regime.

João Alberto Lins de Barros era pernambucano do Recife e tinha 31 anos. Por ter assentado praça como sargento no Rio Grande do Sul, onde foi elevado a tenente, fincou raízes e se casou com uma gaúcha, tendo filhos por lá. Em 1924, quando estourou o levante sob o comando de Luís Carlos Prestes e Antônio Siqueira Campos, o indômito líder dos Dezoito do Forte, ele imediatamente se colocou à disposição. Ele e outro rapaz, um advogado recém-formado de Alegrete que, embora gaúcho, vinha de família tradicional paulista – Osvaldo Aranha. Foram, os dois, rebelados de primeira hora. João Alberto seguiu os rebeldes como parte do Estado-Maior da Coluna Prestes e, com seus companheiros, viveu no exílio até maio daquele 1930. Foi quando, com Siqueira, pegou um hidroavião monomotor mirrado na Argentina tendo por rumo o Rio Grande, carregando consigo o dinheiro do movimento, para dar início à revolução final. O avião caiu no mar uruguaio e João Alberto quase morreu – Siqueira o salvou do afogamento. Nas longas horas em que ficaram à deriva em meio a uma tempestade, num Atlântico revolto e gelado, Siqueira, que era exímio nadador, foi engolido por uma onda. Por toda a vida o homem que sobreviveu salvo pelo que morreu se lembraria da última vez que ouviu a voz de seu comandante. "Espera, João!"[18] Poucos naquele novo Brasil que nascia tinham as credenciais revolucionárias de João Alberto, nomeado pelo comandante da revolução, Getúlio Vargas, para o cargo de interventor em São Paulo.

No dia 29, o trem com Getúlio chegou à Estação da Luz, sendo recebido com festa fingida pelos paulistas. Àquela altura, a Junta Militar já havia oficializado um convite para que o comandante da revolução fosse ao Rio assumir a Presidência. Mas, político hábil que era, Getúlio fez do caminho um ritual, para que, em demorando o momento da posse, criasse uma expectativa ainda maior. Foi antes de chegar à capital, no Palácio dos Campos Elísios, que decidiu fazer seu primeiro discurso perante a imprensa para dizer a que vinha. "Se a vitória da Aliança Liberal se concretizasse pela eleição, os resultados não iriam além da reforma eleitoral e outros pontos do programa", afirmou.[19]

"Agora está assegurada a realização de um programa muito maior e mais profundo. A dissolução do Congresso, pois esse se revelou incapaz de cumprir sua missão; a reforma do sistema tributário, evitando a iníqua situação que grava todo o povo em benefício de meia dúzia de magnatas; a anistia ampla; a tomada de contas dos que lançaram mãos dos dinheiros públicos, os quais responderão com os seus bens particulares, que serão confiscados, e com sua liberdade, pelos gastos ilícitos, que serão apurados."

Em 3 de novembro assumiu a Presidência da República.

"Quero muito conhecer pessoalmente Plínio Salgado",[20] disse João Alberto a Osvaldo Aranha, o número dois do regime, no diálogo reconstruído por Mário Graciotti. "Sei que é um belo

---

18 LINS DE BARROS, João Alberto. *Memórias de um revolucionário*. Rio de Janeiro: Editora Civilização Brasileira, 1953.
19 NETO, Lira. Op. cit.
20 GRACIOTTI, Mário. Op. cit.

escritor e político nacionalista. Basta ler a carta que escreveu ao doutor Júlio Prestes." A carta de alerta escrita da França e que também falava de um Brasil com o qual Plínio sonhava não passou despercebida nos arquivos do governo e despertou a curiosidade do interventor. Osvaldo era o nome certo para fazer a apresentação do deputado estadual e escritor.

Não que o conhecesse.

Mas ocorria de Osvaldo Euclides de Sousa Aranha ser, assim como Alfredo Egídio de Sousa Aranha, bisneto da viscondessa de Campinas, como eram ambos sobrinhos-netos tanto do marquês de Três Rios quanto da baronesa de Itapura. Os pais eram primos-irmãos, e, correndo a ascendência de século em século, os seus já caminhavam ali entre São Paulo e São Vicente nos tempos em que as cidades nasciam. Osvaldo tinha, sim, como localizar Plínio Salgado. Era seu primo Alfredo o mecenas do escritor. E primo, naquela família, era coisa que todos levavam muito a sério.

A revolução imposta por Getúlio Vargas mexeria na estrutura social brasileira. Daria forma a sindicatos, protegeria com novas leis os operários, e para os servidores públicos construiria uma extensa malha de segurança. Faria tudo isso, porém, sem trocar as elites. Sai um Sousa Aranha, entra o outro.

Àquela altura, Plínio havia retornado da Europa para o casarão no bairro de Santa Cecília que compartilhava com a família[21] — uma família grande que viera toda junta de São Bento do Sapucaí. Sua filha, Maria Amélia; a irmã, Irene, e o marido, Joaquim Rennó, que haviam juntos adotado Matilde, Maria e Mário, filhos crianças do também irmão Joviano, assassinado com a mulher numa disputa de terras; também o outro irmão, Henrique, com a mulher Emília e suas duas filhas, Mariinha e Ireninha; e, por fim, ainda solteiro, o caçula dos Salgado, Pompeu. Seis adultos, seis crianças. Quinzinho, o marido de Irene, era sócio de Plínio numa gráfica,

---

21 LOUREIRO, Maria Amélia Salgado. Op. cit.

e os outros dois irmãos, Henrique e Pompeu, tinham juntos uma farmácia – seguiram a profissão do pai.

Foram, aquelas semanas iniciais após a posse de Vargas, de muita apreensão. Vários membros do PRP, assim como colegas de trabalho do *Correio*, estavam sendo detidos para interrogatórios. Alguns, mantidos presos. Apreensão e também certo desânimo por mudanças que, Plínio antevia, não levariam a nada. "Quarenta anos de experiência republicana provaram que o regime não presta", já havia comentado na carta ao poeta Augusto Frederico Schmidt. "A nossa política, desde 1889, tem sido uma obra de charlatanismo liberal-democrático."[22] Uma revolução da Aliança Liberal iria só acirrar o processo.

Ou não.

Foi num fim de tarde que Alfredo Egídio bateu à porta para levá-lo ao Palácio dos Campos Elísios. Não para um interrogatório, muito menos para prendê-lo. Para conversar com o interventor, que àquela altura já lera também muitos de seus artigos publicados pelo *Correio* no passado.

O que Plínio perceberia nas semanas e nos meses seguintes é que encontrara tanto no coronel João Alberto quanto em Osvaldo Aranha homens simpáticos a suas ideias. Contava, nesse sentido, com o valioso endosso de Alfredo. E, mais que isso, a revolução da Aliança Liberal só tinha de liberal o nome. No interior do governo provisório, a confusão ideológica se propagava e o debate sobre o projeto se abria. A revolução tinha o poder, mas não sabia o que fazer com ele. Plínio, por sua vez, tinha um projeto, ainda que não de todo arrumado. Assim como tinha os ouvidos do número dois de Vargas.

As coisas em casa não iam bem. Quinzinho, seu cunhado, já vinha doente fazia um tempo. Não conseguiu chegar ao final do ano. Como era ele quem cuidava da gráfica, Plínio optou por

---
22 CHASIN, José. Op. cit.

vendê-la, assim como vendeu um automóvel Dodge que pertencia à família. A farmácia de seus irmãos também fechara. Eram muitos, repentinamente, e nenhum deles com emprego fixo. A primeira decisão que tomaram foi a de se mudar para uma casa um pouco menor, num bairro um pouco pior, embora não muito distante, na rua Barra Funda. Ireninha, que ainda não completara um ano, adoeceu. Não tinham dinheiro para o médico – um visitou a menina por cortesia e a tratou com amostras grátis. Ela tampouco resistiu. A cova foi paga em prestações.[23]

A família se virou. Henrique pôs na rua um calendário católico. Pompeu desenvolveu a fórmula de um xarope e arranjou-se um laboratório para comercializá-lo. Plínio criou um folhetim policial em fascículos chamado *Celeste Aguiar, detetive amadora*, que envolvia misteriosos túneis subterrâneos ligando São Paulo à vizinha Santo André. Imprimiu-os numa gráfica jogando o pagamento lá para a frente, conseguiu com amigos em jornais espaço para anunciar de graça, e as crianças da família saíram distribuindo panfletos publicitários. Vendiam os fascículos em casa mesmo.

E, ainda assim, na tragédia e no aperto, a política se abria em espaços possíveis para que Plínio fizesse aquilo que buscava: influenciar a revolução. O que já pensava do Brasil foi ao encontro da viagem à Itália, e sua cabeça estava em ebulição. Ali entre a angústia do dinheiro parco e a mágoa de mortes de pessoas que lhe foram tão caras, vivia um momento de intensa criatividade e, ansioso, tentava aproveitar o espaço que lhe era oferecido. Tinha uma intuição a seu respeito, Plínio Salgado, de que era um grande homem em potencial.[24] Precisava só daquele passo a mais. Um homem de ideias, um ideólogo que naquele momento necessitava encontrar um líder carismático para levar adiante seu projeto.

---

23 LOUREIRO, Maria Amélia Salgado. Op. cit.
24 BERTONHA, João Fábio. Op. cit, 2018.

João Alberto estava realmente impressionado pelo que ele escrevia e lhe fez uma encomenda muito particular. Muito especial. A de que apresentasse um manifesto para aquilo que pretendia batizar como Legião Revolucionária de São Paulo. Algo que representasse os ideais da revolução, que fosse inspirador e que apontasse uma diretriz. Que pudesse agrupar seguidores, construir um movimento e, talvez, até seduzir os paulistas – justamente quem havia perdido mais com a mudança abrupta de regime. Plínio já havia trazido da Europa anotações para algo do tipo. Seria sua primeira oportunidade de organizar essas ideias e levá-las a público. E escreveu. A encomenda, porém, vinha originalmente de outra pessoa bem acima do interventor.

Em finais de fevereiro, Plínio tomou o trem para o Rio de Janeiro, onde deveria se encontrar com o ministro do Interior, Osvaldo Aranha.[25] Ao chegar a seu gabinete, no final da manhã, ele não estava. O jornalista então se sentou, esperou. E o tempo passou. Horas. Já eram quase 17h quando o ministro entrou pela porta, encontrando não só o escritor à sua espera, mas também alguns militares, o chefe de polícia da capital e o ministro da Guerra, general José Leite de Castro. Plínio tomou um chá de cadeira, mas foi o primeiro a ser recebido, com gentileza e simpatia. Osvaldo passaria em revista o documento antes da publicação. O país reclamava novas ideias, o ministro explicou ao agora ex-deputado. Mais que isso, novas organizações, organizações realmente brasileiras, e não haveria tolerância para o comunismo. Contava com Plínio para dar forma a essas ideias.

Naquela mesma semana, Osvaldo o recebeu novamente, dessa vez em sua casa.[26] Seriam muitos os encontros naquela casa. Estavam lá também Alfredo Egídio, Augusto Frederico Schmidt e alguns

---

[25] CORREIO DA MANHÃ, Rio de Janeiro, 28 fev. 1931.
[26] DEUTSCH, Sandra McGee. *Las Derechas*: The Extreme Right in Argentina, Brazil, and Chile, 1890-1939. Palo Alto, EUA: Stanford University Press, 1999.

jovens estudantes cariocas que haviam fundado, na Faculdade Nacional de Direito, o Centro Acadêmico de Estudos Jurídicos e Sociais (Caju). Dentre eles, com apenas dezenove anos, o futuro jornalista e político Francisco de San Tiago Dantas. Plínio era apresentado àqueles rapazes pela primeira vez, um grupo que havia espontaneamente formado o Caju para debater política. Em comum tinham o fato de serem todos muito católicos, intelectualizados e simpáticos ao fascismo. Não estavam lá, mas faziam parte do coletivo, o futuro historiador Hélio Viana e o poeta Vinicius de Moraes. Quando Osvaldo os recebeu, tinha à mesa uma série de livros italianos. Um volume do jurista Alfredo Rocco, responsável pelo conceito do corporativismo fascista, a primeira biografia de Mussolini, assinada por Margherita Sarfatti, e uma coletânea de discursos do *Duce*. "Aranha estava integralmente a favor do manifesto que Plínio tinha escrito", lembraria um dos rapazes.[27]

Texto aprovado, faltava só o levar a público. Não seria recebido com indiferença.

> O povo brasileiro quer saber em que princípios fundamentais se devem basear as obras de reconstrução nacional.[28] A Legião Revolucionária de São Paulo responde: Nos princípios que asseguram a plena expansão do homem na igualdade absoluta das classes, na autonomia perfeita da família, na expressão coletiva do país. A obra de renovação da pátria terá um sentido social de garantia aos direitos sagrados do trabalho: de amplitude do conceito do Estado, a cuja ação meramente política se deve juntar a função de supremo coordenador e orientador das forças econômicas.

Foi, mundialmente, um período de ampla e intensa disputa ideológica, aquele dos primeiros anos da década de 1930. Também de

---

27 TRINDADE, Hélgio. Op. cit.
28 DIÁRIO DA NOITE, 3 mar. 1931.

muita confusão. Norte-americanos e britânicos seguiam apostando na democracia liberal. Mas a pesada crise econômica iniciada em 1929 provocava dúvidas sobre a eficácia do regime por toda parte. Conforme se consolidava a ideia de que um Estado forte era necessário para organizar a economia em colapso, não foi só o liberalismo que encontrou inimigos. Anarquistas, ainda mais avessos ao controle estatal do que liberais, se viram solitários e minguando. Enquanto isso, a União Soviética promovia o comunismo, e a Itália, o fascismo. Uma à esquerda, outra à direita, ambas proponentes de um sistema de governo centralizador e com total controle. A questão econômica estava no centro das preocupações de Plínio.

> A era da máquina dividiu os povos em duas categorias. Os que possuem e os que não possuem carvão, petróleo e ferro. Com maiores possibilidades para desenvolver uma indústria extrativa e, consequentemente, o aperfeiçoamento das máquinas e dos aparelhos de transporte na terra, no mar e no ar, esses países têm interesse em criar consumidores de estoques e submeter países sem recursos para se industrializarem a uma escravidão econômica inevitável.

A missão econômica principal por ele imaginada, portanto, era acelerar a industrialização brasileira. O responsável por esse processo deveria ser um Estado central. Mas esse não seria apenas um problema de engenharia, de erguer infraestrutura de transporte, de energia, ou mesmo de distribuição de fábricas. Seria necessário, simultaneamente, organizar o trabalho e preparar as pessoas. O Partido Nazista já existia com Adolf Hitler de *führer* desde 1921. Só chegaria ao poder, no entanto, em janeiro de 1933. O país só se tornaria a Alemanha nazista, com Hitler de ditador, em agosto de 1934. A questão do racismo não era percebida ainda como um elemento fundamental do conjunto ideológico que eram os fascismos. Nos anos seguintes, para não melindrar os simpáticos ao fascismo alemão, Plínio cultivaria uma ambiguidade. Mas não naquele 1931. Para ele, organizar o trabalho e preparar as pessoas só seria possível, no Brasil, deixando de lado a questão racial. Inspirado pelo romantismo literário, via no índio um símbolo de um passado genuinamente brasileiro, aquele traço que todos, juntos, poderiam clamar como legitimamente seus.

> O Brasil terá uma missão a cumprir. Para isso, é preciso que não alimentemos preconceitos de raça. Só há um denominador comum étnico: o índio, que influiu de certa forma na fixação do ariano, marcou a denominação geográfica do continente como a um sinal indelével de presença. É o que poderemos chamar de o meio étnico. A força da terra. Politicamente, uma vez que damos a primazia a uma raça desaparecida isso significará que absoluta é a posição de igualdade de todas as outras. Tudo o que não vier das verdades essenciais da Terra e da Raça será a repetição do insistente imitacionismo que nos deu no império um parlamentarismo britânico e, na República, uma federação norte-americana.

No novo Brasil que ele imaginava, também havia espaço para a agricultura e uma reforma agrária que redistribuísse terras improdutivas. Plínio falava em igualdade de classes, mas o que tinha em mente era algo muito distinto da visão marxista. Na sua visão, o comunismo era a ditadura de uma classe: o proletariado. E o liberalismo, de outra: a burguesia. Plínio não propunha a eliminação das classes, apenas que elas fossem tratadas de forma equivalente, que tivessem os mesmos direitos, prevendo desde sempre suas diferenças. Para tudo funcionar, a educação era estratégica.

> Como base dessa obra da construção nacional, o problema do ensino deve ser focalizado em toda a sua magnitude – desde o ensino primário ao secundário e superior. Não

> temos um aparelhamento de formação moral e mental que acompanhe o brasileiro desde a cartilha aos altos estudos, criando o que nos tem faltado sempre: uma cultura nacional e que será alcançada com a autonomia do magistério em todos os seus graus.

Não era, portanto, um ensino para promover autonomia, e sim para uniformizar os brasileiros em sua compreensão do país, do Estado, da família. Uniformidade era um conceito-chave em sua visão de mundo. Por isso percebia, no federalismo da Primeira República, um de seus piores traços. Tinha de ser combatido para que, em vez de estados em disputa, houvesse também uniformidade entre eles, cada qual com sua vocação, devidamente guiada pelo governo central por um ideal de toda a nação.

> A autonomia dos estados deve ser delimitada dentro das possibilidades da Pátria comum. A representação política nacional não se deve basear nas expressões políticas dos Estados. Pensamos que o Poder Federal deve assentar sobre: a representação de classes, produzindo um Legislativo de técnicos e não de políticos; a delimitação das áreas políticas ao exercício do sufrágio; eleição indireta do presidente da República; a constituição de um Judiciário como órgão nacional, unificado e autônomo.

Com os objetivos do governo desenhados, seu modo de funcionamento determinado e o método de atuação explicitado, Plínio partia então de encontro à sua principal contradição. A indústria é, por natureza, urbana, e isso ocorre por uma necessidade econômica. Concentra-se numa região metropolitana muita gente que possa nela trabalhar, além da infraestrutura necessária para produção e escoamento do produzido. Mas já fazia anos que ele enxergava justamente nas grandes cidades o foco dos vícios estrangeiros em detrimento do que havia de realmente nativo, encontrado apenas no interior. Esta era uma concepção tão fundamental de sua visão de Brasil que não poderia deixá-la de fora.

> Nosso patriotismo é apenas um lirismo arrebatador; exterior, sem raízes profundas. Todo o problema social do Brasil presente se reduz a uma organização do trabalho. O trabalho está desorganizado. Como base da grande organização cumpre ir-se pensando desde já na descentralização dos grandes núcleos urbanos, incentivando-se a criação das grandes cidades no interior, preparando-se dessa forma o deslocamento mais tarde das capitais para o sertão.

Pela primeira vez Plínio Salgado punha num documento político seu projeto pessoal. Ali estava toda a sua ambição. Curiosamente, João Alberto escolheu não assinar o manifesto. Mas Miguel Costa, o principal comandante militar da Coluna Prestes e maior líder do tenentismo em São Paulo, o assinou. Como também o fez, entre outros, seu mecenas Alfredo Egídio. Assim como assinou ele próprio, Plínio, o documento, sinalizando pela primeira vez em público que estava ao lado da revolução e distante do regime que até meses antes representara.

Publicado em 3 de março de 1931 e, três dias depois, lido no rádio,[29] o manifesto foi muito mal recebido. Em São Paulo porque o estado se ressentia, justamente, da perda de seu lugar central no poder brasileiro. Entre muitos no novo governo federal por ser Plínio um perrepista. Mal recebido na direita porque os tenentes eram vistos como de esquerda. Na esquerda porque Plínio era já visto como fascista. Miguel Reale, que ainda era estudante de direito no Largo São Francisco, mas que se tornaria um líder integralista, já velho lembraria com certo humor: "Aquele documento, denso de considerações histórico-sociológicas sobre a

---

29 CORREIO DA MANHÃ, Rio de Janeiro, 6 mar. 1931.

situação nacional, pela sua generalidade tanto podia servir a um movimento de esquerda como de direita".[30]

Mal recebido, talvez, mas não por todos. Não por quem importava. O diálogo cada vez mais constante com Osvaldo Aranha, assim como a publicação daquele texto, teria consequências: a criação de um jornal, que Alfredo Egídio se comprometeu a financiar. Por sede, arranjaram um pequeno prédio cravado no centro de São Paulo, na rua José Bonifácio, ao lado da Praça da Sé, a passos do campus da Faculdade de Direito do Largo São Francisco, a dez minutos a pé do Theatro Municipal ou da Praça da República. Para auxiliar Plínio a botar *A Razão* de pé, foi convocado do Rio o jovem Francisco de San Tiago Dantas. De saída, por conta de seu lugar-tenente no matutino, Plínio fincava em definitivo um pé na principal faculdade de direito da capital, o Rio de Janeiro. O outro, pela proximidade, seria posto na principal faculdade de direito paulista. Faria, em ambas as escolas, algumas palestras nos meses seguintes. E os primeiros seguidores que conquistaria seriam justamente esses futuros juristas, formados pelas melhores escolas, em geral cerca de dez anos mais moços do que ele.[31]

"Meu companheiro está com o negócio quase fechado para a compra de um matutino aqui, o qual terá de desaparecer, para dar lugar a um outro jornal", escreveu Plínio ao amigo Augusto Frederico Schmidt.[32] "Esse amigo seguiu para a Bahia e, ao partir, declarou-me que o negócio estava fechado e me incumbiu de fazer uma inspeção nas máquinas. Esse jornal terá um caráter de nacionalismo radical", ele seguiu. "Neste instante, me sinto imensa-

---

30 REALE, Miguel. Op. cit. 1986.
31 CHRISTOFOLETTI, Rodrigo. *A enciclopédia do integralismo:* lugar de memória e apropriação do passado. 2010. 279 f. Tese (Doutorado em História, Política e Bens Culturais) – Centro de Política e Documentação de História Contemporânea do Brasil, Fundação Getulio Vargas, Rio de Janeiro, 2010.
32 LOUREIRO, Maria Amélia Salgado. Op. cit.

mente desamparado de elementos materiais para qualquer ação prática. Esse jornal será o primeiro impulso." Juntando o alívio de voltar a ter uma renda fixa como diretor de um novo periódico, ele tinha sonhos grandes. "Essa afirmação de nacionalidade é o grande ponto de contato entre todas as correntes que não se conformam com o 'materialismo histórico'. Acredito que ele arrastará as multidões brasileiras."

Um movimento de massas não nasce de um dia para o outro, é cultivado. Do encontro com João Alberto para a casa de Osvaldo Aranha, das conversas nas faculdades de direito e também, agora, noutro canto: a Livraria Schmidt Editora,[33] cujo dono era Augusto Frederico, e que se tornava rapidamente o núcleo de um movimento de escritores modernistas no centro do Rio. Schmidt publicara livros de Manuel Bandeira, Afonso Arinos de Melo Franco e Jorge Amado. Mas criaria ali, também, um ponto de encontro para intelectuais católicos conservadores. E todos se tornariam ávidos leitores do jornalista Plínio Salgado, diretor de *A Razão*. O integralismo ainda não havia nascido, mas de berço era um movimento tocado por sofisticados intelectuais conservadores.

O matutino chegou às bancas em 1º de julho de 1931, já com a coluna "Nota Política", assinada por Plínio. "No Brasil, não há ainda um sentimento coletivo de interesse nacional",[34] explicou naquela primeiríssima edição. "Cumpre-nos, ao iniciar a discussão dos problemas que este momento nos suscita, declarar, como base de nossa orientação segura, que não há interesses estaduais diante dos supremos interesses nacionais." Ele tinha consciência de que, espatifada ideologicamente como estava a jovem revolução brasileira, aquela era a oportunidade de interferir. "*A Razão* tem o firme propósito de falar sem cessar uma linguagem dife-

---

[33] BARBOSA, Jefferson Rodrigues. Op. cit.
[34] OLIVEIRA, Rodrigo Santos de. O jornal *A Razão*: o ventre fecundo que criou o modelo de totalitarismo integralista. *Historiæ*, Porto Alegre, v. 7, n. 2, p. 129-159, 2016.

rente, uma linguagem que, a princípio, pouca gente compreendeu e que, ainda hoje, muitos estranham, como se a exposição simples e sincera das realidades da nossa pátria soasse aos ouvidos da democracia como um idioma estrangeiro",[35] escreveu em um dos artigos.

"Desejamos trazer o nosso concurso para que sejam traçados rumos à ditadura. Pois quando dizemos 'rumos à ditadura' não queremos significar que devemos ir para o regime ditatorial, e sim que a ditadura tem de procurar rumos para libertar-se do beco sem saída em que parece encontrar-se. Continuemos, portanto, em meio da confusão e do bruaá dos imediatistas, a traçar esses rumos, conservando-nos sempre, acima e à margem dos acontecimentos, com firme desejo de cooperar com o nosso modestíssimo trabalho, para que a nossa geração não venha a ser alvo das maldições daqueles que terão de receber de nossas mãos um Brasil forte e digno, ou uma pátria infeliz e enferma."

Trabalhou duro, às vezes catorze horas num dia, acompanhando da decisão de pauta à composição na gráfica, em sua missão de inventar uma doutrina. Era, no entanto, uma tiragem pequena e, por isso, de alcance limitado. Assim, para expandir, decidiu reunir o conjunto daqueles que já lhe eram próximos no salão de *A Razão*. Na manhã de 24 de fevereiro de 1932, juntou, pela primeira vez, pouco mais de uma dezena de pessoas para fundar o que batizou de Sociedade de Estudos Políticos, SEP. "Declarei-lhes que, no meio da confusão dos espíritos que reinava no Brasil, tornava-se necessário, antes de iniciarmos qualquer atividade, estabelecermos alguns pontos pacíficos", escreveu.[36] Seria em cima desses pontos que trabalhariam, e eles não poderiam ser questionados.

Todas as forças produtoras do Brasil deveriam ter voz no Estado, e um Estado com autoridade traduziria essas forças em

---

35 CHASIN, José. Op. cit.
36 Id. Ibid.

políticas para organizar a produção material e intelectual e a expressão moral do povo, registrou em ata. As tradições históricas do Brasil deveriam orientar as políticas, assim como as circunstâncias geográficas, climáticas e econômicas. Seriam, elas todas, contrárias a doutrinas que pudessem criar privilégios de raças, classes, indivíduos, grupos financeiros, partidos, oligarquias.[37]

Aos poucos, primeiro quatro, depois doze, e então algumas dezenas de estudantes do Largo São Francisco foram atraídos com alguma curiosidade. Então, atraiu Arlindo Veiga dos Santos, que havia fundado no ano anterior duas organizações. Uma, a Ação Imperial Patrianovista Brasileira. A outra, a Frente Negra Brasileira. Os patrianovistas defendiam um retorno da monarquia encabeçada por Pedro Henrique de Orléans e Bragança, do ramo de Vassouras, ele também ligado à Sociedade Brasileira de Defesa da Tradição, Família e Propriedade. TFP. Defendiam, os patrianovistas, também o retorno a um país agrário.

Conforme o público crescia, a sociedade foi se organizando em grupos de trabalho. Os dedicados a estudar saúde, educação, cultura. Na terceira reunião, em 6 de maio, Plínio sugeriu que era preciso ir além dos estudos para iniciar um movimento que levasse ao povo as ideias que se construíam. "Expondo em rápidas palavras a grave situação que o país atravessa", registrou alguém em ata, "o senhor presidente propôs que se organizasse, subordinada e paralela à SEP, uma campanha de ação prática, no sentido de se infiltrar em todas as classes sociais o programa político da SEP, decorrente de seus princípios fundamentais." Plínio também sugeriu um nome para essa campanha.

Ação Integralista Brasileira.

Foram dias de diferença – não mais que isso. Na manhã de 23 de maio, dezessete dias após a AIB entrar em estágio embrioná-

---

[37] LOUREIRO, Maria Amélia Salgado. Op. cit.

rio, um Osvaldo Aranha apressado deixou o Quartel-general da 2ª Região Militar, na capital paulista, com destino ao Rio de Janeiro. Tinha virado a noite anterior ouvindo um debate acalorado entre oficiais da Força Pública, atual PM, e os militares. Escutou tudo em silêncio para ao fim entender que não poderia contar com ajuda. Chegara com a missão de reformular o governo de São Paulo, saía sem ver chance de sucesso na missão. Tentava evitar que o estado implodisse em sua resistência à revolução. Não conseguiria. Saía porque, com uma convulsão se formando nas ruas, se não saísse aquela manhã, corria o risco de ser escorraçado ainda à tarde, sem alcançar a noite.[38]

Era uma segunda-feira. Na véspera, domingo, a Praça do Patriarca havia sido tomada por uma multidão que não tolerava a ideia de seguir sob o jugo de um interventor. O antigo Partido Republicano Paulista se reorganizara num movimento chamado Frente Única Paulista, de oposição ao governo Vargas. Exigiam que se convocasse uma Assembleia Constituinte. Por conta, formou-se também a Liga Paulista Pró-Constituição. E os dois grupos, aliados do movimento estudantil, vinham já fazendo barulho havia semanas. O domingo 22 foi o ápice, com dezenas de milhares de pessoas nas ruas incomodadas com a chegada de Aranha à cidade. "Mais uma vez o ministro Osvaldo Aranha, enviado especial do ditador, vem a São Paulo com o intuito de arrebatar ao povo paulista o sagrado direito de escolher seus governantes",[39] ditava o panfleto de convocação distribuído pela cidade e reproduzido nas páginas de alguns jornais. "O povo de São Paulo reunir-se-á, hoje, às 16h, na Praça do Patriarca, e decidirá então seus destinos dentro da comunhão nacional." A situação rapidamente saiu de controle, e, enquanto os discursos se seguiam, um grupo tomou

---

38 DONATO, Hernâni. *História da Revolução Constitucionalista de 1932*. São Paulo: Ibrasa, 2002.

39 O ESTADO DE S. PAULO, São Paulo, 24 maio 1932.

a Rádio Record para ao microfone levar a toda a cidade uma mensagem de revolta.

"Houve crescente desentendimento entre aqueles que exigiam a imediata implantação de uma ordem jurídica liberal e os que reclamavam uma ordem de cunho prevalentemente econômico social", lembraria Miguel Reale.[40] "Se os primeiros deram pouca atenção às questões sociais de base, os segundos revelaram incompreensível desprezo pelas estruturas do Estado de Direito. Daí o desencontro e o conflito entre os dois grupos, do que Getúlio Vargas e seus correligionários se aproveitaram para manter dividido o povo paulista, impondo a uns e a outros as suas decisões de marcado sentido autoritário e personalista."

A divisão dos grupos políticos paulistas não parecia ser mais suficiente para mantê-los à parte e, assim, garantir a paz. E a fuga do ministro na manhã de segunda-feira não arrefeceu os ânimos. Se tanto, alimentou a revolta dando indícios de que uma vitória era possível. A população continuou nas ruas, o comércio amanheceu fechado em protesto, as linhas telefônicas e telegráficas foram cortadas, isolando a capital paulista do mundo.[41] Caminhões com tropas leais ao governo central circulavam, dando pistas de que a vitória talvez até fosse possível, mas não sem resistência. Quando já se aproximavam as 20h de um longo dia, o deputado federal Francisco Morato transmitiu pelo rádio a notícia de que o novo interventor, Pedro de Toledo, estava nomeando um secretariado à revelia do presidente da República. São Paulo ensaiava um rompimento. Morato, fundador da Organização dos Advogados do Brasil, líder do Partido Democrático que estivera aliado a Getúlio na campanha eleitoral e fora desprezado quando ocorrera a revolução, agora ia à forra. E a multidão inflamada desceu então as duas quadras que separavam a Praça do Patriarca do Pátio do Colégio,

---

40 REALE, Miguel. Op. cit. 1986.
41 A GAZETA, São Paulo, 24 maio 1932.

o ponto zero da fundação de São Paulo, e lá, aos urros, retiraram a placa onde se lia Praça João Pessoa.[42] Era o nome que a revolução dera ao lugar. Pátio do Colégio voltaria a ser, como havia sido desde a fundação. Uma reafirmação paulistana de princípios.
 O êxtase da vitória tomou conta do povo. A noite avançava e a multidão serpenteava pelas ruas estreitas do centro em busca de ícones getulistas. Alguém espatifou a vitrine de uma loja de armas, uns tantos se armaram. Outros apareceram com tacapes. Numa caminhada, não mais que cinco minutos desde o velho Colégio dos Jesuítas, deram na rua José Bonifácio e, de cara, com o prédio do matutino *A Razão*. O jornal de Plínio Salgado, o homem que havia escrito o manifesto da Legião Revolucionária Paulista, que pregava contra a ideia de uma Assembleia Constituinte, a quem não agradavam os patriotismos estaduais. Um aliado de Osvaldo Aranha. Já passava das 22h quando, em fúria, a multidão entrou pela porta.[43] Mesas e cadeiras foram lançadas da janela do segundo piso para que se espatifassem na rua. Criou-se um foco de incêndio.
 Naquela madrugada, o prédio do jornal foi lambido por chamas.
 Não parariam. Da rua José Bonifácio, viraram pela Quintino Bocaiúva, e, na transversal seguinte, a Direita, estava o Centro Gaúcho onde firmou sede a Legião Revolucionária Paulista. Quinze guardas civis, carabinas erguidas, tentaram fazer resistência. Não durou muito tempo – se entregaram. Mais um prédio devastado. Seguiram mais, então, atravessando o Viaduto do Chá na direção da Praça da República, onde estava a sede do Partido Popular Paulista. O partido do regime. Uns tentaram forçar a porta, outros, escalar as paredes em busca duma janela. Então, duns andares acima, partiu uma chuva de tiros que os pegou de surpresa. A população recuou, se protegendo como deu. Houve quem abrisse as portas de suas casas para dar abrigo. Alguém, atrás

---

42 DONATO, Hernâni. Op. cit.
43 A GAZETA, São Paulo, 24 maio 1932.

de uma árvore, começou a responder aos tiros – virou praça de guerra. Quando uma tropa de cavalaria enfim chegou, o tiroteio já durava mais de quinze minutos. De outra janela da sede do PPP, surgiu, então, uma metralhadora, e corpos foram tombando. Granadas lançadas. Uma explodiu tão perto de um rapaz que ele caiu já morto, dilacerado. Quando já passava das 2h, alta madrugada, a Força Pública cercou o quarteirão para conseguir, enfim, dar passagem a bombeiros e ambulâncias.

Naquela madrugada morreram quatro rapazes em frente ao PPP. Mário Martins de Almeida, de 25 anos. Euclides Bueno Miragaia, 21. Com apenas catorze anos, Dráusio Marcondes de Sousa. E o mais velho, Antônio Américo Camargo de Andrade, trinta anos. No prédio da antiga Faculdade de Medicina, para onde os corpos foram levados, um grupo de estudantes fez erguer, quando já era manhã, uma bandeira de São Paulo e outra do Brasil. A cidade mergulhou num luto que se arrastaria por meses, e as iniciais de Martins, Miragaia, Dráusio e Camargo – M.M.D.C. – formariam o acrônimo pelo qual seriam lembrados os mártires daquela noite.

Em 9 de julho, São Paulo mergulhou num conflito armado contra o governo federal – a Revolução Constitucionalista de 1932. A guerra se estendeu até 2 de outubro, morreram mais de 6 mil pessoas, e, ao fim, pela segunda vez em tão pouco tempo, tropas gaúchas tomaram a cidade mais rica do país.

Muitos anos depois, quando em 1969 se inaugurou uma larga avenida unindo norte e sul da capital paulista, cortando justamente o caminho que fizeram os manifestantes naquela noite, foi batizada em sua memória. É a avenida 23 de Maio. Na qual desemboca a avenida 9 de Julho, uma metáfora viária da história que passou.

O homem que lançou um jornal afirmando na primeira edição que "não há interesses estaduais diante dos supremos interesses nacionais" não tinha como lutar na Revolução Constitucionalista.

E *A Razão* tinha duplo objetivo. Se o primeiro era realmente criar uma doutrina, o segundo era sustentar a família. Plínio Salgado estava novamente desempregado, e o segundo período sem salário seria pior. Não havia mais economias ou coisas de valor para vender. Mudou-se novamente para a mesma rua Barra Funda, só que agora para uma casinha de vila operária. Os dois irmãos, como ele, desempregados. Emília, a mulher de um deles, caiu doente em meio à guerra – uma tuberculose que a matou. E o custo do enterro levou o que a família mal tinha. No auge dos infortúnios, terminou, ainda, entre os réus num processo por jogo fraudulento. A responsável foi uma rifa desorganizada em nome da Cruz Vermelha, que não premiou ninguém e cujo dinheiro sumiu. No desespero, ele havia feito a ponte entre o organizador do jogo, uma tômbola à moda italiana, e a direção da entidade. Por anos, o apelido "Plínio Tômbola" seria levantado para sugerir desonestidade. Houve dias, naquele tempo, em que a comida foi só polenta. Quando o amigo Alfredo Egídio mandou uma saca de arroz, outra de feijão e ainda banha de porco, em família fizeram festa.[44]

Sem salário, trabalhou quanto deu naqueles meses. Terminou o terceiro romance, que batizaria como *O cavaleiro de Itararé*. O adiantamento da editora valeu um suspiro. E escreveu, reescreveu, mostrou para quem pôde e se entregou absorto a um novo manifesto. Este não seria para o movimento de outros, seria para o seu. Como se quisesse sintetizar os mais de trezentos editoriais publicados em *A Razão* num só documento. Mesmo navegando entre a falta de dinheiro e a torrente de tragédias familiares, obcecou-se. Obcecou-se tanto que, quando o empresário do jornalismo Assis Chateaubriand apareceu para comprar algumas máquinas da gráfica do jornal cerrado, e no mesmo passo lhe ofereceu um emprego como editor, ele recusou. Tinha uma missão. Quando já se encami-

---

44 LOUREIRO, Maria Amélia Salgado. Op. cit.

nhava para o fim a guerra civil, o novo interventor paulista repetiu o convite de dois anos antes para uma visita ao Palácio dos Campos Elíseos e lhe ofereceu o cargo de número dois do governo. Também este Plínio recusou.[45] Estava pobre, talvez. Mas havia a missão.

Como também havia apoio para a missão. Encerrado o conflito, gente leal como ele era ainda mais apreciada pelo governo federal.

A guerra terminou em 2 de outubro. No dia 5, Plínio deixou uma gráfica carregando várias cópias de seu novo manifesto. De lá, tomou um carro para amanhecer na pequena Cruzeiro, a 270 quilômetros da capital paulista, fronteira com Minas, quase estado do Rio. Foi recebido em seu posto de comando pelo general Pedro Aurélio de Góis Monteiro, que comandara a vitória getulista, a quem levava o texto para que lesse. "Demorou-se na conferência",[46] observou o repórter de plantão do *Correio da Manhã*, intrigado, sem saber do que tratavam. Na noite seguinte, 7 de outubro, recebeu emprestado do novo governo o Theatro Municipal, o mesmo que o recebera em seu palco um tanto jovem, durante a Semana de Arte Moderna, exatos dez anos antes. Dessa vez, numa reunião fechada com os membros do SEP, o que leu foi o Manifesto da Ação Integralista Brasileira, que a história batizou como Manifesto de Outubro de 1932. É a data, 7 de outubro, que seria lembrada como a de fundação. "A destruição do jornal em que eu ia formando adeptos precipitou a transformação do instituto cultural ao qual, de propósito, dei sempre menor importância",[47] ele escreveria em memórias. "Essa seção chamava-se Ação Integralista Brasileira. Era o fruto que irrompia da flor." Se no manifesto escrito para a Legião ele havia sido ambíguo, cauteloso, não mais. Neste, não fez preâmbulo histórico, não suavizou o que pretendia dizer, bem o contrário. Foi direto. Foi claro.

---

45 GRACIOTTI, Mário. Op. cit.
46 CORREIO DA MANHÃ, Rio de Janeiro, 6 out. 1932.
47 ROQUE, José de Britto. Op. cit.

O Brasil não pode realizar a união íntima e perfeita de seus filhos enquanto existirem estados dentro do Estado, partidos políticos fracionando a nação, classes lutando contra classes, indivíduos isolados, exercendo a ação pessoal nas decisões do governo; enfim, todo e qualquer processo de divisão do povo brasileiro. Por isso, a Nação precisa de organizar-se em classes profissionais. Cada brasileiro se inscreverá na sua classe. Essas classes elegem, cada uma de per si, seus representantes nas Câmaras Municipais, nos Congressos Provinciais e nos Congressos Gerais. Os eleitos para as Câmaras Municipais elegem o seu presidente e o prefeito. Os eleitos para os congressos Provinciais elegem o governador da Província. Os eleitos para os Congressos Nacionais elegem o chefe da Nação, perante o qual respondem os ministros de sua livre escolha.

Num único parágrafo, descritos de forma sucinta, os princípios do Estado corporativista do fascismo.

Uma Nação, para progredir em paz, para ver frutificar seus esforços, para lograr prestígio no Interior e no Exterior, precisa ter uma perfeita consciência do Princípio de Autoridade. Precisamos de Autoridade capaz de tomar iniciativas em benefício de todos e de cada um; capaz de evitar que os ricos, os poderosos, os estrangeiros, os grupos políticos exerçam influência nas decisões do governo, prejudicando os interesses fundamentais da Nação. Precisamos de hierarquia, de disciplina, sem o que só haverá desordem.

Noutro parágrafo, a essência de uma ditadura fascista – com igual clareza.

O cosmopolitismo, isto é, a influência estrangeira, é um mal de morte para o nosso Nacionalismo. Combatê-lo é o nosso dever. E isso não quer dizer má vontade para com as nações amigas, para com os filhos de outros países, que aqui também trabalham objetivando o engrandecimento da nação brasileira e cujos descendentes estão integrados em nossa própria vida de povo. Referimo-nos aos costumes, que estão enraizados, principalmente em nossa burguesia, embevecida por essa civilização que está periclitando na Europa e nos Estados Unidos. Os nossos lares estão impregnados de estrangeirismos; as nossas palestras, o nosso modo de encarar a vida, não são mais brasileiros.

O antiliberalismo, a xenofobia – aversão ao que vem de fora –, antigas obsessões de Plínio, são marcos fundamentais do fascismo.

> Pretendemos realizar o Estado Integralista, livre de todo e qualquer princípio de divisão: partidos políticos; estadualismos em luta pela hegemonia; lutas de classes; facções locais; caudilhismos. Pretendemos fazer funcionar os poderes clássicos (Executivo, Legislativo e Judiciário), segundo os impositivos da Nação Organizada, com bases nas suas Classes Produtoras, no Município e na Família. Pretendemos criar a suprema autoridade da nação. Pretendemos criar, com todos os elementos raciais, a nação brasileira, salvando-a dos erros da civilização capitalista e dos erros da barbárie comunista. Criar numa única expressão o Estado Econômico, o Estado Financeiro, o Estado Representativo e o Estado Cultural. Pretendemos levantar as populações brasileiras, numa união sem precedentes, numa força jamais atingida, numa esperança jamais imaginada. Pretendemos lançar as bases de um sistema educacional para garantia da subsistência da nação no futuro. Sacudir as fibras da pátria. Erguê-la da sua depressão, do seu desalento, da sua amargura, para que ela caminhe, dando começo à nova civilização, que, pela nossa força, pela nossa audácia, pela nossa fé faremos partir do Brasil, incendiar o nosso continente, e influir mesmo no Mundo. Para isso, combateremos os irônicos, os "blasés", os desiludidos, os descrentes, porque nesta hora juramos não descansar um instante, enquanto não morrermos ou vencermos, porque conosco morrerá ou vencerá uma Pátria. Esses são os rumos da nossa marcha!

Mas não bastava manifesto, concordância dos membros da SEP, ou simpatia e alguma ajuda do governo federal. Um movimento nacional se faz com gente dedicada e evitando dispersão dos possíveis simpatizantes. Além da Ação Imperial Patrianovista Brasileira, cujos membros faziam parte do grupo organizado ainda nas salas de *A Razão*, havia outros. Mussolini havia chacoalhado o mundo e inspirava pessoas por toda parte com seu sistema de governo percebido como moderno. A Ação Social Brasileira, criada no Rio Grande do Sul, pretendia fundar o Partido Nacional Fascista. Criada pelo tenente do Exército Severino Sombra, um homem profundamente católico, a Legião Cearense do Trabalho tinha também muitas ideias parecidas com as promovidas pela AIB. Em Minas, o jornalista Olbiano de Melo fundara meses antes o Partido Nacional Sindicalista, que ainda estava sendo organizado. Durante o interregno da guerra, Plínio costurou com todos. Fez contato, manteve conversas, seduziu. Tinham, todos, ideias similares.[48] A AIB já nascia com um pé na Escola Nacional de Direito do Rio, por intermédio de Osvaldo Aranha. Outro pé estava na Faculdade de Direito do Largo São Francisco em São Paulo, que vinha pelas próprias relações paulistanas construídas pelo fundador. Com os patrianovistas, fizera um elo com o movimento negro de direita. Agora, a missão era juntar quem faltava e ampliar a base para fazer da Ação não apenas paulista, mas realmente nacional.

Foi agitado o mês de outubro. Plínio frequentou avidamente o Palácio dos Campos Elíseos. O mesmo palácio que nos tempos do regime anterior frequentara com igual assiduidade. Voltou a respirar e pôde se mudar novamente, de volta a Santa Cecília, para um

---

48 VIEIRA, Newton Colombo de Deus. *Além de Gustavo Barroso: o antissemitismo na Ação Integralista Brasileira (1932-1937)*. 2012. 149 f. Dissertação (Mestrado em História) – Faculdade de Filosofia e Ciências Humanas, Pontifícia Universidade Católica do Rio Grande do Sul, Porto Alegre, 2012.

casarão na Praça Olavo Bilac[49] – a quarta casa em dois anos. Não era distante das anteriores, mas foi o retorno a uma vizinhança mais elegante. Houve o dinheiro a mais do terceiro romance – e talvez algum outro, via governo, que não deixou rastros na documentação histórica. E, quase cravado um mês após a leitura do manifesto, em 5 de novembro abriu novamente as portas do Theatro Municipal. Agora, para uma reunião aberta. Se a primeira ocorreu em silêncio, combinada pelas idas e vindas de Plínio, negociada com autoridades, planejada entre homens que já se conheciam havia muito, esta foi diferente. Mais de um jornal, tanto em São Paulo quanto no Rio, publicou notas informando que aconteceria. Era um convite aberto.

Naquela noite, um jovem estudante paulistano de direito, filho de italianos, apareceu. Ele havia conhecido Plínio não mais que algumas semanas antes. Chamava-se Miguel Reale. Apareceu também um historiador cearense que fixara casa no Rio de Janeiro, membro já havia dez anos da Academia Brasileira de Letras, chamado Gustavo Barroso. Gustavo, que menos de um ano depois sumiria com o discurso escrito do amigo Plínio para forçá-lo a improvisar e crescer como líder, tinha 43 anos. Miguel, que completaria 22 anos no dia seguinte, ia se mostrar uma das mais brilhantes mentes jurídicas do país, que se dedicou plenamente a pensar em detalhes o projeto do Estado fascista brasileiro. Eles não tinham como saber, mas talvez já ambicionassem, que formariam, em conjunto com o fundador da AIB, seu trio de ideólogos. Se na Europa os movimentos fascistas nasceram amealhando simpatizantes entre os soldados retornados da Primeira Guerra, no Brasil surgiu entre intelectuais.[50]

---

49 LOUREIRO, Maria Amélia Salgado. Op. cit.
50 ATHAIDES, Rafael. *As paixões pelo sigma:* afetividades políticas e fascismos. 2012.
    304 f. Tese (Doutorado em História) – Setor de Ciências Humanas, Letras e Artes, Universidade Federal do Paraná, Curitiba, 2012.

Nos anos seguintes, a AIB sempre daria preferência por promover seus eventos nos teatros municipais ou em casas que simbolizassem o principal centro cultural das cidades pelas quais passava.[51]

Em 23 de abril de 1933, um grupo de quarenta homens, entre estudantes e operários, se pôs em marcha pelo centro de São Paulo, para a estupefação geral. "Seus passos ecoaram nas ruas e foram ouvidos em todo o Brasil",[52] se lembraria Plínio Salgado, tentando imprimir um tom épico à cerimônia. "Com as faces marcadas por dez anos de lutas, caminhei com eles. Esperei-os pacientemente durante esses dez anos. Eles vieram na hora exata." Vestiam pela primeira vez a camisa em verde-escuro, a marca do sigma em azul no braço esquerdo e a bandeira azul com círculo branco e o mesmo sigma. O símbolo que aponta em matemática para o somatório. Gustavo Barroso puxava orgulhoso o bloco.[53] Orgulhoso. "Lembro-me de tê-lo feito desajeitadamente",[54] recordaria noutro tom Miguel Reale, "sem garbo militar, um tanto acanhados, ante os olhares dos que nos observavam perplexos, a maioria sem atinar com o sentido político do gesto daquela gente que tão estranhamente estava abrindo seu caminho na história." Naquele dia, a AIB pedira o registro como partido no Tribunal Superior Eleitoral. Foi também no mesmo mês, só umas semanas antes, que San Tiago Dantas abriu uma sede da Ação Integralista no Rio de Janeiro, a

---

51 BARBOSA, Jefferson Rodrigues. Op. cit.
52 AMADO, Thiago da Costa. *A nação despertou?* O integralismo e sua cenografia (1932-1937). 2012. 76 f. Trabalho de Conclusão de Curso (Graduação em História) – Instituto de Filosofia e Ciências Humanas, Universidade Estadual de Campinas, Campinas, 2012.
53 FAGUNDES, Pedro Ernesto. *A ofensiva verde*: a Ação Integralista Brasileira no estado do Rio de Janeiro (1932-1937). 2009. 257 f. Tese (Doutorado em História) – Instituto de Filosofia e Ciências Humanas, Universidade Federal do Rio de janeiro, Rio de Janeiro, 2009.
54 REALE, Miguel. Op. cit. 1986.

capital federal. Se ainda não sabiam, os brasileiros estavam descobrindo ali que o país ganhava seu partido fascista.

Nos muitos anos seguinte, em todo 23 de abril os integralistas se reuniriam em uma praça meia hora antes de o sol nascer para testemunhar a alvorada em homenagem àquela primeira marcha. Seria apenas o primeiro dos muitos rituais que criariam, como que os de uma religião paralela. Tendo o sol nascido, o líder local do movimento fazia um discurso, e então, guardando silêncio, todos levantavam seus braços na saudação romana. O ritual, ou as *Matinas de Abril*,[55] representaria o contínuo rejuvenescer do integralismo. Não seriam poucos a fazê-lo. Aquele 1934 se encerraria com 180 mil afiliados.[56] Em 1936, 918 mil, para, no ano seguinte, ultrapassar a marca de 1 milhão. Quando desfilaram pela primeira vez, foi sem autorização do governo federal. Uniforme, só as Forças Armadas podiam ostentar. Mas, além de Osvaldo Aranha, Plínio havia também conquistado Góis Monteiro. O general vitorioso da Guerra Civil, feito ministro da Guerra, em algumas semanas concederia uma autorização especial para uso da roupa. E nos anos seguintes, sempre que pôde, citou na imprensa estar lendo os livros do escritor, jornalista e agora líder político.

Líder mesmo. Pois em 1934 também se consolidaria, naquele homem meio caipira, um tanto mirrado, caboclo no talo, um líder para a AIB. Seu *duce*. Seu *führer*. "Fui contra o Plínio com esse negócio de camisa, de 'Anauê'",[57] lembrou, já velhinho, o poeta Menotti del Picchia. "É hitlerismo, o 'heil Hitler'. Isso não pega. Mas pegou."

---

55 SEPULVEDA, José Antonio. *O projeto integralista. Encontros com a Filosofia*, Rio de Janeiro, ano 2, n. 2, abr. 2014.
56 BULHÕES, Tatiana da Silva. *"Evidências esmagadoras dos seus atos"*: fotografias e imprensa na construção da imagem pública da Ação Integralista Brasileira (1932-1937). 2007. 186 f. Dissertação (Mestrado em História) – Instituto de Ciências Humanas e Filosofia, Universidade Federal Fluminense, Rio de Janeiro, 2007.
57 TRINDADE, Hélgio. Op. cit.

UM INTEGRALISTA NÃO CORRE, VOA

Não haviam adotado ainda o passo de ganso nazista, mas marchavam organizados os integralistas brasileiros. Naquela tarde de domingo, o 7 de outubro de 1934, o tempo estava claro no centro paulistano. Aniversário de dois anos da AIB. Planejavam um evento histórico, que causasse impacto, demonstrasse força. Em linha, vindos desde a esquina da avenida Paulista pela Brigadeiro Luís Antônio, na qual haviam feito a sede em uma casa antiga, desceram rumo ao centro até a rua Riachuelo, a algumas centenas de metros da Catedral Metropolitana. O prédio da Sé velha já não mais existia, o eclético neogótico da atual ainda era uma obra em construção. Uma igreja marcando o centro geográfico da capital. Eram tantos, mais de 10 mil, que o desfile de homens com camisas verdes e calças negras, ocupando a Brigadeiro de um lado ao outro, se estendia por dois quilômetros. À frente, a banda que tocava marchas, duas tropas de choque – a carioca e a paulista – e as legiões da milícia. O plano era entrar na Praça da Sé pelas vias laterais, onde as ruas Direita e XV de Novembro se encontram, para que desfilassem aos olhos do público por toda a extensão da praça até se posicionarem em frente às escadarias da catedral.

Àquela altura, milhares de mulheres também com camisas verdes, porém saias brancas, assim como crianças vestindo o mesmo verde e branco, já haviam encontrado assento nos degraus. Umas, mais entusiasmadas, punham-se de pé à espera dos homens e do espetáculo. Passava pouco das 15h quando as tropas em marcha surpreenderam na mudança de trajeto e entraram pelo meio da praça, via rua Benjamin Constant,[1] com os tambores rufando ao máximo. O público que estava aglomerado ali, surpreendido, se apertou contra as calçadas ou escoou pelas outras ruas laterais, para dar passagem. Vinham os tambores batendo em ritmo militar, então dois porta-estandartes, um com a bandeira brasileira e o outro com a do sigma, todos impecavelmente uniformizados. Além do sigma ao braço, traziam todos as insígnias de seus níveis hierárquicos. Alguns bordavam ainda bandeiras para indicar a língua estrangeira que falavam. Muitos a italiana, alguns a alemã, pelo menos uma bandeira da Rússia imperial,[2] ainda que dezessete anos após a queda do czar. Quando entraram e a multidão se afastou lhes dando espaço, alguns dos homens uniformizados jogaram contra o chão e as paredes bombas de efeito moral, que faziam muito barulho e não mais que isso, de forma a ampliar o efeito do surgimento. Nunca o Brasil havia testemunhado uma marcha como aquela. Só que eles que chegavam à praça ainda não sabiam, mas seu inferno estava para começar.

---

1 CORREIO DE S. PAULO, São Paulo, 8 out. 1934.
2 MAFFEI, Eduardo. *A batalha da Praça da Sé*. Rio de Janeiro: Philobiblion Livros de Arte, 1984.

Foram dias de preparativo. Não é que existisse uma cartilha fascista, um manual a seguir, mas na Itália, Mussolini improvisou um método de conquista do poder, na Alemanha, Adolf Hitler fez parecido, e era apenas natural que no Brasil a Ação Integralista agisse de maneira similar. Os encamisados italianos de preto e os alemães de cáqui tomaram as ruas. Tornaram-se figuras frequentes, sempre em blocos compactos. Encamisados – termo com o qual muitos apelidavam os fascistas no tempo. Pois marcharam, os encamisados, disciplinadamente sobre as ruas. E, em cada marcha, uma série de mensagens eram passadas. Número. Disciplina. Determinação. Entraram, os milicianos de Mussolini e Hitler, mais de uma vez em confronto com comunistas, socialistas ou anarquistas. Ocupar espaço com gente nos espaços públicos, gente em quantidade, uniformizada, com estandartes, bandeiras e insígnias, tudo só passava a mensagem de que eram fortes e, talvez, inevitáveis. Tão organizados que, no caos, talvez fossem uma solução possível. Se nos primeiros dois anos se construiu a AIB, agora ela já tinha tamanho e podia e devia se revelar. O movimento fascista brasileiro era conhecido por quem lia jornais, gente de verde pelas ruas das grandes cidades era vista aqui e ali. Produto de jornalistas e escritores, tinha toda uma imprensa própria. Códigos, uniformes, hierarquia rigidamente distribuída. Mas uma demonstração de número e potência, isso ainda não havia acontecido.

Seus planos, porém, não eram secretos. Comunistas, socialistas e anarquistas conheciam igualmente a fórmula. E, para os dois grupos, São Paulo era a chave. Com exceção do Rio de Janeiro, a capital federal, nenhuma outra cidade do país tinha uma classe média tão grande. E nem o Rio se comparava no número de operários. Era, portanto, o público que ambos buscavam seduzir politicamente. "Estávamos conscientes de que o ganho das ruas seria o alicerce para a escalada ao poder pelos camisas-verdes",[3]

---

3 Id. Ibid.

lembrou anos mais tarde Eduardo Maffei, na época um estudante de medicina que viera criança da Espanha para o Brasil e liderava a Vanguarda Estudantil, ligada ao Partido Comunista do Brasil (PCB). "Aquele desfile a caminho da Praça da Sé tinha o travor de uma nova Marcha sobre Roma." Travor, palavra para amargor. Ou horror. "Vamos continuar nossas concentrações e desfiles",[4] afirmou naquele momento Plínio Salgado. "Nenhum soldado integralista deixará o seu posto em nossas fileiras devido às ameaças de qualquer natureza."

O clima nos dias anteriores ao desfile era de tensão. No dia 3, a quarta-feira daquela semana que terminava, uma marcha integralista em Bauru, no interior do estado, havia terminado em morte. Eram oitenta encamisados passando em revista pela rua Batista de Carvalho,[5] onde se concentrava o comércio da cidade, marchando até o clube onde Plínio falaria. Então, de uma rua transversal vieram tiros. Caía a tarde, e a penumbra do anoitecer tornava difícil enxergar de onde vinha o ataque. Na véspera, um grupo comunista havia tentado interromper um comício fascista. "O chefe comunista saltou na mesa e quis me tomar o microfone",[6] lembrou um militante. "Eu dei uma gravata nele e lhe pus um revólver [calibre] 32 nas costas e falei mais de uma hora com ele preso no 32." O fracasso na tentativa de impedir o comício fez com que a esquerda radical tentasse uma tocaia para barrar o do dia seguinte, que contaria com a presença de Plínio. Disparados os tiros, quatro homens caíram feridos no centro de Bauru. Um quinto, Nicola Rosica, foi morto. Era funcionário da Estrada de Ferro Noroeste, que ligava a cidade ao Mato Grosso. Plínio não falou naquela quarta-feira. Mas falou na sexta, em São Paulo, capital, perante as centenas de integralistas uniformizados que acom-

---

4 CORREIO DA MANHÃ, Rio de Janeiro, 10 out. 1934.
5 Ibid. 4 out. 1934.
6 TRINDADE, Hélgio. Op. cit.

panharam o enterro do trabalhador. À beira do caixão, coberto com as bandeiras do Brasil e da AIB,[7] o líder declarou que Rosica era o primeiro mártir da causa.[8] Nos anos seguintes, várias escolas no país seriam fundadas com seu nome.

Não eram só os tiros de Bauru que tornavam o ambiente carregado. "Ao proletariado e a todo o povo oprimido, operários, camponeses, comunistas, socialistas, miguel-costistas, anarcossindicalistas e sem partido, trabalhadores manuais e intelectuais, de todos os credos políticos e religiosos, de todas as nacionalidades, pequenos comerciantes, pequenos funcionários públicos, pequena burguesia, pobreza, sindicatos de todas as tendências!"[9] – abria assim um dos muitos panfletos que circulavam por São Paulo. "Contra o fascismo sobre todas as formas compareçamos em massa para impedir que os mandos massacradores integralistas, inimigos do proletariado e das massas populares, realizem o desfile do dia 7. As organizações abaixo assinadas convidam toda a população a responder com uma potente manifestação antifascista, que deve ser realizada às 15h, no largo da Sé." As entidades de esquerda estavam se preparando para o choque. Queriam o conflito. Queriam intimidar. Não pretendiam ceder as ruas.

Só que, de trivial, reunir as esquerdas não tinha nada. O encontro entre stalinistas e trotskistas era impossível, reuni-los com socialistas ou, pior, com anarquistas era ainda mais difícil. Todos radicalmente antifascistas. Todos num constante desencontro. E, logo na primeira reunião, no domingo anterior à marcha, levantou-se Aristides Lobo para argumentar que não devia se fazer

---

7 FAGUNDES, Pedro Ernesto. Morte e memória, a necrofilia política da Ação Integralista Brasileira. *Varia Historia*, Belo Horizonte, v. 28, n. 48, p. 889-909, jul./dez. 2012.

8 A NOITE, Rio de Janeiro, 5 out. 1934.

9 CORREIO DA MANHÃ, Rio de Janeiro, 9 out. 1934.

manifestação nenhuma. O jornalista era o papa do trotskismo. "É uma provocação grosseira", argumentou.[10] De presto se levantaram os stalinistas para se lançar à briga. Uma semana para combinar uma ação complexa e a reunião parecia que nem sequer sairia do marco zero. Carmelo Crispino, um dos líderes socialistas, levantou-se então, tomou a palavra e pediu a expulsão dos camaradas de Stálin e Trótski para que os outros pudessem combater o fascismo.

Caos formado.

Aí foi a vez de Oreste Ristori falar. Sessenta anos. Havia sido preso pela primeira vez aos dezessete, ainda na sua Florença natal, no século XIX. Foi parar em Buenos Aires fugido, viajando como clandestino; no Uruguai convenceu os argentinos a lhe retornarem metade do valor da passagem que não havia pago. Lá se apaixonou, e, em 1904, fez de São Paulo sua casa. No mesmo ano pôs nas ruas a revista *La Battaglia*, a primeira publicação anarquista brasileira. Era anarquista no talo, desde sempre, e nunca deixou de sê-lo. Militava na esquerda, fugindo da polícia, atiçando greves, escrevendo e publicando fazia já tantas décadas que, quando Ristori se levantava, todos paravam para ouvir. O anarquista pôs ordem no caos. A ele sucedeu o conde Francesco Frola.[11] Conde mesmo, com título hereditário que muitos amigos usavam para se referir a ele. Era um pouco mais jovem do que Ristori – tinha 48. Mas, até ali, também vivera intensamente. Mesmo que de uma família nobre de Turim, fez-se socialista muito jovem. Era deputado pelo Partido Socialista Italiano quando seu ex-companheiro de PSI, Benito Mussolini, chegou ao Congresso, em 1924, já fascista. Mussolini entrou, Frola saiu. Exilou-se.

Desde então, no período de dez anos, já havia passado pela França, pela Argentina e pelo México. Ficou entre São Paulo e o Rio e editava o jornal de seu grupo político guiado por uma única

---

10 MAFFEI, Eduardo. Op. cit.
11 DICIONÁRIO histórico-biográfico brasileiro. Op. cit..

e tenaz obsessão. O antifascismo. Se todos aqueles homens e mulheres estavam ali reunidos, é porque com imenso esforço Frola havia criado na capital paulista a Frente Única Antifascista. Um movimento de união raro, de fato único na história das esquerdas pela abrangência dos grupos. Ristori havia feito o clima, Frola se impôs como missão dar o sentido da urgência. Descreveu como foi estar no PSI durante a ascensão dos *Camicie Nere*: "Jamais vi alguém que tenha feito tão sentidamente para dar calor às palavras",[12] contou Maffei, que estava na reunião. Ele narrou com verve os passos de Mussolini, que primeiro foi conquistando o espaço público, passando por cima de comunistas, socialistas ou anarquistas, incendiando sindicatos, e assim ganhou popularidade a ponto de se eleger e se impor no governo. Frola foi começando a chorar e, comovidos, atentos, todos logo compreenderam que não tinham escolha. A Frente Única Antifascista ganhara sua primeira missão: impedir o sucesso da parada de 7 de outubro. Também ali na sala, outro homem muito experiente, mas esse de uma experiência militar, já começava a planejar a ação. O coronel João Cabanas. Aquela história que eles estavam vivendo, a esquerda repetiria por décadas no futuro.

    Eles tentaram primeiro ir pelo caminho oficial. Era interventor de São Paulo, àquela altura, Armando de Sales Oliveira. Ele mantinha, com o governo federal, uma relação de equilibrista. Sócio do jornal *O Estado de S. Paulo*, que havia dirigido, participante da Revolução Constitucionalista de 1932 no lado paulista, fora levado ao poder no acordo de paz. Era um nome que o lado derrotado aceitava. Podia não escolher seu governador, porém reconhecia no interventor um dos seus. Mas aquele 1934 era ano de eleição, e Armando, candidato favorito. Não queria melindrar Getúlio, não queria confusão nas ruas, pretendia promover a transição sem sustos. Havia já fundado, meses antes, aquela que

---

12 MAFFEI, Eduardo. Op. cit.

pela vida iria considerar sua maior criação: a Universidade de São Paulo, com a qual não poupou dinheiro e contratou professores europeus e norte-americanos. Assim, em meio a uma campanha eleitoral e buscando fugir de conflitos com o governo central, quando lhe bateu à porta um grupo de socialistas, comunistas e anarquistas pedindo licença para realizar uma manifestação na Praça da Sé no domingo 7, ele não titubeou. Negou-lhes o alvará de imediato. Os integralistas estavam atrasados com seu pedido, portanto a esquerda havia chegado primeiro. Mas as convocações da AIB já estavam nas ruas e Sales tinha noção do xadrez que se armava. Os integralistas, afinal, tinham mais simpatizantes tanto no governo federal quanto na classe média paulistana do que o outro lado. Não foi, para ele, uma decisão difícil.

Tampouco foi, para os homens e mulheres da Frente Única Antifascista, um problema. Estavam habituados à margem da lei. Alguns dos movimentos que a integravam eram ilegais. Outros, principalmente os sindicatos, viviam em rusgas constantes com a polícia. E, nesse caso, a polícia não era necessariamente inimiga. Era nisso que João Cabanas fazia toda diferença. Aos 39 anos, Cabanas ainda era um sujeito alto e magro, com o rosto comprido, bem-humorado. Quando em 1924 Eduardo Gomes, Miguel Costa e Juarez Távora tomaram o poder da capital paulista como parte do Movimento Tenentista, Cabanas era o braço direito de Miguel. Pertencia à Força Pública. Viveu no exílio, voltou em 1930 para se juntar aos homens de Getúlio e lutar na revolução. Era uma lenda, e, sobre ele, muitas histórias corriam − como a de que, em certo ponto do conflito tenentista, tomara o hábito de degolar soldados inimigos. Negou que fosse verdade por toda a vida. De alguma forma, ali na confusão ideológica pela qual atravessaram os tenentes, cada um caindo para um lado − nenhum para o fascismo −, Cabanas terminou no Partido Socialista Brasileiro, PSB. Da revolução, trouxe o posto de coronel. Conhecia todo mundo na polícia fardada de São Paulo. Nela, muitos viam em Cabanas um herói, exemplo a seguir.

Se não poderiam fazer uma manifestação legal no mesmo lugar que os integralistas, fariam, pois, uma resistência armada. Movidos e comovidos pelos discursos dos camaradas italianos, puseram nas mãos do coronel Cabanas a missão de traçar a estratégia para a batalha.

A Praça da Sé, 47 mil metros quadrados, não era então muito diferente do que é hoje. Comprida, tinha numa ponta a catedral ainda em construção, com não mais do que o primeiro piso erguido. O grande espaço vazio ao centro não era arborizado e, nos dias em que nenhum evento público ocorria, servia de estacionamento para longas filas de Ford Bigodes. Dois pontos, o bilhar Taco de Ouro e o Café Brasil, atraíam, à noite, artistas, jornalistas e boêmios. Os prédios eram, em geral, mais baixos que os atuais. Mas havia arranha-céus, sendo o maior deles o Palacete Santa Helena, que, construído para ser hotel, tornou-se um edifício de escritórios comerciais nos quais funcionavam inúmeros sindicatos. Tinha nove andares e um salão no subsolo, além de um grande teatro com capacidade para 1.500 pessoas. Sua estrutura em concreto armado, a fachada eclética puxando para o *art déco*. E um edifício alto, com inúmeros sindicatos, justamente por onde Cabanas começaria.

Ao longo da semana, tantas armas quanto tinham em mãos os militantes, incluindo rifles e metralhadoras, foram distribuídas. O coronel organizou os homens de acordo com a experiência de tiro, mas também os dividindo conforme seus grupos. Anarquistas num canto, trotskistas noutro, socialistas adiante. Espalhados pela praça, uns tantos traziam barras de ferro enroladas em jornais para disfarçar. Os melhores atiradores, no total quarenta e, em geral, veteranos do tenentismo, pôs nos melhores pontos, nas janelas altas dos edifícios. E a um em particular, no alto do Santa Helena, não longe da rua Direita, Cabanas deu uma missão especial: "Plínio Salgado deve morrer".[13]

Naquele tempo, as luzes da cidade se apagavam antes do amanhecer. Assim, quando do breu foi lentamente chegando o alvorecer daquele domingo, a praça já estava cercada por policiais montados. Investigadores da Delegacia de Ordem Pública passaram em revista cada um dos prédios,[14] prestando particular atenção ao Santa Helena. As ordens eram claras. Para garantir a segurança do desfile, os prédios comerciais deviam estar todos vazios. Pois vazios ficaram quando os inspetores deles saíram, colocando policiais da Força Pública para guardar suas portarias. PMs que viam em João Cabanas um herói, exemplo a seguir. Quando os integralistas chegassem, seriam muitos. Mais de 10 mil. E nada poderiam fazer contra aquelas poucas dezenas de militantes armados, atirando do alto em suas pequenas janelas.

Polícia montada em cada esquina, soldados policiais espalhados pelo espaço e, em alguns pontos, homens da lei com metralhadoras a postos. Já se aproximava a tarde quando pessoas vindas de toda parte, curiosas com o espetáculo, começaram a se aglomerar pelas calçadas e esquinas. Próximo das 15h, chegaram em dois grupos distintos mulheres e crianças. Vestiam todas camisas naquele verde inglês integralista, que puxa para o escuro, e a saia branca, as meninas repetindo o uniforme como em miniatura, os meninos também iguais, porém de calça branca. Caminharam em bloco até a escadaria da catedral para esperar os homens. "Papai, que era liberal, desesperado, e eu já em pleno entusiasmo vivendo tudo aquilo, um momento histórico", lembraria uma delas.[15] "A gente sentia a significação do momento e do movimento." Foi coisa de meia hora para que eles aparecessem, marchando pela rua

---

13 MAFFEI, Eduardo. Op. cit.
14 CORREIO DE S. PAULO, São Paulo, 9 out. 1934.
15 TRINDADE, Hélgio. Op. cit.

Benjamin Constant com a banda à frente, os tambores a toda, e jogando bombas de barulho alto. Os espectadores se assustaram, as mulheres e crianças, não. Sabiam o que aguardavam naquele momento. Nas escadarias elas de pronto se puseram em pé, cantando o Hino Nacional como quem dá boas-vindas.[16]

Organizavam-se, as milícias integralistas, disciplinadamente em decúrias com dez militantes cada, sobre elas os terços – de três decúrias comandadas por um monitor –, daí bandeiras com quatro terços e um bandeirante os orientando, e então as legiões, de quatro bandeiras, com um mestre de campo no topo. Gustavo Barroso, historiador, membro da Academia Brasileira de Letras, era o comandante da milícia completa, e o capitão de Exército Olímpio Mourão Filho, seu chefe do Estado-Maior. Mas nem Mourão, tampouco Barroso, estavam no comando do desfile naquela tarde. Eles chegariam depois, de carro,[17] acompanhando o líder nacional Plínio Salgado, quando a Praça da Sé, o centro geográfico de São Paulo, já estivesse inteiramente tingida de verde.

"Quando nos dispusemos a promover um desfile de maior porte",[18] se lembraria Miguel Reale, "fizemo-lo sem qualquer plano defensivo, organizando nossas fileiras como para uma parada festiva." Marcharam os homens em blocos até a praça, e perante a catedral se perfilaram. "Até hoje sinto, só de me lembrar, aquela angustiosa e amarga sensação de frustração que se apoderou de mim ao vê-los começarem a ocupar o espaço vazio", escreveu Maffei. Pois aí que, num repente, vieram gritos, berros, tudo do canto, a não mais que cinquenta metros da escadaria, em frente ao teatro Santa Helena. Um grupo de comunistas improvisava um comício, buscando chamar atenção do povo ao redor. "Anauê!", responderam em coro e uníssono os milicianos, mantendo a formação, esten-

---

16 CORREIO DE S. PAULO, São Paulo, 8 out. 1934.
17 A NOITE, Rio de Janeiro, 8 out. 1934.
18 REALE, Miguel. Op. cit. 1986.

dendo à frente seus braços.¹⁹ "Anauê!" Alguns policiais deram tiros de alerta para o alto, tentando desfazer o grupo, que foi se dispersando enquanto respondia à saudação romana com "Morra!".²⁰ O momento breve de tensão se dissipava quando se ouviu uma rajada de metralhadora vinda da esquina, só uns metros à frente. Um policial deixara cair sua arma e a rajada praticamente o cortou ao meio pelo ventre – cena de terror. As pessoas das calçadas, assustadas, corriam pelas ruas laterais, mas então a banda militar puxou o Hino Nacional novamente, as mulheres e os homens o cantaram, e o ambiente já se tranquilizava quando emendaram com o Hino Integralista, letra e música de Plínio Salgado.

> Avante! Avante!
> Pelo Brasil toca a marchar!
> Avante! Avante!
> Nosso Brasil vai despertar!
>
> Avante! Avante!
> Eis que desponta outro arrebol,
> Marchar, que é a primavera,
> O que a Pátria espera
> *É um novo Sol.*
>
> Ei, avante brasileiro,
> Mocidade Varonil!
> Sob as bênçãos do Cruzeiro
> Viverás pelo Brasil!

Cantavam, a banda seguia, mas havia estalos secos no ar. Tiros de revólver. Gritos de "Morra!" partiam da multidão que assistia. "Viva o comunismo!" E aí começou de fato. Tiros de fuzil que vinham do alto. Mausers, os fuzis utilizados pelo Exército.

---

19 A NOITE, Rio de Janeiro, 8 out. 1934.
20 CORREIO DE S. PAULO, São Paulo, 8 out. 1934.

Quando o primeiro integralista caiu ferido, o clima mudou. As mulheres, dando a mão às crianças, reagiram primeiro, recuando. Na sequência, foram os músicos da banda militar que, tomados pelo pavor, desfizeram forma – e todos, juntos, buscaram refúgio dentro da catedral ou pelas ruas laterais. Alguns dos verdes, revólveres à mão, olhavam para cima tentando identificar a origem – impossível. Policiais levantaram seus fuzis, suas metralhadoras, atirando também para cima, a esmo, enquanto o pânico ao som de estalos, rajadas e do assobio do vento assumiu a direção da parada. As pessoas só corriam. Quando o primeiro integralista se desfez da camisa e a atirou ao ar, posto que eram as camisas o alvo, contagiou. Os homens corriam sem direção ou qualquer ordem, cada qual tentando se salvar, e as camisas verdes voavam largadas, sem norte. Alguém chegou ainda a gritar de uma das janelas: "Pra frente, integralistas!", mas de nada adiantou.[21] Restaram pingados na praça alguns homens da tropa de choque e o porta--bandeira, ninguém mais.

Protegido pelo batente de uma porta, Caetano Spinelli puxou o revólver quando um soldado da Força Pública lhe apontou o fuzil. Era fundador da seção integralista da Mooca, Spinelli. Foi advertido que não atirasse. Ele fez que o faria. Uma segunda advertência, então a terceira. Tombou, o integralista, com um tiro de policial. Àquela altura já estava caído na praça o corpo de Jayme Barbosa Guimarães, ainda com sua camisa verde, respirando, inconsciente. Caíram também, abatidos da mesma forma com tiro de fuzil à nuca que partiu do alto do Café Brasil, Hernani de Oliveira e José Rodrigues Bomfim, ambos inspetores da Delegacia de Ordem Social.[22] Eram, os dois, velhos conhecidos de sindicalistas e militantes comunistas, lembrados pelo trato brutal e, segundo alguns, por tortura. E Décio Pinto de Oliveira, um estudante de

---

21 A NOITE, Rio de Janeiro, 8 out. 1934.
22 Ibid, 9 out. 1934.

direito do Largo São Francisco, caiu com tiro nas costas, dentro do mesmo café.[23] Era também vendedor de praça, o rapaz, e militante comunista. Quando saiu de casa mais cedo, sua mãe chegou a pedir que não fosse.

Por muitos anos, um dono de ferro-velho nas redondezas se vangloriaria de ter na loja mais de uma dúzia de camisas verdes de homens que ele ajudou a despir. Na segunda-feira dia 8, com manchete em duas linhas na primeira página, o jornalista e humorista Apparício Torelly intitulou seu *Jornal do Povo* – "Um integralista não corre, voa". Torelly, que o Brasil inteiro conhecia pelo apelido Barão de Itararé, era membro do Partido Comunista e evocava, ali, a imagem de um galinheiro no qual se entra e as aves correm sem direção ou qualquer ordem, cada qual tentando se salvar, e algumas levantam aquele voo baixo largadas, sem norte. Como as camisas largadas ao ar.

Torelly foi além e cravou o apelido pelo qual os seguidores de Plínio Salgado seriam lembrados pela história. Galinhas-verdes.

"Não foi apenas uma briga de rua",[24] escreveu o jornalista Fúlvio Abramo, que estava lá. "Foi, antes de mais nada, o desmantelamento de um plano arquitetado pelos integralistas para convencer o ditador da absoluta necessidade de chamar para a sua companhia, no poder, a força fascista." Referia-se a Getúlio Vargas. "Foram quatro horas de ditadura do proletariado",[25] preferiu ser sucinto outro jornalista, Mário Pedrosa. "Na Praça da Sé, os comunistas mataram o comunismo no Brasil",[26] escolheu o folclorista Luís da

---

23 CORREIO DE S. PAULO, São Paulo, 8 out. 1934.
24 OLIVEIRA, Eduardo de. *Cidade "verde" ou cidade "vermelha":* AIB e ANL em Petrópolis. 2018. 215 f. Tese (Doutorado em História, Política e Bens Culturais) – Centro de Pesquisa e Documentação de História Contemporânea do Brasil, Fundação Getulio Vargas, Rio de Janeiro, 2018.
25 MAFFEI, Eduardo. Op. cit.
26 CORTEZ, Luiz Gonzaga. *Câmara Cascudo, o jornalista integralista*. São Paulo: Editora GRD, 2002.

Câmara Cascudo, que era integralista. "Sangue, violação, massacre, estupidez e bestialidade. São os mesmos em toda parte." Já velho, Miguel Reale se lembrava do momento com amargura. "Infelizmente, quando se trata de um movimento político da chamada 'direita', há tendência no sentido de denegri-la, enquanto à 'esquerda' tudo se perdoa", escreveu.[27] "Do alto do edifício Santa Helena, fuzilaram a milícia integralista, que, desarmada, vestia pela primeira vez a camisa verde, com a morte de dois operários. Sobre esses homicídios nem sequer foi instaurado inquérito policial."

Desnorteada, a polícia prendeu 54 pessoas no dia seguinte. Era pró-forma. Os delegados puseram nas ruas cem inspetores para que varejassem as casas dos comunistas que todos conheciam. "Sempre tive a certeza de que a propaganda comunista bem cedo agravaria as responsabilidades do meu cargo",[28] falou em entrevista Inácio da Costa Ferreira, titular da Delegacia de Ordem Social. "Os comunistas saíram do terreno pacífico para a ação. A sua luta será, sobretudo, contra o grupo que tenha ideias mais antagônicas às suas. Estão neste caso os integralistas. Facções de ideias extremistas, dispostas ao combate mais aceso, os choques de ambas serão sempre fatais e uma permanente ameaça ao sossego público."

Plínio não chegou a ver os combates. Mas foi aos enterros de Caetano Spinelli e Jayme Guimarães, ambos com a bandeira do sigma sobre o caixão, e discursou clamando-os como mártires. Quando chegou para depor na delegacia, uns tantos dias depois, veio cercado de encamisados. Já era o *duce* brasileiro. "Vamos continuar nossas concentrações e desfiles", afirmou a um jornalista.[29] "Posso afirmar que nenhum soldado integralista deixará o seu posto em nossas fileiras devido às ameaças de qualquer natureza." Mas em seu editorial diário no jornal *A Offensiva*, órgão oficial da AIB,

---

27 REALE, Miguel. O integralismo revisitado. *O Estado de S. Paulo*, São Paulo, 28 ago. 2004.
28 CORREIO DE S. PAULO, São Paulo, 9 out. 1934.
29 CORREIO DA MANHÃ, Rio de Janeiro, 10 out. 1934.

adotou um tom que muito raramente usou. Que não lhe era típico. Os tempos de dificuldade para ter um jornal já haviam passado, os de pouco dinheiro idem, liderava agora um movimento com quase 200 mil afiliados e crescendo, além de outros tantos simpatizantes. E Plínio pôs no papel toda a sua ira, toda a frustração de ver interrompida a primeira manifestação gigante que planejara. "Declarei solenemente a guerra contra o judaísmo organizado. É o judeu o autor de tudo", escreveu.[30] "Fomos agora atacados, dentro de São Paulo, por uma horda de assassinos, manobrados por intelectuais covardes e judeus. Lituanos, polacos e russos, todos semitas, estão contra nós, empunhando armas assassinas contra brasileiros." Soava menos como Plínio, mais como Gustavo Barroso.

"Os que nos criticam não estão documentados, nem seguros, nem certos",[31] afirmou por sua vez Barroso, o comandante da milícia, que com Miguel Reale dividia o posto de lugar-tenente do líder. "Estão errados dentro da doutrina e em relação às lições do nosso chefe. Depois da morte de Caetano Spinelli e Jayme Guimarães, em consequência da emboscada judaico-comunista da Praça da Sé, o Chefe Nacional escreveu um artigo de 'guerra aos judeus'. É a palavra de ordem que obedecemos em nossa campanha."

Dá quase para sentir o entusiasmo em suas palavras.

Quando entre amigos, Gustavo Barroso gostava de contar histórias. Uma era de sua infância em Fortaleza, ainda na virada para o século XX. Menino que foi, passava pela rua quando percebeu que a porta bipartida de um quarto de hotel estava com a parte de cima aberta. Não longe, um jumento pastava. Era como sua cabeça funcionava, como funcionou toda a vida. O jumento, a porta, ele não piscou. Muito calmo foi lá, trouxe

---

30 A OFFENSIVA, Rio de Janeiro, 11 out. 1934.
31 BERTONHA, João Fábio. *O integralismo e sua história:* memória, fontes, historiografia. Salvador: Editora Pontocom, 2016.

o bicho para dentro do quarto, fechou a parte de baixo novamente e seguiu seu caminho imaginando, rindo por dentro do susto que o hóspede levaria. Não precisava ver o resultado. Só de pregar a peça e imaginar a surpresa já se divertia. Muitos anos depois, morador havia tempos do Rio de Janeiro, conversava com um vizinho mais velho que lhe contava do Brasil que conhecera. "Tenho, de sua cidade, uma impressão imorredoira por causa de episódio jamais esclarecido", foi contando.[32] "À noite, precisando de cigarros, deixei meu quarto de hotel aberto e fui adquiri-los. Ao regressar, encontrei-o fechado e com um jumento, tão espantado quanto eu, em seu interior." Bem antes de o senhor terminar a história, o integralista da Academia Brasileira de Letras já estava às gargalhadas perante a coincidência. Era bem-humorado daquele tipo que está sempre em busca duma piada, duma brincadeira, de aprontar alguma com alguém. Trazia em si, também, uma simplicidade. Noutra vez, encontrou o pai já idoso, pensativo, mirando o mar em Copacabana. "Como é, meu pai, olhando esses seis quilômetros de mulheres nuas?" Nostálgico, o velho lhe respondeu: "Pois é, meu filho, tanta *golosa*". Barroso era leve no trato.

Gustavo Barroso era também nazista.

Miguel Reale era fascista à maneira italiana. Era no regime instaurado por Benito Mussolini que se inspirava. Plínio Salgado, igualmente, mirava o *Duce* na busca de criar um fascismo tropical. Barroso, não. Era nazista. E a principal diferença entre as vertentes alemã e italiana da ideologia encamisada é a ênfase, a obsessão, que Adolf Hitler e os seus punham na repulsa ao povo judeu. Barroso era virulentamente antissemita. Não se considerava, porém, racista. De maneira diferente de outros fascismos, o discurso do integralismo era um de união racial, por

---

32 CAMPOS, Eduardo. *Gustavo Barroso, sol, mar e sertão*. Fortaleza: Editora Universidade do Ceará, 1988.

ter sido adaptado ao Brasil. Porque, como muitos intelectuais de sua geração, Plínio Salgado via a construção do Brasil pela ótica da união de raças. E isto, fatalmente, forçava o acadêmico a dar uma longa volta para tornar compatíveis o discurso integralista e seu antissemitismo.

"O fascismo se enraíza na tradição do Império Romano e sua concepção do Estado é cesariana, anticristã",[33] ele escreveu, numa tentativa de explicar como compreendia os movimentos. "O Estado nazista é também pagão e se baseia na pureza da raça ariana, no exclusivismo racial. Apoiado neste, combate os judeus. O Estado Integralista é profundamente cristão, Estado forte, não cesarianamente, mas cristãmente, pela autoridade moral de que está revestido e porque é composto de homens fortes. Combate os judeus, porque combate os racismos, os exclusivismos raciais, e os judeus são os mais irredutíveis racistas do mundo."

Gustavo Adolfo Luiz Guilherme Dodt da Cunha Barroso nasceu na elite cearense em 1888, onze meses antes da proclamação da República. Filho caçula de um coronel da Guarda Nacional intelectualizado que chefiou a polícia cearense, ficou órfão de mãe sete dias após nascer.[34] Seus irmãos mais velhos foram criados pelos avós maternos, que eram alemães, no Maranhão. Ele, não. Passou a infância na companhia do pai e cuidado pelas tias cearenses. Uma, a que lhe era mais próxima, o embalava com histórias, ávida leitora de Victor Hugo e dos românticos franceses. O padrinho, veterano que caiu ferido na Guerra do Paraguai, mexia com sua imaginação em longas descrições de batalhas. Por isso, quando pequeno quis muito ser militar. Seus heróis eram todos soldados,

---

33 BARROSO, Gustavo. *O integralismo e o mundo*. Rio de Janeiro: Editora Civilização Brasileira, 1936.

34 COSTA, Luiz Mário Ferreira. *Maçonaria e antimaçonaria*: uma análise da "História secreta do Brasil" de Gustavo Barroso. 2009. Dissertação (Mestrado em História) – Instituto de Ciências Humanas, Universidade Federal de Juiz de Fora, Juiz de Fora, 2009.

uniformes o fascinavam. Foi um adolescente brigão que andava com navalha e participou de gangues – cresceu para se tornar um sujeito alto e forte e, enquanto ainda estudante, aproveitou-se do porte e virou cobrador de dívidas para fazer um dinheiro. Seu pai era ateu militante. A avó paterna, uma católica dedicada. Batizado, só foi fazer Primeira Comunhão para se casar. Terminou advogado, se formando pela Faculdade de Direito de Fortaleza, que era recém-criada.

Não começou na direita. Antes, o fascinaram o anarquista Mikhail Bakunin e os escritos de Karl Marx. Colecionador ávido, aquarelista de alguma competência, dedicava-se também a aulas de esgrima. Ainda antes de se mudar para o Rio, o que ocorreu quando tinha 22 anos, ganhou gosto por se vestir bem. Tinha um quê de dândi. Quando tomou o rumo da capital, foi meio fugido. Criou problemas políticos. Já escrevia artigos nos jornais e era um crítico ferrenho do governador, amigo de seu pai. Barroso não gostava de liberais. Rejeitou-os quando foi de esquerda, continuou a rejeitá-los em sua transição para a direita. Foi sempre um antiliberal radical. No Rio, as amizades do pai lhe abriram as portas de dois intelectuais importantes – o historiador Capistrano de Abreu, também cearense, e o poeta Olavo Bilac. Assim ganhou espaço nas páginas dos jornais e teve acesso a editores. Em 1914, aos 26 anos, se elegeu deputado federal. Foi como parlamentar que criou os Dragões da Independência, uma tropa especial para proteção do presidente da República que escolheu vestir com os uniformes da guarda de honra de dom Pedro I. Estavam ali dois temas que lhe seriam para sempre muito caros: o resgate da tradição, que é o que representavam aqueles uniformes, e o fascínio pelo militar. Seu segundo marco como parlamentar foi firmar, no dia 25 de agosto, o Dia do Soldado. Em 1919, estava em Versalhes, servindo de secretário ao futuro presidente Epitácio Pessoa, representante brasileiro na Conferência de Paz após a Grande Guerra.

A grande obra de sua vida foi, provavelmente, a criação do Museu Histórico Nacional,[35] do qual foi o primeiro diretor. Já era, desde menino, um colecionador dedicado de tudo quanto é coisa. Aquele museu, o primeiro voltado para a história do Brasil, era, portanto, um reflexo de sua personalidade. Uma ampla coleção de objetos que contavam a história de um país que teve no Império seu eixo central, e nas atuações das Forças Armadas e da Igreja Católica os principais eixos de ação. O MHN materializava a memória-pátria. Àquela altura, Barroso já era um folclorista dedicado e respeitado, acreditava que na cultura popular encontraria a alma, a essência do verdadeiro Brasil. E assim se materializavam, também, os temas da tradição e do militarismo, sempre presentes em sua concepção de país. Ingressou na Academia Brasileira de Letras em 1923. Tinha 35 anos, já um homem profundamente conservador, avesso ao cosmopolitismo, em busca de valorizar as raízes nacionais.

No início de 1933, quando a Ação Integralista Brasileira era ainda miúda, Barroso tomou assento no auditório da Associação dos Empregados no Comércio do Rio para assistir a uma conferência de Plínio Salgado. Um amigo havia lhe trazido de São Paulo semanas antes o Manifesto de Outubro, e por isso ele tinha uma ideia de a que se propunham os integralistas. O encontro foi imediato. Quando Plínio terminou de falar, o historiador o procurou e pediu um distintivo com o sigma. O fundador do movimento não piscou. Tirou o pin que trazia na lapela e o presenteou.

Encontro imediato, mas não um encaixe perfeito. Na ideologia criada por Plínio, a mistura étnica era um valor simbolizado

---

35 DANTAS, Elynaldo Gonçalves. *Gustavo Barroso, o führer brasileiro*: nação e identidade no discurso integralista barrosiano de 1933-1937. 2014. 155 f. Dissertação (Mestrado em História) – Centro de Ciências Humanas, Letras e Artes, Universidade Federal do Rio Grande do Norte, Natal, 2014.

pelo caboclo, em quem enxergava descendente dos bandeirantes, tanto na carne quanto no espírito. Celebrava a cultura tupi. Barroso também enxergava qualidades nos bandeirantes – mas percebia seus avanços como fruto da ação de homens brancos e católicos. "O espírito brasileiro foi produto espontâneo da adaptação do homem branco à terra virgem, hostil, às vezes dadivosa, e do caldeamento do seu sangue com o dos naturais da região, no abraço forçado de vencedores e vencidos", escreveu.[36] Onde para o paulista existia uma relação de harmonia, para o cearense havia vencedores e vencidos. Não só. O antissemitismo não estava entre as preocupações que comoviam Plínio. Barroso, porém, considerava *Os protocolos dos sábios de Sião* um dos textos fundamentais para a compreensão do mundo. Publicado em 1903, na Rússia, o livreto se apresenta na forma de atas que registram encontros entre líderes judeus que combinam estratégias para o domínio das instituições de governança do mundo. Já havia sido comprovado como falsificação, àquela altura, e mais que uma vez. Mas o texto era continuamente utilizado por grupos antissemitas na Europa e nas Américas. Incluindo os nazistas. O próprio Barroso traduziria e publicaria o documento, numa edição por ele comentada, para que fosse lido pelos membros da AIB, em 1936.[37]

Ainda assim, muito mais os unia do que os separava. O antissemitismo não incomodava Plínio, e poder contar com o ingresso de um ex-deputado, intelectual reconhecido e ainda por cima presidente da ABL em seu movimento nascente faria muito por seu prestígio. Teriam, os dois, uma relação cheia de tensões e disputas por poder. Mas também com momentos de afeto. Foi Barroso, afinal, quem primeiro incentivou Plínio a se entregar aos discursos de improviso – e o fez pregando-lhe uma peça, sumindo com o texto do discurso naquela apresentação manauara. Pregar peças,

---

36 Discurso de Gustavo Barroso na ABL em 1º de setembro de 1933.
37 DANTAS, Elynaldo Gonçalves. Op. cit.

surpreender, sempre um traço seu. "Alto, de porte marcial, parecia ter nascido para comandante da milícia",[38] o descreveria o terceiro líder do movimento, Miguel Reale. "Milícia a cujos desfiles assistia com olhos saudosos dos heróis que cultuara em suas pesquisas históricas, ostentando no peito as condecorações que o envaideciam."

Foram muitas as tensões, de fato. Mas não seria Barroso o primeiro a questionar Plínio como líder.

Na tarde de 28 de fevereiro, em 1934, um comboio — que de tantos integralistas que trazia foi batizado Trem Verde — chegou lentamente à estação de Vila Velha, no Espírito Santo, após quase um dia de viagem desde o Rio de Janeiro. A Batalha da Praça da Sé só ocorreria uns meses depois, e a AIB estava para fazer o primeiro evento que a lançaria como força política de impacto nacional. Quando, vestindo verde, Plínio saltou do trem, algumas dezenas de militantes o saudaram e a banda da Polícia Militar, enviada em sua honra pelo governador, tocou o Hino Integralista. Fizeram todos discursos rápidos, e as centenas de encamisados que acompanhavam o líder no trem também saltaram para alcançar a estação de barcas e meterem-se em várias lanchas que cruzaram as águas para levá-los à capital capixaba. Na barra da Baía de Vitória, logo na entrada, uma enorme bandeira azul e branca, com o sigma ao centro, já dava indícios de que, naqueles dias, a cidade assumiria o papel de capital integralista do Brasil.[39] Ao chegar a seu hotel, da sacada Plínio viu passar em marcha pelo menos quinhentos militantes.

Seria um evento marcado por ritos, e ele não tinha tempo a perder.

Já eram mais de 21h, à entrada do Teatro Carlos Gomes, quando o líder passou em revista as milícias formadas, saudado por

---

38 REALE, Miguel. Op. cit., 1986.
39 CORREIO DE S. PAULO, São Paulo, 3 mar. 1934.

"Anauês". Juntos, entraram então no prédio. Conforme cruzava a plateia em direção ao palco onde estava formada a diretoria, todos se levantaram num espetáculo de impressionar. "Anauê", gritaram, "Anauê! Anauê!", os três berros que ecoaram na acústica perfeita do ambiente. Ele tomou seu lugar à mesa, decorada com bandeiras de todos os estados que haviam mandado delegações, e na qual se destacavam as palavras de ordem – "Deus, Pátria e Família".[40] Um painel ao centro ainda lembrava: "Pelo bem do Brasil, Anauê". Cantaram juntos o Hino Nacional para que então Plínio pudesse abrir oficialmente o Primeiro Congresso Nacional da AIB. "Quero entregar à minha pátria, já organizado e em condições de prosperar, o maior movimento cultural, social e político que se processou no Brasil",[41] ele disse. "Terá um sentido de unidade perfeita, uma extensão e profundidade jamais verificadas na história." Mais de uma vez foi interrompido por aplausos.

Entre 1932 e 1933, estudantes vindos de boas faculdades e intelectuais se juntaram à AIB, dando forma à elite pensadora do movimento. Em viagens pelo Brasil, Plínio, Barroso e Reale foram criando núcleos regionais, de forma a "capilarizar" a instituição. Naquele início de 1934, já existiam 22 núcleos provinciais, um em cada estado. Nesse processo, inúmeros movimentos de tendências fascistas foram se aproximando e se incorporando. Os integralistas já eram, de longe, o maior deles. O objetivo do Congresso era, pois, formalizar essa consolidação. E o maior foco de tensão estava em Severino Sombra, líder da Legião Cearense do Trabalho.

Tenente do Exército, Sombra havia sido formado dentro daquilo que ficou conhecido por Reação Católica, um grupo que protestava

---

40 FAGUNDES, Pedro Ernesto. Os integralistas no estado do Espírito Santo (1933--1938). *Revista Ágora*, Vitória, n. 13, p. 1-16, 2011.
41 JORNAL DO BRASIL, Rio de Janeiro, 3 mar. 1934.

a perda de poder da Igreja após a queda da Monarquia.[42] O grupo que fundou, a Legião Cearense do Trabalho, era menos revolucionário, como são os fascismos, e mais reacionário. Diferentemente da AIB, seu foco inicial estava no recrutamento de trabalhadores, de operários, e ele cultivava uma proximidade com a Igreja Católica ainda maior do que Plínio. Não partiu, inicialmente, para criar um movimento político. O que queria era atrair trabalhadores para a Igreja, para que vivessem seguindo os valores do catolicismo conservador que dominava o tempo. Por isso mesmo, entre seus cofundadores da LCT contava com o padre Hélder Câmara, que décadas no futuro seria um importante cardeal, mas que já tinha influência na Igreja nordestina. Em sua visão, a sociedade ideal seria colaborativa, as fábricas operariam em cogestão de patrões e empregados e os valores principais seriam o trabalho e a fé. Oposto a socialistas e comunistas, pretendia despolitizar problemas sociais numa busca de harmonia com hierarquia. Os seus eram encamisados como os de Plínio. Vestiam, porém, camisas cáqui como as dos nazistas.

Por ter apoiado a revolta paulista de 1932, Sombra passou o ano de 1933 exilado, em Portugal, enquanto Plínio trabalhava com os membros de sua Legião. Nesse período, trocaram muitas cartas com o propósito de atuar em conjunto. "Já tenho núcleos no Amazonas, Pará, Paraíba e Goiás",[43] lhe dizia o paulista, celebrando que a AIB avançava em direção a Norte e Nordeste. "No Ceará, a sua gente vai firme. Seria de toda conveniência que você dirigisse um manifesto a eles, mostrando como o integralismo é o único caminho certo e digno de ser seguido por uma mocidade idealista." Como muitos, Sombra via com bons olhos o avanço da AIB e a estruturação de algo com caráter realmente nacional.

---

42 BRITO, Giselda (Org.). *Estudos do integralismo no Brasil*. Recife: Editora da UFRPE, 2007.

43 BERTONHA, João Fábio Op. cit., 2018.

Tendo retornado ao Brasil, imaginava que o comando da Ação seria compartilhado num triunvirato. Não estava sozinho nisso. Até ali, era justamente em triunviratos que se organizavam os líderes.

Só que esse não era o projeto de Plínio. Conforme se aproximava a data para o Congresso Nacional, as tensões foram aumentando. Até que, em uma das reuniões preparatórias, o embate pela forma de comando explodiu. Plínio se pôs de pé e contou como chegara até ali. Relembrou seu encontro com Mussolini, as reflexões que havia desenvolvido, cada momento. "Chefiando o integralismo",[44] afirmou, "faço um sacrifício. Não faço aquelas coisas que gostaria de fazer, as minhas ideias, as minhas leituras. Este sacrifício me dá direito a que eu exija um sacrifício completo do brasileiro." Ele impunha, como condição, obediência absoluta. "Neste momento", disse, então, "renuncio à chefia do integralismo." E assim foi embora, deixando os outros camisas-verdes em assembleia sem ação. "Ficamos estarrecidos", lembrou um militante cearense ligado a Sombra. "Fomos para trás do pano e lá estava o Gustavo Barroso falando com ele, chorando. Saiu chefe absoluto. O jogo foi bem-feito." Ele era o autor do Manifesto de Outubro, o homem que seduzira tantos ali com seus discursos. Perante a chantagem do abandono, a maioria não titubeou. "A incapacidade de comando do dr. Plínio Salgado",[45] escreveu Sombra, "está imprimindo uma orientação funesta aos novos rumos do integralismo, transformando-o num movimento aburguesado, de panelinhas, onde não há a menor identidade moral e intelectual entre os dirigentes." Estava furioso. Mas havia perdido a guerra e, com ela, seu movimento, que terminou dissolvido dentro da AIB.

Em Vitória, pois, já estava tudo definido. Quando encerrou seu discurso na abertura do Congresso, Plínio voltou a se sentar.

---

44 TRINDADE, Hélgio. Op. cit.
45 O JORNAL, Rio de Janeiro, 16 mar. 1934.

Assumiu o púlpito, então, um dos dirigentes nacionais que leu o manifesto assinado por todos os delegados de todas as províncias aclamando o escritor como Chefe Nacional. Comandante supremo e indiscutível, que ninguém poderia questionar. Um a um, então, os chefes provinciais foram chamados a se postar diante do líder. Braço lançado à frente na saudação romana, gritaram. "Juro, Anauê, Plínio Salgado."[46] A cerimônia ali marcaria para sempre a Ação Integralista Brasileira. O juramento de fidelidade ao Chefe Nacional, agora um título oficial, se tornou parte básica da cerimônia de aceitação de qualquer integralista. Quaisquer dissidências não seriam toleradas.

O Congresso estabeleceu que o Chefe Nacional teria a seu dispor um Conselho Nacional com quem ele poderia se consultar – todos os membros seriam indicados pelo próprio Plínio, de acordo com seus critérios.[47] A AIB foi então organizada em seis Departamentos Nacionais: Organização Política, Doutrina, Propaganda, Cultura Artística, Milícia e Finanças – cujos líderes também seriam de indicação pessoal. Essa mesma estrutura se refletiria em cada estado, com os departamentos provinciais.

Barroso foi designado comandante da milícia. Era mesmo o que desejava, o que lhe atraía por seu temperamento, e ele puxou, para seu chefe do Estado-Maior, o capitão de Exército Olímpio Mourão Filho. Aluno dedicado de estratégia militar, Mourão Filho criou a estrutura. O objetivo da milícia era incluir o culto ao exercício físico na prática integralista, dar um caráter militar aos desfiles, mas também criar um instrumento paramilitar que, em algum momento no futuro, poderia lhes ser útil. A inspiração italiana deu mostras mais de uma vez. Quando o encamisado Nicola Rosica foi assassinado, em Bauru, Plínio deu ordens a um miliciano para que encontrasse o suspeito apontado pela

---

46 FAGUNDES, Pedro Ernesto. Op. cit., 2009.
47 BULHÕES, Tatiana da Silva. Op. cit.

polícia e o matasse.[48] Em outro momento, num conflito interno em que um militante desafiou a um duelo o Chefe Nacional, recebeu de milicianos o tratamento favorito dos camisas-negras: óleo de rícino.

Com o Departamento de Propaganda nasceram inúmeros jornais, sendo o principal deles *A Offensiva*, o qual, em todas as suas edições, sempre abriu com um artigo assinado pelo Chefe Nacional. E o Departamento de Doutrina coube a Miguel Reale. Ele, que tinha um temperamento muito distinto do de Barroso, encontrava ali a função perfeita. Afinal, para Reale a questão da identidade nacional, tão cara a Barroso e Plínio, lhe era menos sedutora. Mas sua cabeça jurídica o tornava mais apto do que qualquer outro a imaginar uma Constituição e toda a estrutura detalhada de um Estado Nacional. Os três, nos meses e anos seguintes, escreveriam inúmeros livros sobre o integralismo, produzindo uma vasta literatura.

"Havia a ala mais conservadora, de Plínio Salgado, que defendia uma tese correspondente à doutrina social da Igreja",[49] explicou sobre o integralismo, certa vez, Miguel Reale. "Havia uma ala antissemita, pequena, reduzida, mas infelizmente antissemita, de Gustavo Barroso. E uma terceira ala, que era dos mais moços, como San Tiago Dantas, eu e o padre Hélder Câmara." Se Barroso era sete anos mais velho que Plínio, Reale era realmente bem mais jovem. A diferença entre ele e o chefe era de quinze anos. O homem que naquele primeiro congresso se tornara responsável pela doutrina da AIB havia nascido em 1910, tinha doze anos quando Plínio se apresentou na Semana de Arte Moderna e ainda não havia se formado em direito pelo Largo São Francisco. Mas, aos

---

48 BERTONHA, João Fábio. Op. cit., 2018.
49 DINES, Alberto; FERNANDES JR., Florestan; SALOMÃO, Nelma. *Histórias do poder, cem anos de política no Brasil*. São Paulo: Editora 34, 2000.

23, já era autor de um livro: *O Estado moderno: liberalismo, fascismo, integralismo* – no qual propôs uma leitura de um virulento antiliberalismo a respeito do mundo. "Estávamos habituados a encarar o capitalismo econômico de um ponto de vista inteiramente falso, como uma expressão de interesses nacionais, expandindo-se em detrimento de numerosos países", afirmou. "Os capitalistas revestiam-se desses aspectos nacionalistas. Hoje verificamos que o capitalismo organizado não tem pátria e obedece a leis secretas de aniquilamento de todos os povos." Em menos de dez anos, teria o título de doutor. Tornar-se-ia reitor da USP, por méritos que ninguém na universidade jamais questionou, antes dos quarenta. Dos três líderes do integralismo, era o mais jovem. E o mais brilhante.

Seu caminho até o fascismo foi longo e tortuoso. Miguel nasceu na mesma cidade de Plínio, São Bento do Sapucaí. Seu pai era médico. Os avós, italianos. Teve uma criação muito próxima daquela que Plínio havia criticado no primeiro romance – neto de italianos, foi educado no Instituto Dante Alighieri. "Não era só o idioma italiano que nos transmitiam, mas o modo de ser itálico, os seus usos e costumes", lembraria.[50] Era, esse fascínio *oriundi*, também influência do pai, por quem tinha adoração.

Braz Reale era médico, liberal, assim como ateu – um perfil comum nos tempos da Primeira República. Como todo homem culto de então, fez com que os filhos aprendessem francês e os criou numa casa cheia de livros. Tinha, como tantos que pensavam como ele, adoração pelo escritor francês Émile Zola, que ainda no final do século XIX se tornou símbolo da resistência ao nacionalismo reacionário católico, antissemita, que assolava a parte latina da Europa. Por isso mesmo, causou espanto ao menino Miguel ver o pai ajoelhado, rezando perante a cama de seu irmão Ivanoi. "O relativista, o cético, crescido sob as luzes, sentia a incapaci-

---

50 Id. Ibid.

dade radical de sua ciência e apelava desesperado para a transcendência", lembrou. Se nunca se tornou religioso, tampouco foi ateu, ele próprio. "É possível que tenha influído em meu espírito, mesmo nos momentos de maior descrença, fazendo-me sentir a força incoercível do mistério."

Na década de 1920, não era possível ser da comunidade italiana no Brasil e não ter opinião sobre Mussolini. Braz era antifascista. E assim Miguel se considerava, na adolescência. Nesse momento, já não apenas por influência paterna. Os professores de quem mais se aproximara no Dante eram marxistas. Se jamais foi comunista, se viu um socialista crítico do modelo soviético. Plínio havia também flertado com o materialismo marxista na juventude. Mussolini fora dirigente do Partido Socialista Italiano. Foi assim, como um rapaz de esquerda, que Miguel chegou à universidade. Não lhe foi uma decisão fácil. "Porque venerava a figura de meu pai, me penalizava contrariar o seu desejo de ter um filho médico, para continuar a tradição mais que centenária da família."[51] Quando contou ao pai, ele respondeu com um sorriso. "*Sta bene, fai come vuoi*." "Faça como quiser." Entrou na faculdade no mesmo ano em que Plínio conheceu Mussolini.

No princípio, o curso foi, para ele, um misto de muitas aulas e muito estudo, acompanhado de chopadas e também algumas peças pregadas. Em uma delas, ele e os colegas roubaram dois esqueletos do laboratório de Medicina Legal. Um, penduraram no Viaduto do Chá com um poema que ironizava um de seus professores. O outro prenderam a um balão publicitário no Vale do Anhangabaú e em sua mão puseram uma lanterna. Osvaldo Aranha havia dito que o Brasil era um deserto de homens e de ideias. A lanterna servia para que o esqueleto procurasse ambos. Antes do final do primeiro ano, porém, estourou a revolução. Ser estudante num período de intensas e rápidas transformações não deixa ninguém

---

51 REALE, Miguel. Op. cit., 1986.

incólume. Pois ele foi getulista, em 1930, e se juntou aos constitucionalistas de São Paulo, em 1932.

"Sob o prisma dos valores ético-jurídicos, defesa da autonomia de São Paulo e das estruturas jurídicas inerentes à democracia, era um levante cívico progressista", comentou sobre a guerra civil paulista. "Segundo o enfoque das reivindicações populares, nele se albergava um sentido de reação, de retorno a valores de um liberalismo de estilo clássico, mal ajustado às exigências da vida contemporânea." Ele, como muitos de seus colegas, se voluntariou. "Sentíamo-nos todos espezinhados, como se não tivéssemos participado do movimento revolucionário de 1930", lembrou. Doía a todos a contínua intervenção do governo federal sobre São Paulo. Àquela altura, Plínio já estava fundando a Sociedade de Estudos Políticos que desembocaria na ABI. Miguel entrou na guerra como sargento, um homem de esquerda. O primeiro livro, dedicou-o a dois amigos que tombaram em batalha. "Quando os alistados ainda mal se acostumavam a manobrar os seus antiquados fuzis do século passado, lá foram transportados, por estrada de ferro e caminhões. A sensação geral foi a de desamparo."

Seu batalhão era um misto de trabalhadores das fazendas próximas, PMs e estudantes como ele. Ele próprio não chegou a lutar. Mas viveu a tensão das batalhas iminentes, da falta de informação, das constantes ordens de recuo por conta de um inimigo que estava sempre chegando, sempre vencendo, mas que nunca era visto. No misto de tensão e observação daquele Brasil interiorano no qual viveu aqueles meses com grande intensidade, começou a rever tudo o que aprendera nos livros. "Cresceu em meu espírito a consciência de que se impunha uma campanha cívica, a fim de que, na escala de prioridade dos valores humanos, se colocassem os valores éticos, sobretudo os da ordem e da dedicação aos imperativos da nacionalidade." Foi isso que aprendeu no campo, cercado de policiais e trabalhadores rurais. "Meu socialismo liberal diluía-se perante o fascínio de novas ideias que emergiam no horizonte da história."[52]

Era até mais profundo do que isso. Quando voltou da guerra, sentiu que nenhum dos partidos políticos tinha um projeto para o Brasil. Nem o Partido Republicano Paulista, nem o Partido Democrático. Até tinham pautas específicas – o PD, com o qual simpatizava, defendia o voto secreto e a implantação de uma Justiça Eleitoral. Só que, no fundo, todo o jogo não era de fato ideológico. Era apenas uma disputa vazia por poder. O combate deixou em Miguel um vazio. "Alistei-me como quem vai para a luta à procura de si mesmo, certo de encontrar no perigo o sentido da vida", escreveu.[53] "Ao voltar, compreendi que minha crise espiritual tinha sido, como a de muitos de minha geração, a crise de quem se fecha em si mesmo, devorando as próprias ideias no silêncio egoísta dos gabinetes."

Em outubro de 1932, mês em que Plínio lançou seu Manifesto de Outubro, Miguel o ouviu falar pela primeira vez. Estava diante da solução que buscava. O filho de um liberal antifascista havia se tornado fascista. Em muito pouco tempo, ele seria o responsável por desenhar a proposta de um Estado fascista brasileiro.

O II Congresso Nacional foi aberto no dia 9 de março, em 1935, na cidade de Petrópolis. Não havia sido escolhida por acidente. Próxima da capital federal, na região serrana do Rio, fora erguida por dom Pedro II para seu veraneio e, desde então, se tornara refúgio da elite nacional quando o calor do beira-mar ameaçava passar do tolerável. Todos os presidentes da República governaram o país de lá – por ao menos alguns meses – todos

---

52 REALE, Miguel. Op. cit., 1986.
53 RODRIGUES, Athanis Molás. *Raízes integralistas da Teoria Tridimensional do Direito*: História das ideias de Miguel Reale (1933-1953). 2014. 335 f. Dissertação (Mestrado em Teoria, Filosofia e História do Direito) – Centro de Ciências Jurídicas, Universidade Federal de Santa Catarina, Florianópolis, 2014.

os anos, e Getúlio não havia mudado o padrão. Por isso mesmo, ele próprio estava lá, embora tivesse tido o cuidado de se manter afastado da festa verde. A catedral municipal já havia recebido os restos mortais do último imperador e sua família, e não poucos integralistas eram simpáticos à monarquia. A simbologia era farta. Mais de 5 mil afiliados vindos de dezessete estados convergiram para lá, passaram em parada pela rua do Imperador – a principal da cidade – enquanto cantavam o Hino Integralista observados por Plínio, que, de uma varanda, os passava em revista. "A realização de nosso congresso na cidade de Petrópolis subordina-se a uma realidade", falou o Chefe Nacional em seu discurso de abertura.[54] "O integralismo não se concentra nas capitais, mas envereda pelo interior, refletindo o anseio dos brasileiros. O país é feito destas cidades."

Não foi um congresso tão abrangente quanto o do ano anterior, mas deu nova estrutura a uma AIB que crescia em ritmo acelerado. Departamentos como os comandados por Barroso e Miguel se tornaram Secretarias, com mais gente no entorno e em maior número de unidades. Eram seis, passaram a onze. Além de Organização Política, Doutrina, Propaganda, Cultura Artística, Milícia e Finanças, foram incluídas Arregimentação Feminina e Plinianos, Imprensa, Relações Exteriores e Assistência Social.[55] Por um lado, a AIB começava assim a se esgueirar pelas comunidades, oferecendo escolas e hospitais, apoios de todo tipo, atividades que envolvessem as famílias. Integralistas poderiam viver uma vida toda dentro da doutrina. Por outro, a AIB passava também a mirar o exterior, cultivando principalmente suas relações com outros grupos fascistas. E com países fascistas.

De todas as novas, nenhuma teve influência como a Secretaria Nacional de Arregimentação Feminina e Plinianos, SNAFP.

---

54 OLIVEIRA, Eduardo de. Op. cit.
55 BULHÕES, Tatiana da Silva. Op. cit.

Pois era ali que o integralismo se ampliava para ocupar a vida das famílias. De estímulo a exercícios físicos a aulas que englobavam alfabetização de adultos, enfermagem, datilografia, culinária, corte e costura, boas maneiras, contabilidade caseira e economia doméstica,[56] era possível atender a mulheres de todas as idades e classes sociais, ampliando os significados da ação política de seus maridos. Tinha objetivo claro. "Criar uma consciência feminina no Brasil, de acordo com os princípios da doutrina integralista", informava a *Enciclopédia do integralismo*. "Uma atividade feminina ordenada, em todos os campos de ação que lhe são próprios, despertando e habilitando assim a mulher brasileira para o cumprimento de sua missão na família e na pátria." Com o programa dos plinianos, ia mais fundo – pois plinianos eram as crianças. Moral e cívica, boas maneiras, esportes em conjunto com educação integralista. Promoção de colônias de férias, passeios para cinema, teatro e circo, museus ou jogos de futebol. Até escotismo.

A Ação Integralista Brasileira estava se transformando numa máquina.

Quando amanheceu no Recife o 24 de novembro em 1935, um domingo que nada teria de pacato, os rumores já circulavam.[57] O 29º Batalhão de Caçadores estava amotinado. Naquele dia haveria uma festa à tarde, vários dos oficiais estavam fora, de licença. Em Natal, no dia anterior, uma revolta semelhante unindo sargentos e tenentes, à qual se juntaram movimentos sindicais, tomara a capital e instalara no governo um sapateiro que presidia o que batizaram de Comitê Popular Revolucionário. Aos gritos de "viva Luís Carlos Prestes", diziam-se comunistas. O mesmo tipo de movimento parecia estar em curso, agora, na capital pernambucana. Era

---

56 SCHMIDT, Patricia. Op. cit.
57 REIS, Daniel Aarão. *Luís Carlos Prestes, um revolucionário entre dois mundos*. São Paulo: Companhia das Letras, 2014.

O Chefe Nacional da Ação Integralista Brasileira, Plínio Salgado, devidamente uniformizado. Já havia participado da Semana de Arte Moderna de 1922, era um romancista premiado e tido como político promissor.

O número dois da AIB era Gustavo Barroso, àquela altura já ex-presidente da Academia Brasileira de Letras e um influente intelectual. Liderava o braço antissemita do movimento.

Jovem, Miguel Reale ascendeu a número três da AIB por sua capacidade como jurista. Foi o responsável pela concepção de como se organizaria o Estado fascista brasileiro.

Inspirados pelos fascistas italianos, os integralistas adotaram a saudação romana. Ao erguer o braço direito, gritavam sempre "Anauê". A palavra tupi queria dizer "você é meu irmão". Ao Chefe Nacional sempre gritavam três anauês seguidos.

Uma das marcas do integralismo eram suas marchas, celebradas em todo o país. Não adotavam, como os nazistas, o passo de ganso — mas eram muito disciplinados. Esta marca a abertura do I Congresso Regional das Províncias Meridionais, em Blumenau, em 7 de outubro de 1935. Plínio, de bigode, está na primeira fila de adultos. À sua frente, com calças ou bermudas brancas de acordo com a idade, as crianças que participavam de grupos parecidos com o escotismo, os plinianos.

Conforme o movimento crescia, a preocupação em registrar as multidões em filme e fotografias fazia parte das campanhas de filiação.

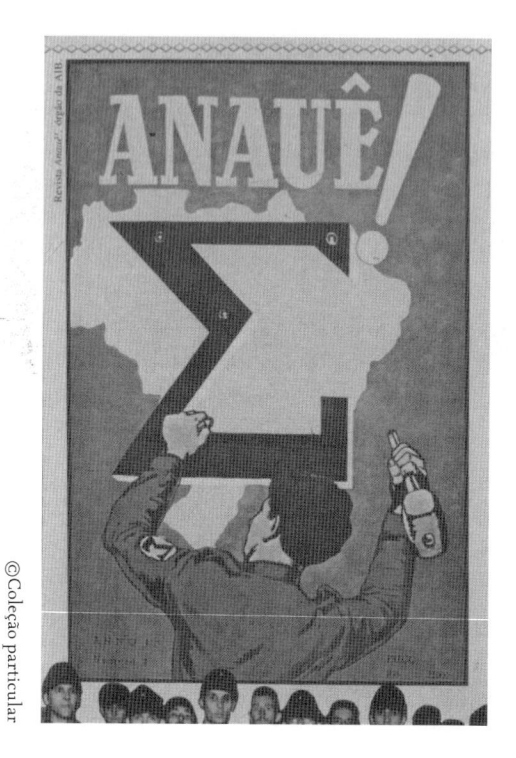

Capa da segunda edição da revista Anauê, maio de 1935. E um dos muitos pôsteres das campanhas de filiação da AIB, este de 1937. Com moderna linguagem gráfica para a época, o integralismo produzia vasto material midiático — revistas, jornais, livros, rádio, filmes — que faziam parte da conquista e doutrinamento em favor da criação do "homem integral".

A Batalha da Praça da Sé, em 7 de outubro de 1934, foi o grande trauma do fascismo brasileiro. A AIB pretendia realizar o maior evento de sua história na capital paulista. No alto dos edifícios, anarquistas, comunistas e até alguns policiais os aguardavam armados. A fuga desesperada dos tiros para toda parte, e as camisas verdes dos uniformes jogadas ao alto para evitar reconhecimento, fizeram o humorista Barão do Itararé compará-los a galinhas desesperadas quando alguém entra no galinheiro. O apelido "galinhas verdes" pegou.

Oswaldo Aranha, braço direito do presidente Getúlio Vargas, teve influência na criação inicial da AIB. Durou pouco. Convertido de vez à visão americana de mundo no cenário pré-Segunda Guerra, temeu que o fascismo tomasse o país.

Francisco Campos, autor da Constituição de 1937 que fundou o Estado Novo, era ele próprio simpático às ideias fascistas. Mas via o movimento de Plínio como potencial concorrente e quis fazer de Getúlio um líder pró-Eixo. Anos depois, seria também o autor do Ato Institucional Números 1 e 2, da Ditadura Militar.

O capitão Olympio Mourão Filho, do Exército, era responsável pelo braço militar da AIB e foi o autor do Plano Cohen — o projeto falsificado de uma revolução comunista no Brasil que serviu de desculpa para que Getúlio desse o golpe. Seria o primeiro general a colocar suas tropas na rua, em 1964.

Às vésperas do Golpe do Estado Novo, em 1937, o presidente Getúlio Vargas seduziu os integralistas para os ter ao seu lado.

Ambulância entra no Palácio Guanabara, quando a intentona integralista já havia fracassado.

Na madrugada de 11 de maio de 1938, integralistas invadiram e quase tomaram o Palácio Guanabara, residência do ditador Getúlio Vargas. O próprio Getúlio esteve entre os que resistiram a tiros. O evento foi amplamente coberto pela imprensa.

o momento perfeito. O governador estava na Alemanha, conversando com executivos da companhia Zeppelin,[58] que pretendia inaugurar uma linha regular de seus dirigíveis no Brasil. O comandante da 10ª Região Militar havia seguido para o Rio, convocado para uma reunião. Seu segundo tinha ido para o Rio Grande do Sul representar o estado na festa que celebrava o aniversário da Revolta Farroupilha. Pernambuco parecia acéfalo.

Plínio Salgado estava bastante próximo. Por coincidência, se preparava para fazer naquele domingo o discurso de encerramento do Congresso Integralista de Pernambuco, que se realizava na pequena Pesqueira, a duzentos quilômetros da capital. Não era para ter sido lá. O encontro inicialmente havia sido marcado em Garanhuns,[59] a coisa de hora e meia dali, mas o secretário de Segurança do estado recomendou uma troca. Temia pela segurança dos camisas-verdes, sentia cheiro de levante. Tinha lá suas razões. Nos dias anteriores, o Chefe Nacional assistira com entusiasmo, da janela de seu hotel, à chegada de dezenas de caminhões vindos de toda a região, apinhados de militantes. "Desde ontem à noite, durante toda a madrugada e toda esta manhã",[60] apontou com orgulho a um jornalista. "É a população dos sertões, das serras, e das várzeas, das cidades grandes e das cidadezinhas humildes, que se levanta num movimento de fé magnífico." Ele já contava, naquele fim de 1935, com 800 mil afiliados em todo o Brasil.

Não era mesmo só o fascismo que envolvia brasileiros num movimento de fé. Porque também naquele fim de semana se encerrava outro encontro, este no Rio, o terceiro no ano do Comitê Central do Partido Comunista do Brasil. A decisão mais importante que aqueles homens tomaram naqueles dias foi aceitar, enfim, a partici-

---

58 SILVA, Hélio. *1935, a revolta vermelha*. Rio de Janeiro: Editora Civilização Brasileira, 1969.
59 A ORDEM, Natal, 20 nov. 1935.
60 DIÁRIO DE PERNAMBUCO, Recife, 1º dez. 1935.

pação de Prestes no Comitê Central. Já não sentiam ter mais escolha. O caminho de recepção do líder popular no PCB foi longo e difícil. Só que àquela altura, ainda mais quando os primeiros informes desencontrados das revoltas populares no Rio Grande do Norte e em Pernambuco começaram a chegar, reconhecer Prestes como parte do comando se tornara inevitável.

Luís Carlos Prestes havia retornado ao Brasil no mês de abril, após quase quatro anos de exílio em Moscou. Fisicamente, não era muito distinto de Plínio. Um homem baixo, magro, de aparência até frágil. Tinham também em comum alguns traços de personalidade – sentiam conforto num mundo de regras claras e definições simples, um apreço intuitivo por disciplina, certa tendência ao dogmatismo, eram autoritários. Ambos souberam na vida o que era ser pobre, embora no caso de Prestes de forma mais aguda. Emanavam certo magnetismo pessoal que inspirava devoção; quem os cercava os reconhecia como homens de inteligência rara. Mas havia algo de marcante que os distinguia. Prestes era militar. Liderara, mais de uma vez, homens em combates sangrentos. Já havia, inclusive, estado entre os comandantes de uma rebelião nacional.

Sucedeu em sua vida que Luís Carlos Prestes caiu na primeira turma de oficiais profissionalmente formados do Exército Brasileiro. Tendo ao lado os companheiros de geração Eduardo Gomes e Antônio Siqueira Campos, estava, em 1922, entre os líderes intelectuais do primeiro levante tenentista. Se não participou como os outros dois dos 18 do Forte de Copacabana, foi porque calhou de estar doente. Mas liderou com Siqueira o núcleo gaúcho do levante de 1924 e foi o estrategista da guerrilha que cruzou o país e que, embora liderada por Miguel Costa, terminou batizada com seu nome. Coluna Prestes. Em 1930, foi o único dos tenentes que escolheu não participar do levante derradeiro, aquele que de fato derrubou a República, instaurando no governo Getúlio Vargas.

Não o fez porque já estava seduzido pelo comunismo. Seu mergulho na doutrina não ocorreu entre militantes brasileiros. Foi em Moscou, dentro da estrutura da III Internacional Comunista – e isso fez toda a diferença. O Partidão, ou Partido Comunista do Brasil, ou PCB, nascera em 1922, fundado por anarcossindicalistas.[61] Eram operários organizados que acreditavam em democracia direta e no poder para os trabalhadores. Seus projetos se diferenciavam um quê daquilo que começava a ser implantado na União Soviética, que vinha construindo uma organização centralizada nas mãos de uma grande burocracia de Estado. Pois em 1928, no sexto congresso da III Internacional, decidiu-se pelo controle de todos os partidos comunistas. Eles seriam a ponta de lança para promover revoluções como a russa pelo mundo.

Em Moscou, Prestes se tornou amigo próximo do ucraniano Dmitry Manuilsky, número dois da III Internacional – ou, como chamavam, Komintern. O Komintern era a estrutura do governo soviético que tinha por objetivo avermelhar o planeta. Não era, porém, particularmente privilegiada por Josef Stálin. Os melhores nomes de espionagem, inteligência e estratégia iam ou para o Exército Vermelho ou para o serviço de segurança interna. Assim, embora emanasse o poder de Moscou para fora, o Komintern tinha suas próprias dificuldades. Uma delas é que não possuía muita informação externa. Alguma coisa sobre a Europa aqueles homens e mulheres sabiam. Estavam muito próximos e a URSS fazia parte da geopolítica europeia. Mas, para além do continente, precisavam contar com os PCs locais para construir suas avaliações sobre que lugares priorizar estrategicamente. Por isso Prestes, com real experiência de revoltas no Brasil, era tão precioso. Só que Prestes estava longe fazia tempo, e sua experiência não passava por operários ou trabalhadores do campo, era exclusivamente militar. De qualquer forma, ele carregava em si a convicção que sempre

---

61 COSTA, Homero de Oliveira. *A insurreição comunista de 1935*. Natal: EDUFRN, 2015.

tivera. Derrubar um presidente por meio de uma revolta armada era possível, assumir o governo a partir dali era apenas um passo a mais. E calhou de suas impressões serem corroboradas pelo Comitê Central do PCB, que, naqueles princípios de anos 1930, já respondia diretamente ao Kremlin.[62]

Talvez fosse pela personalidade tipicamente hiperbólica do brasileiro, dada lá a seus exageros. Talvez porque, às vezes, as pessoas acreditam no que desejam acreditar. Pois, em suas frequentes viagens à Rússia, os líderes do Partidão davam notícias de um país à beira da revolução. Operários prontos para pegar em armas. Lampião e seus cangaceiros a um triz de se ligar ao PCB. E assim foi que o Komintern se convenceu de que era chegada a hora do Brasil. Agentes da Internacional foram enviados para o país, Prestes foi imposto ao Partidão, pois era ele o homem de confiança de Moscou, e assim começou sua longa jornada. Uma viagem de quatro meses até Ipanema, onde ele e a agente que o acompanhava, a jovem alemã Olga Benário, alugariam uma casa. Naquele tempo, Copacabana e Ipanema eram bairros distantes do Rio, conhecidos pelo número de estrangeiros. Por isso, era o local perfeito para que agentes da União Soviética que preparavam uma revolução se escondessem. Parecia pomposo – nenhum tinha experiência em fazer uma revolução.

Os dirigentes do PCB podiam ver Prestes como um nome imposto, mas o homem também inspirava. Semanas antes de ele chegar ao Brasil clandestinamente, um jovem jornalista chamado Carlos Lacerda juntou um coro para, por aclamação, sugerir que Luís Carlos Prestes fosse o presidente de honra de um grupo que chamaram Aliança Nacional Libertadora. Desde que a Frente Única Antifascista se reunira no ano anterior para fazer frente à Ação Integralista Brasileira na Praça da Sé, tentava-se formalizar a união de grupos antifascistas. A ANL seria isso. Não era público

---

62 REIS, Daniel Aarão. Op. cit.

que o comandante da Coluna Prestes havia se ligado ao Partidão, e o PCB custou a se integrar à ANL. Havia burgueses demais, e este era um problema de acordo com as diretrizes do Komintern. Só que, por fim, juntaram-se. E aí Prestes fez um movimento precipitado. Em 5 de julho, aniversário dos levantes de 1922 e 1924, divulgou um manifesto assinando como presidente de honra da ANL. "A situação é de guerra e cada um precisa ocupar seu posto", escreveu.[63] "As massas devem organizar a defesa de suas reuniões e preparar-se ativamente para o momento do assalto. Abaixo o fascismo! Abaixo o governo odioso de Vargas! Por um Governo Popular Nacional Revolucionário! Todo o poder à ANL!"

Era tudo que o governo precisava. Getúlio Vargas não teve um só ano de tranquilidade – sua revolução não pacificara o Brasil. Já havia enfrentado quarteladas, inúmeras greves, até uma guerra civil. Procurava, no entanto, manter a aparência de uma democracia constitucional. O manifesto de Prestes foi a desculpa perfeita para dissolver a ANL e baixar uma dura Lei de Segurança Nacional que em pouco tempo foi apelidada de Lei Monstro. Ficava proibida a "incitação ao ódio entre as classes sociais". O presidente da República passava a ter o poder de ordenar o fechamento de sindicatos e associações profissionais, expulsar do Brasil estrangeiros, demitir funcionários públicos. Mais de um jurista leu nas entrelinhas a possibilidade de que se ordenassem prisões sem garantias de ampla defesa. O alvo não eram só os comunistas. Ficava proibida, também, a formação de partidos ou organizações com o objetivo de subverter a ordem política e social.

A lei permitiu o fechamento da ANL, mas também pôs na mira, pronta para o cepo a qualquer instante, a AIB. Plínio tinha plena consciência disso. Ficou mais claro quando oitenta deputados federais votaram por autorizar o presidente a usar a Lei Monstro contra os integralistas. Outros 73 votaram contra. Era puramente

---

63 Id. Ibid.

simbólico – a lei já dava esse direito de qualquer forma –, mas recado dado. O Chefe Nacional dos camisas-verdes atribuiu a postura dos parlamentares à inconsistência que enxergava nos liberais em geral. "As razões que levaram os deputados a votar a ridícula autorização a quem já estava autorizado ficam esclarecidas pelo último Congresso da Internacional Comunista",[64] afirmou a um repórter. "Os comunistas brasileiros receberam ordem de se servirem da inconsistência e dos ódios políticos dos liberais-democratas, fazendo-os de instrumento contra o integralismo. Moscou está certa de que o bolchevismo não poderá triunfar no Brasil existindo o integralismo." Preocupados com o crescimento do fascismo, ele considerava, os deputados terminavam por fazer o jogo do comunismo. "A Ação Integralista Brasileira continuará a trabalhar dentro da Constituição, da Lei Eleitoral e da Lei de Segurança. Enquanto os deputados fazem politicagem, nós defenderemos as portas de seus próprios lares. Um dia a História nos julgará." Plínio se equilibrava entre audácia e cautela. A Secretaria de Milícias que Barroso comandava mudou seu nome.[65] Com os mesmos objetivos e sem trocar a chefia, passou a ser Secretaria de Educação Moral e Física.

O Partidão não estava pronto para fazer o levante quando chegaram as notícias de que no Rio Grande do Norte e em Pernambuco rebeliões populares tomavam o poder dos estados. Os agentes que vieram com Prestes tinham nas mãos um rádio capaz de trocar informações com a União Soviética. Mas contavam com os jornais do dia para saber o que ocorria no Nordeste do Brasil. E, no fechar da reunião do Comitê Central, viram-se numa situação que lhes exigia decidir o que fazer. Até ali, os planos da revolução comu-

---

64 DIÁRIO DE PERNAMBUCO, Recife, 1º dez. 1935.
65 RAMOS, Alexandre Pinheiro. *Intelectuais e carisma*: a Ação Integralista Brasileira na década de 1930. 2013. 340 f. Tese (Doutorado em Sociologia) – Universidade Federal do Rio de Janeiro, Rio de Janeiro, 2013.

nista brasileira haviam sido divididos. Prestes já havia ativado seus contatos dentro do Exército, enquanto os outros dirigentes se responsabilizaram pelos diversos sindicatos. Então, decidiram. Por unanimidade e convictos – o Comitê Central, agora com Prestes, e os agentes soviéticos, em conjunto. Já que os povos de Natal e do Recife pegaram em armas, eles fariam o mesmo. Levantariam a capital da República. O Rio de Janeiro.

Na madrugada da quarta-feira, 27 de novembro de 1935, um grupo de militares rendeu oficiais e tomou o 3º Regimento de Infantaria, na Praia Vermelha. O mesmo era para ter acontecido na Escola de Aviação Militar, na sede da Marinha e em quartéis da Vila Militar. Brigadas de operários sindicalizados deveriam armar escaramuças em diversos pontos da cidade, gerando tantos focos de atenção que pudessem desnortear o governo. A companhia de luz e estradas de ferro deveriam ter sido atacadas. Mas nada aconteceu. Só o 3º RI se amotinou. Talvez, quando amanheceu o 27 e os primeiros informes de fracasso chegaram, o veterano líder comunista tenha se lembrado de quando, muitos anos antes, naquele 5 de julho de 1922, também o Rio deveria ter-se levantado inteiro, mas só o Forte de Copacabana o fez.

O que Prestes não sabia é que a rebelião em Natal já havia caído, que a do Recife nem sequer chegara a dominar a cidade. Que o homem responsável por barrar boa parte da revolta carioca fora um velho parceiro de armas – Eduardo Gomes, o último sobrevivente daqueles 18 do Forte. Não sabia tampouco que o governo Vargas estava informado de tudo, que havia espiões até entre os membros do Comitê Central. Entre sábado e quarta-feira, foram cinco dias. A tentativa torpe de revolução, planejada num ambiente de desinformação e autoengano, antecipada por falta de coordenação, caiu por terra sem muita dificuldade. Não à toa, a história a registrou como Intentona Comunista. Intentona, pois, a palavra para plano insensato, temerário, com amplo risco de dar errado. No Rio Grande do Norte, morreram mais de cem. No Rio, morreram dentro do 3º RI 20, após o quartel ser bombardeado por ordens de um futuro presidente – o comandante da 1ª Região Militar, general Eurico Gaspar Dutra.

O poderio soviético tinha mística, mas era só por fama. Naquele momento, Josef Stálin começava o expurgo de trotskistas e outros inimigos, na longa onda de paranoia e terror que marcaria seu governo. Era o foco de sua preocupação. Mal prestou atenção naquela república perdida, a metade atlântica da América do Sul. Os agentes do Komintern despachados para auxiliar Prestes não tinham experiência revolucionária, nem sequer falavam português, e os brasileiros do PCB não entendiam de fato o país. Não tinha como dar certo. E, no entanto, a ideia de que havia uma orquestração internacional tocada pela União Soviética com o objetivo de converter o Brasil se consolidou como um dos principais nortes das Forças Armadas brasileiras.[66] Bloquear o avanço do comunismo, compreendê-lo como um dos principais riscos à soberania nacional, se tornou a partir dali um credo fundamental do Exército, uma cicatriz jamais curada que ecoaria por décadas à frente. Uma cicatriz que, naqueles primeiros meses, serviria imensamente a Plínio Salgado. Que a Intentona tivesse ocorrido – e fracassado – lhe auxiliava o discurso, dava peso a seus alertas, e servia de alicerce à AIB.

Do interior de Pernambuco, Plínio tomara o rumo de Maceió de carro, e lá, enquanto ainda estavam em curso os levantes, escreveu a Getúlio um telegrama cuidadoso. "Sem compromissos políticos, porém com absoluta solidariedade ao governo da República na defesa da ordem, da segurança nacional, da honra dos lares e da dignidade da pátria, coloco à disposição 100 mil camisas-verdes, mobilizáveis em poucas horas em todos os estados, subordinando-se os integralistas lealmente às ordens das autori-

---

66 FAGUNDES, Pedro Ernesto. Op. cit., 2009.

dades para, cooperando com as gloriosas classes armadas do país, combater os comunistas",[67] declarou, como se lembrasse o tamanho do exército que tinha a seu dispor. Mobilizável em poucas horas. Levantou a notícia para logo aliviar. "Não temos armas nem transportes, entretanto temos patriotismo suficiente para colocar a defesa nacional acima de tudo, oferecendo os nossos serviços ao chefe de governo. Atenciosas saudações, Plínio Salgado." Prometia lealdade, driblava a Lei Monstro, mas passava também um alerta. Recebeu uma resposta fria. O governo, lhe explicou o presidente, estava suficientemente aparelhado para manter a ordem.

"Ou ele cumpre a Lei de Segurança e persegue os comunistas",[68] disse o Chefe Nacional após chegar a São Paulo, "ou os camisas-verdes tomam o poder." Após a Intentona, porém, os comunistas não tinham mais como ser ameaça.

De forma tímida, a Ação Integralista Brasileira havia participado das eleições para a Assembleia Constituinte, em 1933, e para o Congresso Nacional, em 1934. Mas sempre de forma crítica – não queria se comparar aos outros partidos tradicionais, aos quais dirigia críticas frequentes. Tampouco pretendia sugerir compromisso com a democracia liberal. O plano era outro – educar as massas e convencê-las das fragilidades que enxergavam no regime. Mas com o aumento de vulto da AIB, já no II Congresso Nacional, o de Petrópolis, tomou-se a decisão de ampliar o engajamento. Aumentar paulatinamente a presença na estrutura do Estado, mesmo que fosse disputando eleições mais a sério. Em 1936, haveria um pleito municipal.

A derrota da Intentona só incentivou o projeto. Os "agentes de Moscou" e sua "teoria malsã" haviam deixado a guerra. Era uma derrota que injetava adrenalina, que produzia ansiedade, que

---

67 DIÁRIO DE PERNAMBUCO, Recife, 28 nov. 1935.
68 Ibid. 29 nov. 1935.

eletrizava os militantes de verde. Nos primeiros meses de 1936, realizou-se em Resende, interior do Rio, o I Congresso da 7ª Região – a primeira grande concentração de integralistas desde o fracasso do golpe comunista. Estavam todos em êxtase. A cada orador, pareciam mais intensas as palmas. Todos acompanhavam a caçada a Luís Carlos Prestes, que o regime ainda não conseguira prender. O homem que representava seu pior inimigo fugia da própria sombra. Quando terminou o último dia do encontro, já madrugada adentro, quem esteve lá guardou na memória o grau de emoção com que todos cantaram o Hino Nacional.[69]

O ano de 1936 seria também particularmente importante para Plínio em sua vida pessoal. Já era viúvo fazia muito tempo. No dia 13 de abril, se casou com Carmela Patti, uma moça franzina, morena de cabelos curtos que, aos 22 anos, era apenas cinco anos mais velha que sua filha Maria Amélia. O pai era um rico fazendeiro que havia migrado da Itália para o Brasil e se tornara integralista. Assentaram-se em Taquaritinga, os Patti, cidade no interior paulista onde também vivia um dos fundadores da Sociedade de Estudos Políticos, que apresentou a moça, presidente do Departamento Feminino da AIB municipal, ao Chefe Nacional. Foi um noivado curto que culminou numa cerimônia em Aparecida do Norte tratada com esmero pela Igreja Católica. Teve até bênção papal – "O Augusto Pontífice paternalmente abençoa os novos esposos Plínio Salgado e Carmela Patti, invocando-lhes uma prosperidade cristã", escreveu Pio XI.[70] Não faltou receio, no comando integralista, de que uma mulher atrapalhasse Plínio.[71] Não aconteceu. O casal se mudou para o Rio de Janeiro, os dois escolheram Ipanema para morar, mas as viagens

---

69 FAGUNDES, Pedro Ernesto. Op. cit., 2009.
70 AMADO, Thiago da Costa. *Para a glória de Deus e da nação*: o integralismo, a Igreja Católica e o laicato no Brasil dos anos 1930. 2017. Dissertação (Mestrado em História) – Instituto de Filosofia e Ciências Humanas, Universidade Estadual de Campinas, Campinas, 2017.
71 LOUREIRO, Maria Amélia Salgado. Op. cit.

constantes pelo Brasil não diminuíram o ritmo. Só o que mudou é que, agora, o líder vinha sempre acompanhado.

A caminho de completar cinco anos, a AIB havia se tornado uma máquina midiática. Era profundamente moderna – embora, entre os dois polos radicais, a ela fosse garantida uma liberdade de ação dentro da legalidade que a extrema esquerda nunca teve. O termo "midiático" não existia na época. Mas, espalhando-se Brasil adentro, foi montando uma rede de doutrinação. Havia meninos escoteiros integralistas, escolas integralistas, imprensa integralista, tanto jornais quanto revistas. Cursos para senhoritas e para senhoras, agremiações culturais para facilitar os encontros, o convívio continuado com gente que pensava igual. Programas de rádio integralistas, cerimônias para os homens, cerimônias de toda sorte, sempre norteadas por um espírito de hierarquia clara, e também camaradagem. E Plínio, Barroso e Miguel escreviam, escreviam, escreviam. Produziam intelectualmente com velocidade, lançando livros e mais livros. Era possível passar uma vida inteira dentro do integralismo.

"Esse é o Estado que se inspira na concepção integralista do homem", escreveu o Chefe Nacional em seu livro *A psicologia da revolução*.

"O Estado que rejeita o mecanismo socialista, porque este pretende tornar-se uma finalidade e não um meio; o Estado que rejeita o liberalismo democrático, porque este passa a constituir uma negação de si mesmo, pela hipertrofia oligárquica e domínio dos mais fortes; o Estado que rejeita os esquemas ideocráticos, de qualquer natureza, quando eles se baseiam em exclusivismos e em pontos de vista unilaterais; o Estado que compreende a Nação como um trecho da Humanidade por cuja felicidade na Justiça, cujo aperfeiçoamento nos progressos culturais, cujo bem-estar oriundo do desenvolvimento técnico, cujos objetivos espirituais decorrentes dos impositivos da essência humana, ele deve constantemente velar."

Era possível passar uma vida inteira dentro do integralismo. Mas não bastava. Era preciso que todos passassem a vida no integralismo. Era preciso tornar o Brasil um Estado integral. Era preciso preparar o caminho. Em 1938 seriam celebradas eleições para presidente da República. E Plínio Salgado seria candidato.

A ÚLTIMA MARCHA

Já havia passado da meia-noite, e portanto já era dia 11 de maio, no ano de 1938. Após um período no comando da 1ª Região Militar, quando enfrentou a Intentona Comunista, o general Eurico Gaspar Dutra havia assumido o Ministério da Guerra. Não era homem de dormir tarde, mas naquela noite havia acontecido uma pequena celebração entre amigos na casa do ministro da Justiça; estouraram um champanhe, conversaram um tanto, e, só agora, de pijamas, o futuro presidente se preparava para dormir. Não deu. Era tarde, mas o telefone tocou. Do outro lado, exasperado, falava o chefe da Polícia Civil, Filinto Müller. Havia uma nova tentativa de revolução nas ruas. Dessa vez, muito pior. O Palácio Guanabara, residência oficial do presidente da República e de sua família, estava sob um feroz ataque. Havia tiros de metralhadora. Se reforços não chegassem quanto antes, Getúlio poderia ser capturado. Talvez até assassinado.

O general não perdeu tempo. Trocou os pijamas pelo uniforme e tão rápido quanto pôde se pôs na rua. Não mais que duzentos metros separavam seu apartamento do Forte do Leme, localizado em uma das pontas de Copacabana. Com o passo apressado, Dutra foi para lá e, no caminho, lhe chamou a atenção um grupo de dez ou doze homens que, ruidosos, se acumulavam no Bar Alpino, a grande taverna alemã que servia o melhor chope da Zona Sul carioca.

Não parou para ver, não tinha tempo.

Se tivesse averiguado, descobriria que, embora à paisana, aqueles eram todos integralistas que, armados com pistolas e bombas, aguardavam apenas ordens para prendê-lo ou mesmo, se preciso, mandar seu prédio pelos ares.[1] Qualquer coisa que evitasse sua iniciativa de socorrer o presidente. Eles aguardavam ordens, deveriam estar de vigia, mas se distraíram e não viram Dutra passar. E desarmado ele passou, chegou ao Forte do Leme, onde encontrou apenas o oficial no comando, doze soldados e um caminhão. Se era o que havia, assim seria. Ao oficial, deu ordens para que arregimentasse quantos mais homens conseguisse e, se não encontrasse veículo, que partisse com eles tomando o bonde, mesmo. De sua parte, o general subiu no caminhão e tocou para o bairro das Laranjeiras com aqueles doze soldados mal armados para evitar uma revolução.

Pouco mais de um ano antes daquela madrugada intensa, o 1937 carioca se abrira num dia instável de mormaço, aqueles dias de verão tropical em que o calor abafa, o céu é de um cinza quase branco e a todo momento a água ameaça cair num toró.[2] Apenas

---

[1] SILVA, Hélio. *1938, terrorismo em campo verde*. Rio de Janeiro: Editora Civilização Brasileira, 1971.
[2] CORREIO DA MANHÃ, Rio de Janeiro, 1º jan. 1937.

uns dias antes, o Brasil havia batido o Peru por 3 a 2 na primeira partida do Campeonato Sul-Americano, realizado em Buenos Aires. Um dos gols foi de Leonízio Fantoni, um mineiro que agora jogava no Vasco da Gama, mas havia passado seis anos na Itália vestindo a camisa da Lazio. Na Copa de 1938, Leonízio teria ainda a honra de servir de reserva para o primeiro grande craque brasileiro, Leônidas da Silva, o homem que popularizou para o mundo o gol de bicicleta, dando graça e leveza ao esporte que havia chegado tão bruto do berço europeu. Havia ansiedade entre os torcedores da capital federal. O Campeonato Carioca do ano anterior não estava ainda definido, já que nas finais o Madureira vencera o jogo da ida, o Vasco batera no da volta, e uma terceira partida dependia do retorno dos jogadores cedidos à Seleção.

No Cine Palácio, localizado na praça do Centro que não à toa ganhou o apelido Cinelândia, havia estreado *Ritmo louco* (*Swing Time*), talvez o melhor de todos os musicais com Fred Astaire e Ginger Rogers. Se os protagonistas eram já estrelas de primeira grandeza daquele tempo inaugural do cinema falado, o mundo ainda não sabia que o diretor, um californiano de 32 anos chamado George Stevens, seria também um dos grandes da arte. Mas ele ainda não havia filmado *Os brutos também amam* (*Shane*), *Assim caminha a humanidade* (*Giant*) e *Um lugar ao sol* (*A Place in the Sun*). E se a fórmula do musical é rapaz encontra garota, rapaz perde a garota, rapaz canta uma música, sapateia e reconquista a garota, no momento em que Astaire se senta ao piano na cena da reconquista, Rogers no quarto lavando o cabelo, o que ele cantou valeu o Oscar de Melhor Música Original, pequena preciosidade do século XX chamada "The Way You Look Tonight". Canção que duraria para sempre, interpretada primeiro por Astaire, mas depois por Bing Crosby, Billie Holiday, tornada jazz pela banda de Benny Goodman, radicalizada no piano de Thelonious Monk, celebrizada por Frank Sinatra, trazida ao limite pelo bebop de Charlie

Parker, tornada até melosa pela voz de Rod Stewart, e que, ainda hoje, não para de ser gravada. Filme e música que levam ao encantamento, daqueles que fazem o espectador sair do cinema com sorriso no rosto.

No dia 31, o da festa de Réveillon, talvez alguns desses cariocas tenham deixado o Palácio flutuando, com uma vontade de sapatear como Astaire, para então atravessar a avenida Central e, não mais que uns duzentos metros à frente, na Esplanada do Castelo, se depararem com a marcha celebratória de ano-novo dos camisas-verdes.[3] Haviam se tornado comuns, parte integrante do cotidiano de qualquer grande cidade brasileira, as marchas. Porque também os integralistas guardavam, para 1937, uma imensa esperança. Era ano de campanha eleitoral, ano de começar enfim seu caminho para o Palácio do Catete. Para a Presidência da República. Para fazer do Brasil um país sem partidos, integral, um novo conceito de patriotismo corporativista. Sonhavam, eles. Como sonhavam, outros, com a sucessão de Getúlio Vargas.

Pois não tinham qualquer motivo para não sonhar. O ano de 1936, após o caos de 1935, havia sido tranquilo. E em seu discurso de ano-novo, com sua onipresente voz anasalada, as sílabas tônicas aguçadas ao término de cada período, Getúlio desejou felicidades à população acenando com mudanças. "Em 1935, quando uma nuvem turva de ódios ameaçava os lares brasileiros, vos prometi a garantia de todos os direitos dentro da ordem legal", lembrou.[4] "O ano que vai entrar terá parte das energias nacionais voltadas para o debate em torno da campanha presidencial. De minha parte", ele garantiu, "farei quanto for possível para que o pronunciamento da opinião nacional ocorra dentro dos marcos da democracia ativa, em atmosfera livre e sadia, circunscrito ao debate pacífico dos comícios." Fazia oito anos, já, desde as últimas eleições presi-

---

3   O IMPARCIAL, Rio de Janeiro, 1º jan. 1937.
4   Ibid.

denciais. "A quem exerceu o governo em condições excepcionais, enfeixando a maior soma de poderes conferidos a um governante brasileiro, e jamais se deixou empolgar pelas tentações do mando, permanecerei vigilante aos reclamos da ordem e às exigências do livre exercício dos direitos políticos, certo de contar, para isso, com a colaboração patriótica e disciplinada das Forças Armadas."

A tranquilidade era só aparente. Após o novembro de 1935, desde o fracasso da Intentona Comunista, o Brasil muito rápido se transformou noutra coisa. Após o levante, o ex-ministro da Guerra, Pedro Aurélio de Góis Monteiro, pressionou Getúlio a emendar a Constituição. A ameaça comunista se tornara concreta, argumentava Góis. "É a mais terrível crise da história do Brasil", afirmou.[5] Góis, um maranhense de família pobre, de 46 anos, que combatera Luís Carlos Prestes quando este ainda comandava sua Coluna nos anos 1920, havia se tornado um dos principais conselheiros do presidente. Mas não era o único. Getúlio também tinha em mãos um relatório de Filinto Müller, o chefe da Polícia, que pensava de forma parecida. Müller, um mato-grossense onze anos mais jovem do que Góis Monteiro, havia marchado junto com Prestes na Coluna, embora tivesse desertado.[6] Acumulava o comando da Polícia com o curso de Direito, que fazia em Niterói.

O presidente se convenceu. Getúlio Vargas pensava de maneira estratégica e tinha dois objetivos em mente: precisava conquistar a opinião pública ao mesmo tempo que devia obter vitórias rápidas no Congresso. Góis Monteiro, um general que ao longo dos anos ganhou tino político, o havia convencido de que não era hora de fechar o Parlamento. Naquele momento imediatamente após

---

[5] LEVINE, Robert M. *O regime de Vargas*: os anos críticos 1934-1938. Rio de Janeiro: Editora Nova Fronteira, 1980.

[6] WERNECK, Maria. *Sala 4, primeira prisão política feminina*. Rio de Janeiro: Cesac, 1988.

o fracasso da revolução comunista, o presidente contava com o apoio das Forças Armadas. Mas os militares não estavam prontos a aceitar um ditador civil. Ao menos, não ainda. Se queria consolidar o poder, Getúlio teria de construir o espaço. Assim, antes que 1935 terminasse, os parlamentares aprovaram três emendas à Constituição promulgada em 1934. Uma permitia a demissão sumária de funcionários públicos acusados de crimes políticos. Outra dava poder de tirar patente e expulsar das Forças qualquer militar culpado de subversão. A mais importante autorizava o presidente da República a decretar Estado de Guerra perante qualquer "comoção intestina grave" no país.[7] A Lei de Segurança Nacional aprovada meses antes, a Lei Monstro, já havia permitido fechar jornais oposicionistas. A Constituição liberal-democrata não era mais nem liberal, nem democrata.

Mas ia piorar. Quando 1936 veio, instaurou-se uma Comissão Nacional para Repressão ao Comunismo. Depois, o Tribunal de Segurança Nacional. Ao criar estruturas de exceção para inquérito e julgamento, o governo que ainda não era uma ditadura escancarada abriu espaço para toda sorte de delações. Os juízes foram escolhidos a dedo para aceitar as acusações que lhes fossem apresentadas e condenar seguindo a sugestão de pena dos promotores.[8] E, assim, o governo de Getúlio Dornelles Vargas abriu seus porões.

Começou pelos nomes óbvios. Os homens e mulheres que comandaram a Intentona. No início de janeiro, a polícia entrou no apartamento onde viviam Arthur Ernest Ewert e sua mulher, Elise Szaborowski. Alemães, haviam chegado ao Brasil com passaporte falsificado americano e missão dada pelo Komintern para oferecer apoio a Luís Carlos Prestes. Arthur era o principal estrategista da revolução fracassada. Ainda a caminho da delegacia, um policial

---

7 NETO, Lira. *Getúlio (1930-1945)*: do governo provisório à ditadura do Estado Novo. São Paulo: Companhia das Letras, 2013.
8 LEVINE, Robert M. Op. cit.

estraçalhou seu polegar com um quebra-nozes. As semanas seguintes foram de pesadelo. Levou choques na cabeça, no pênis e no ânus, recebeu queimaduras de cigarro e charuto no corpo. Elise, que todos chamavam pelo apelido Szabo, foi arrastada pelo cabelo até a sala de interrogatório e estuprada na frente do marido. Um diplomata americano que o visitou, pois seus documentos eram dos EUA, registrou o estado em que o viu: "Ele estava esgotado e tinha marcas nos braços e nas costas, demonstrando que fora severamente espancado".[9] Um advogado norte-americano que viera defendê-lo foi expulso do Brasil. Seu advogado local, o mineiro Heráclito Sobral Pinto, diante do esvaziamento das proteções aos direitos individuais na Constituição, chegou a lançar mão da legislação de proteção dos direitos de animais para tentar poupá-lo da tortura. Ewert denunciou tudo perante o juiz. A polícia o desmentiu, e o magistrado o chamou de "farsante".[10] O senador paraense Abel Chermont denunciou os abusos em discurso no plenário. Foi ignorado.

Após a prisão do casal Ewert, Prestes e sua mulher, Olga, se mudaram para o bairro operário do Méier, onde conseguiram se esconder por mais uns meses. A tensão e a paranoia, acompanhadas da frieza típica do espírito stalinista, tomaram o ambiente. E muito daquele período de expectativa angustiada foi tomado por um debate a respeito de Elza Fernandes,[11] uma moça de dezesseis anos que namorava um dos líderes comunistas presos. A polícia havia concluído que ela nada sabia e não queria ter de explicar a prisão de uma menor de idade. Mas, com as prisões em série, o Comitê Central do PCB estava convicto de que havia um traidor. As desconfianças apontaram para Elza, que terminou conde-

---

9 NETO, Lira. Op. cit., 2013.
10 LEVINE, Robert. M. Op. cit.
11 DULLES, John W. F. *Brazilian Communism, 1935-1945*: Repression during World Upheaval. Austin, EUA: University of Texas Press, 1983.

nada à morte. Todos hesitavam até que o Cavaleiro da Esperança, como Prestes era chamado, se irritou. Deu ordens para que a execução ocorresse sem mais delongas. Em 2 de março, enquanto ela tomava um café, um dos homens que ela considerava amigo a pegou num repente com uma corda no pescoço. Após estrangulada, partiram-lhe alguns ossos de forma que coubesse num saco e a enterraram no quintal de uma das casas-esconderijo, na Zona Norte carioca. (Havia de fato um espião. Um dos estrangeiros enviados pelo Komintern era um agente duplo também a serviço do MI6 britânico.)

Mas a polícia enfim conseguiu encontrar Prestes e Olga. Não foram torturados. Mas foram separados, e Prestes, posto em confinamento solitário, sem sol, exercícios ou visitas. O governo esperava produzir um julgamento público dos líderes da Intentona, mas temia a repercussão internacional se houvesse duas mulheres entre eles. Olga havia sido difícil de identificar, informava apenas se chamar Maria Prestes. Filinto Müller mantinha relações fortes com a Gestapo nazista, o MI6 britânico e o FBI norte-americano.[12] Passou aos três o que tinha, incluindo seu retrato. "O serviço secreto alemão informou-me ter podido identificar Maria Prestes, que aí se intitula esposa de Luís Carlos Prestes",[13] ele registrou oficialmente. "Ela é Olga Benário, agente comunista da Terceira Internacional, deveras eficiente, de grande inteligência e coragem. É de raça israelita, tendo nascido em Munique, na Baviera." Aquela era uma oportunidade para o governo, que pretendia estabelecer boas relações com o regime de Adolf Hitler. Os alemães estavam ávidos por botar as mãos em duas agentes soviéticas, queriam informações sobre Moscou. A defesa de Olga argumentou que,

---

12 ROSE, R. S. *O homem mais perigoso do país*: biografia de Filinto Müller, o temido chefe de polícia da ditadura Vargas. Rio de Janeiro: Editora Civilização Brasileira, 2017.

13 LEVINE, Robert M. Op. cit.

sendo mulher de Prestes, ela tinha direito à cidadania brasileira. Mas o Kremlin se manteve mudo e não enviou qualquer papel que provasse o casamento.[14] Mesmo grávida, o destino de Olga foi traçado, assim como o de Szabo. Ambas judias, comunistas, seriam embarcadas para a Alemanha nazista.

No dia em que um médico apareceu para levar Olga, as mulheres do pavilhão feminino ameaçaram um levante. Em minutos, de todos os pavilhões, toda a penitenciária, berros e urros, metais batidos contra as grades, protestavam em defesa da mulher de Prestes. Foi uma negociação tensa até que as companheiras da Sala 4 que cercaram Olga e Elise se convenceram de que o objetivo era mesmo interná-la num hospital para acompanhamento da gravidez. Todas compreendiam que havia risco de deportação. Só permitiram sua saída com a condição de que Szabo ficasse e uma outra das prisioneiras, a jovem advogada Maria Werneck, a acompanhasse. A ambulância se dirigiu para o Hospital Gaffrée e Guinle, no Rio. As duas suspiraram aliviadas. Mas era engano. Um policial que não à toa era apelidado King Kong abriu a porta traseira e apontou uma arma para Maria, mandando-a descer. "Vai",[15] lhe disse Olga, com lágrimas nos olhos. "Não há como resistir." Abraçaram-se para nunca mais se verem. Quando Maria voltou à prisão naquela tarde, também Szabo não estava mais lá. Diferentemente de Olga, ela teve direito a um último encontro com seu marido. E ali, abraçados, Arthur lhe confessou que começara a ter alucinações.[16] Nos meses seguintes, criaria dentro de sua mente um inferno, convicto de que cada mínimo pedaço da cela estava eletrificado – mergulhou assim num mundo próprio onde a tortura era eterna. Prestes não chegou a ser torturado, mas puse-

---

14 HORNSTEIN, David P.; BREZINKA, Wolfgang. *Arthur Ewert*: A Life for the Comintern. Lanham, EUA: University Press of America, 1993.

15 WERNECK, Maria. Op. cit.

16 HORNSTEIN, David P.; BREZINKA, Wolfgang. Op. cit.

ram Arthur ao seu lado para que convivesse com os uivos. Szabo morreu no campo de concentração de Ravensbrück, em 1940, chutada por soldados e mordida por cães ferozes, após desmaiar carregando pedras. Tinha 32 anos. Olga foi executada em uma câmara de gás do campo de extermínio de Bernburg, em 1942. Tinha 34. Arthur foi solto após a anistia de 1945 e extraditado para o que seria a Alemanha Oriental. Morreu num sanatório, em 1959, aos 68 anos.

Mas os comunistas seriam apenas o início – e a prisão de Maria de Morais Werneck de Castro, a última a ver Olga, já dava indícios de que tudo estava mudando aceleradamente. Embora comunista, Maria era filha do deputado federal por São Paulo Justo Mendes de Morais, e neta do marechal Luís Mendes de Morais, que havia servido como chefe do Gabinete Militar de seu primo, o primeiro presidente civil, Prudente de Morais. Gaúcho de nascença, um liberal legalista, Justo havia servido como embaixador informal de Getúlio em São Paulo para ajudar a apaziguar a política local após a Revolução Constitucionalista se encerrar. A herança da Intentona estava dada – o governo Vargas havia mergulhado num ataque até contra os seus. No dia 19 de março, numa reunião em que estavam Müller e os ministros militares, foram apresentados ao presidente os papéis encontrados nas casas de Arthur Ewert e Luís Carlos Prestes.

Naquele mesmo mês, a polícia de Filinto Müller invadiu o Congresso Nacional. Saiu de lá levando presos os deputados federais Abguar Bastos, Domingos Velasco, João Mangabeira e Otávio da Silveira, além do senador Abel Chermont – o parlamentar que denunciou a tortura de Ewert. Preso por dezesseis policiais, Chermont foi levado à delegacia com sua mulher e dois filhos pequenos. Família liberada, ele ficou. Quando resistiu, sugerindo imunidade parlamentar, foi agarrado pela garganta, levado à garagem da delegacia e espancado por doze homens até perder a consciência.[17] Foi só em julho que o Congresso votou pela remoção da imunidade dos cinco. A polícia já fazia o que queria e o Parlamento se tornara pró-forma, emasculado.

Em São Paulo, aproximadamente quatrocentos presos políticos ficavam no antigo galpão da fábrica de tecidos Maria Zélia. Sua única fonte de água era um córrego imundo no meio do pátio – a tuberculose era crônica. Quando uma manifestação estourou entre os presos políticos em Belém do Pará, a polícia entrou com gás lacrimogênio. Eles queriam um médico que os atendesse. No Maranhão, os rapazes mais jovens eram atacados sexualmente pelos guardas.

Em 4 de abril de 1936, um oficial entrou na Casa de Saúde onde trabalhava o prefeito do Rio e também médico Pedro Ernesto. Pernambucano, tinha 52 anos. Havia participado dos levantes tenentistas que culminaram com a Revolução de 1930 desde 1924 – seu apelido, por conta do trato cuidadoso dos feridos, era "mãe dos tenentes".[18] Quando Getúlio chegou ao poder, Ernesto recebeu o título honorífico de tenente-médico e tomou parte das reuniões iniciais que definiriam a estrutura de poder, com Góis Monteiro e Osvaldo Aranha. Terminou nomeado interventor do Distrito Federal e foi convidado a ser médico particular da família Vargas. Conseguiu, após um grave acidente automobilístico, evitar que a perna da primeira-dama, dona Darci, fosse amputada. Pelo menos uma vez, salvou a vida de Maneco, um dos filhos do presidente. Como prefeito do Rio, amparado em seu jovem secretário de Educação, Anísio Teixeira, promoveu uma revolução na saúde e na educação públicas. Era tão benquisto que o Exército ainda o promoveu a coronel-médico, em 1934. Popular também entre os eleitores – em 1935, após a interven-

---

17 LEVINE, Robert M. Op. cit.
18 SARMENTO, Carlos Eduardo. *O Rio de Janeiro na era Pedro Ernesto*. Rio de Janeiro: Editora FGV, 2001.

toria, foi o primeiro prefeito eleito da capital federal. Mas era um reformista e, por ser contra o ensino religioso em escolas públicas, atraiu antipatia da Igreja conservadora. Por ter discursado contra a Lei de Segurança Nacional, atraiu a antipatia de Filinto Müller. E um dos documentos supostamente confiscados na casa de Prestes indicava que ele havia feito doações para a Aliança Libertadora Nacional, a frente antifascista fechada com apoio da Lei Monstro, em 1935. Naquela tarde, Pedro Ernesto foi preso. Chegou a ser solto, brevemente, no final de 1936. Mas multidões o aguardavam e a polícia achou perigoso um político assim tão popular solto – voltou à cadeia no início de 1937 para cumprir a pena que lhe foi imposta pelo Tribunal de Segurança Nacional. Quando deixou a prisão, em 1940, estava tão débil de saúde que morreu meses depois.

"No dia combinado, realizou-se a prisão de Pedro Ernesto", escreveu o presidente em seu diário. "Embora as circunstâncias me forçassem a consentir nessa prisão, confesso que o fiz com pesar. Há uma crise na minha consciência. Tenho dúvidas se este homem é um extraviado ou um traído, um incompreendido ou um ludibriado." De Washington, onde servia como embaixador, Osvaldo Aranha assistia aflito à transformação do país. A experiência norte-americana o convertera de vez à democracia liberal, e seu flerte com o fascismo havia muito se perdera no passado. Dada a intimidade com Getúlio, decidiu-se por escrever. "Foram apontados, e até presos como comunistas, deputados supernacionalistas!"[19] Raramente Aranha fazia uso de tantos pontos de exclamação.

"Não é tudo, os professores de Direito e Medicina foram presos como autores morais de novembro! Mas, Getúlio, tudo isso ou é inconsciência ou loucura, ou maldade de teus policiais! Em que influíram esses professores ou esses deputados no ânimo dos militares que tomaram parte do movimento? Não creio, Getúlio, que

---

19 LEVINE, Robert M. Op. cit.

possas concordar com tantos desacertos, cujos resultados são vivermos hoje de incertezas e sobressaltos. Talvez não fiques satisfeito com estas minhas observações. Eu as faço porque na pior hipótese, ainda contrariado um pouco com o teu amigo, sei que farás uma revisão dos fatos e acontecimentos – e isto já é uma vitória para quem, como eu, confia na segurança das tuas opiniões e juízos." Numa carta, o presidente já havia escrito a seu embaixador. "A atividade de Filinto Müller tem sido incansável. Sereno e persistente, sabe conduzir a ação policial, obtendo resultados felizes sem necessidade de excessos."[20]

Sem necessidade de excessos.

Filinto Müller, por sua vez, vinha mantendo contato próximo com os integralistas. Os encamisados de verde estavam em êxtase – os espaços, sentiam, se abriam para eles. No agressivo combate à esquerda, ou mesmo a qualquer força que se parecesse com esquerda, o Brasil caminhava na direção com a qual sonhavam. Em um momento, chegaram a formalizar um convite para que Müller se juntasse à AIB. "Por sermos ativos em nossos diferentes setores, podemos e devemos trabalhar para a glória de nosso amado Brasil",[21] lhes respondeu o chefe da polícia. Mas ele não era, nem de longe, o único aliado que tinham nas cercanias do presidente da República. E aquele clima podre que vinha dos porões de polícia se esgueirava pelo país. Aquele 1937 seria um ano de tensão crescente.

Na tarde do dia 27 de abril, o deputado Edmundo Barreto Pinto subiu à tribuna da Câmara preparado para uma provocação. Tinha 37 anos, era representante do funcionalismo público, um político do interior fluminense ideologicamente fluido e não muito respeitado pelos colegas. Alguns, quando ele subia para discur-

---
20 NETO, Lira. Op. cit., 2013.
21 ROSE, R. S. Op. cit.

sar, respiravam fundo.²² "Barreto Pinto encontrou sua verdadeira vocação",²³ ironizou de certa feita um jornalista paulistano. "A de agente provocador." Naquele dia em particular, estava evidente que as coisas não iam dar certo. Afinal, do plenário, os parlamentares olhavam para as galerias ao alto e as viam tomadas por homens com a indefectível camisa verde. "Deixem entrar", já havia dito Barreto Pinto aos seguranças da Casa, "é gente nossa."²⁴ Assim, o parlamentar do funcionalismo juntou os papéis e pôs-se a ler o manifesto-programa assinado por Plínio Salgado, o compromisso integralista para a eleição presidencial de 1938. "O Brasil não pode realizar a união íntima e perfeita de seus filhos enquanto existirem estados dentro do Estado, partidos políticos fracionando a nação, classes lutando contra classes, indivíduos isolados exercendo ação pessoal nas decisões do governo", havia escrito Salgado.²⁵ "Não destruímos a pessoa, como o comunismo, nem a oprimimos, como a liberal democracia: dignificamo-la."

Foi quase instantâneo que os outros deputados começassem a se mover. "Por que ele questionava a democracia?", perguntou num brado um parlamentar gaúcho. "Porque ela está podre", lhe respondeu de bate-pronto Barreto Pinto. "O senhor deve renunciar", gritou indignado Ernâni do Amaral Peixoto, noivo de Alzira Vargas, filha de Getúlio. Afinal, havia sido eleito por um regime no qual declarava não acreditar. Renúncia era o mínimo.

Das galerias, os camisas-verdes aplaudiam cada vez mais alto. Da mesa diretora soaram os tímpanos, o sino que deveria impor o silêncio, mas que não era obedecido. João Café Filho, que uns vinte anos depois viria a presidir o país, intercedeu. "Estamos numa república democrática", gritou, olhando para o presidente

---

22 CORREIO DE S. PAULO, São Paulo, 19 abr. 1937.
23 Ibid., 4 mar. 1937.
24 O IMPARCIAL, Rio de Janeiro, 28 abr. 1937.
25 CHASIN, José. Op. cit.

da sessão, mas apontando para as galerias ruidosas. "Não podemos consentir nesta afronta", seguiu, enquanto os integralistas mantinham as palmas e gritavam: "Anauê!". "É preciso que sejam todos presos", prosseguiu Café. "Onde está a polícia?" Estava já trabalhando, a polícia legislativa, mas demorou para que conseguisse retirar a multidão.

Da sessão tomada pela bagunça, subiu então à tribuna um dos mais experientes parlamentares. Otávio Mangabeira, ex-ministro das Relações Exteriores no governo Washington Luís, tinha 51 anos e já muitas décadas na política. "A hora que estamos vivendo nos está concitando a todos que elevemos o espírito à altura que seja, acaso num campo neutro, onde possamos tratar das coisas de nossa pátria", apelou. "Conservo inabalada minha fé nos destinos da democracia brasileira." Apenas um mês antes, a polícia havia prendido sem permissão do Legislativo quatro deputados e um senador. Dentre os presos, João, irmão mais velho de Otávio. Todos sabiam que a democracia já estava por um triz. O integralismo só os deixava mais apreensivos.

O integralismo avançava nitidamente. Na eleição para deputados federais, estaduais e senadores de 1934, a AIB havia recebido 2 mil votos em todo o Brasil. No pleito para governadores e novos senadores, de 1935, foram 40 mil votos. E, em 1936, quando a eleição para prefeitos ocorreu, vieram 300 mil votos.[26] Em 12 de junho, após um plebiscito interno e quase por unanimidade, a Ação Integralista Brasileira indicou Plínio Salgado como seu candidato à Presidência. "Temos atualmente no país núcleos do sigma em todas as cidades e distritos de todas as províncias", afirmou o Chefe Nacional numa coletiva à imprensa. "Contamos levar 1 milhão de votos às urnas em janeiro."

Talvez fosse exagero. Mas, fazendo uma análise mais isenta, o jornalista José Soares Maciel Filho, diretor do diário carioca O

---

26 O IMPARCIAL, Rio de Janeiro, 27 abr. 1937.

Imparcial e um virulento crítico dos camisas-verdes, avaliava que as chances eram concretas. "O integralismo calcula ter meio milhão de eleitores",[27] escreveu após ouvir fontes dentro do partido, um número crível levando-se em conta a evolução eleitoral dos fascistas. "Se os cálculos são reais, será dificílimo fixar o prognóstico dos resultados. Não se imagina que compareçam às urnas mais de 3 milhões de eleitores."

No dia seguinte ao lançamento de sua candidatura, circundado pelos homens que compunham o comando da AIB, Plínio foi recebido no Palácio do Catete por Getúlio. Do presidente, ouviu que ele sabia pouco sobre os princípios do integralismo, mas que conhecia bem muitos dali. Garantiu ao agora candidato que não tomaria partido de ninguém durante a campanha eleitoral. Os homens então se puseram em sentido perante o presidente, lançaram o braço ao alto e lhe concederam a honra que só dedicavam ao Chefe Nacional. Três "anauês" seguidos.

Àquela altura, Plínio Salgado já estava morando na capital federal. Escolhera, para si, um grande casarão no elegante bairro de Botafogo, um sobrado de dois andares cercado de varandas, fincado no centro do terreno com um jardim em volta.[28] Ele e a família viviam na parte dos fundos e, na frente, onde havia amplos salões, funcionava o comando nacional da AIB. O entra e sai era constante, tão movimentado, alguém comentou,[29] quanto o palácio presidencial. Ele havia decidido concentrar sua campanha na ideia de combate ao comunismo, que havia se tornado palpável após a Intentona. "A candidatura do sigma às eleições presidenciais não tem significação de interesse partidário",[30] discursou no rádio, no

---

27 Ibid., 27 maio 1937.
28 LOUREIRO, Maria Amélia Salgado. Op. cit.
29 SILVA, Hélio. Op. cit., 1971.
30 BERTONHA, João Fábio. Op. cit., 2018.

início de agosto. "A Internacional Comunista traçou novas diretrizes à preparação das massas para um golpe de Estado", seguiu, "e essas diretrizes estão sendo cumpridas à risca em nosso país." Para levantar a campanha, porém, precisava de dinheiro.

Um dos instrumentos foi um empréstimo vultoso concedido pelo governo alemão por meio do Banco Alemão Transatlântico,[31] que quando tornado público ganhou ares de escândalo. O fluxo de informação entre a AIB e os governos fascista da Itália e nazista da Alemanha era pleno e razoavelmente conhecido por todos. Mas aquilo era diferente. Era o Eixo financiando os fascistas brasileiros. No Congresso Nacional, deputados exigiram que o Tesouro investigasse se ali não havia algum tipo de intromissão, por parte do Terceiro Reich, nas eleições brasileiras. Pois não foi só no Congresso que a dúvida surgiu — também no Catete o Excelentíssimo Senhor presidente da República estava atento.

O empréstimo nazista não foi a única fonte à qual Plínio recorreu. Não eram poucos os empresários brasileiros que temiam o avanço vermelho. Com isso em mente, o Chefe Nacional convocou à sua presença o capitão Olímpio Mourão Filho. No Exército, Mourão havia iniciado a carreira combatendo o levante tenentista em São Paulo, no ano de 1924.[32] Quando veio a Revolução de 1930, já havia se bandeado para o lado dos tenentes e acabou por ser um dos negociadores da paz, em Minas. Sempre elogiado, vinha crescendo na carreira militar ano a ano. Foi também um dos primeiros oficiais a se juntar à AIB, logo após sua fundação. Por conta da experiência com estratégia, Gustavo Barroso o nomeou

---

31 CORREIO DA MANHÃ, Rio de Janeiro, 27 e 28 out. 1937.
32 PINTO, Daniel Cerqueira. *General Olympio Mourão Filho*: carreira político-militar e participação nos acontecimentos de 1964. 2015. 145 f. Dissertação (Mestrado em História) – Departamento de História, Universidade Federal de Juiz de Fora, Juiz de Fora, 2015.

seu número dois na organização das milícias integralistas. Naquele ano eleitoral, aos 37 anos, já comandava o serviço secreto integralista enquanto servia, concomitantemente, no Estado-Maior do Exército – o alto-comando. Para ele, Plínio tinha uma encomenda. Queria que pusesse no papel um plano hipotético sobre como os comunistas poderiam tomar o poder no Brasil. "Era para nós mimeografarmos e distribuirmos nos meios capitalistas para ver se eles nos davam algum dinheiro", se lembrou já velho o chefe.[33] "Esse era o objetivo." Eles não tinham como saber, mas estavam ali iniciando o processo de construir um dos documentos de maior impacto da história da República.

Por sua experiência dupla na AIB e no Estado-Maior do Exército, Mourão era o nome ideal para o trabalho. Que, aliás, não lhe deu muito trabalho. Ele tinha às mãos um exemplar da *Revuedes Deux Mondes*, uma tradicional revista de ensaios francesa muito popular nos meios intelectuais europeus, onde fora publicado um longo artigo sobre como o húngaro Béla Kun havia implantado a segunda república comunista do mundo, em 1919. Com base no processo de Béla Kun, Mourão deixou sua imaginação fluir.[34] O Brasil seria tomado por greves sucessivas, que distrairiam a polícia. Então viriam uma série de incêndios em prédios importantes, sequestros de personalidades, uma explosão criminal, ataques ao clero e estupros. No conjunto, o acúmulo de episódios sérios concomitantes causaria confusão nas forças policiais e armadas – momento adequado para a ação final dos comunistas. Naquela versão, a todo momento o plano alertava para a importância de neutralizar os integralistas, percebidos como o maior empecilho ao projeto da Internacional Comunista. Uma fantasia e um autoelogio.

---

33 TRINDADE, Hélgio. Op. cit.
34 DANTAS, Elynaldo Gonçalves. Palimpsesto Antissemita: desconstruindo o Plano Cohen. *Escritas*, Araguaína, v. 6, n. 1, p. 126-143, 2014.

Não só. Havia uma segunda camada relevante no plano esboçado por Mourão — ele representava a visão de mundo típica de Barroso, seu mentor pessoal. Em seu livro *Brasil, colônia de banqueiros*, o integralista da Academia Brasileira de Letras havia transposto para o país as ideias de *Os protocolos dos sábios de Sião*, o documento falso antissemita produzido pela Rússia czarista, e de *Mein Kampf*, o *Minha luta* de Adolf Hitler. O historiador enxergava, no mundo, uma grande conspiração judaica para destroçar a cultura cristã do Ocidente. No processo imaginado por Barroso, bancos estrangeiros controlados por judeus levariam o Brasil à falência econômica e moral. Caos instalado, o país em ruínas se tornaria presa fácil para a segunda fase de domínio. O comunismo, igualmente controlado por uma rede judaica internacional, se mostraria sedutor, despertando nas classes trabalhadoras ódio. Capitalismo e comunismo não eram opostos, nessa visão, mas fases distintas de um mesmo processo de aniquilação. "Trótski e Rothschild",[35] escreveu o historiador cearense, mencionando o líder comunista e a tradicional família de banqueiros alemães, "marcam a amplitude das oscilações do espírito judaico; esses dois extremos abrangem toda a sociedade, toda a civilização do século XX."

Olímpio Mourão Filho de primeira assinou o documento "Béla Kun". Mas aí se lembrou de que Kun era não mais que a transliteração da palavra em hebraico que designava os sacerdotes, Cohen. Com um lápis, rasurou o "Kun" e, à mão, pôs "Cohen". Queria deixar mais óbvio o raciocínio para quem o lesse. Quando passou a uma datilógrafa o trabalho, a moça não entendeu a rasura e, assim, em vez de "Béla Cohen" limitou-se a firmar com o sobrenome. Aquelas páginas entrariam para a história como Plano Cohen.

Só que Plínio não gostou. O capitão lhe entregou a papelada e o Chefe Nacional logo se irritou com o tom antissemita. Barroso era seu constante adversário pelo comando da AIB e, no centro da

---

35 Id. Ibid.

disputa, figurava justamente o antissemitismo. Por um lado, Plínio dava ao acadêmico espaço para seu discurso racista. Era popular entre muitos dos filiados ao integralismo, sedutor principalmente entre os descendentes de alemães no Sul do país. Então ajudava a angariar as massas. Por outro, o antissemitismo era percebido como de mau gosto por muitos na elite brasileira. O discurso era, simultaneamente, a força e a fraqueza de Barroso. Se por um lado o tornava popular entre os membros, e ajudava a dar corpo à AIB, por outro o impedia de se candidatar à Chefia Nacional. Nesse jogo duplo, Plínio vinha ganhando.

"Eu li", se lembrou Plínio Salgado, "risquei muita coisa – 'isso aqui não serve, essas são coisas boas para passar a limpo, depois você me traz'. O Mourão foi e não me voltou mais."

Nas primeiras semanas de setembro, naquele corrido 1937, um dos muitos integralistas com conexões no governo procurou o Chefe Nacional e lhe avisou que Francisco Campos, o recém-nomeado ministro da Justiça, queria lhe falar num encontro discreto, mas urgente. Aos 46 anos, mineiro, Francisco Luís da Silva Campos tinha muito em comum com Plínio Salgado. Apenas três anos os separavam, haviam sido criados no interior de estados grandes com culturas fortes, muito católicos. Como Plínio, também Campos havia criado um movimento fascista – só que o seu, a Legião Mineira dos camisas-cáqui, terminara incorporado pela AIB. Como todos os outros. Chico Campos tinha, em mãos, um bloco de folhas datilografadas numa pasta. Era uma Constituição, ele a havia escrito sozinho e em segredo, e havia se inspirado nas cartas fascistas de Polônia e Itália.

Campos explicou a Plínio que estava ali por ordens de Getúlio. Ele planejava dar um golpe de Estado, suspender as eleições e outorgar aquela Constituição. Queria saber a opinião do líder integralista e, para isso, lhe dava 24 horas de prazo.

Pois foi que no dia seguinte se encontraram novamente. A distância do tempo, por vezes, torna algumas realidades menos óbvias. Em 1937, não havia xerografia ou qualquer outra tecnologia para copiar rapidamente um documento que não o reescrevendo. É por isso que, naquele prazo curto, Campos podia ter certeza de que dificilmente haveria tempo hábil para a produção de uma cópia. "Encontramo-nos novamente",[36] registrou Plínio alguns meses depois, "tendo eu declarado que, em princípio, não poderia ser contrário ao Estado Corporativo, à supressão de estéreis lutas partidárias e à substituição de todos os políticos por valores novos." Mas ele tinha dúvidas. "Não achava necessária a outorga de uma nova Constituição, porém julgava suficientes reformas na Carta de 1934, substituindo o sufrágio universal pelo voto corporativo e dando maior amplitude ao Estado no concernente aos poderes de interferência no ritmo econômico-financeiro e no tocante ao fortalecimento do Poder Central." O líder do integralismo estava cauteloso. Ele compreendia o valor de estar sendo consultado, mas queria entender qual seria o papel de seu movimento. "Uma vez que eu não conseguia demover o Governo do propósito, e que o Governo se achava apoiado pelo Exército e pela Marinha, o integralismo não criaria dificuldades, mesmo porque não tinha elementos para se opor."

O ministro da Justiça tinha a arma certa para seduzir Plínio Salgado. "Perguntei qual seria a situação da Ação Integralista Brasileira, ao que o dr. Francisco Campos respondeu que ela seria a base do Estado Novo, acrescentando naturalmente que o integralismo teria de ampliar os seus quadros para receber todos os brasileiros que quisessem cooperar no sentido de criar uma grande corrente de apoio aos objetivos do chefe da Nação. Respondi-lhe que, quando fosse organizado o Partido Nacional, o integralismo deixaria de ser 'partido', seus elementos constituiriam o núcleo, o

---

36 SILVA, Hélio. Op. cit., 1971.

início daquela grande corrente, mas, por isso, precisava que o integralismo continuasse como associação educativa, cultural, como uma verdadeira ordem religiosa que era."

Em essência, Campos desenhava para Plínio uma oferta irrecusável. Afirmando que falava em nome do presidente, contou de uma completa transformação do Brasil. Antes de as eleições presidenciais chegarem, o país se tornaria um Estado fascista, e o integralismo seria seu partido único. A estrutura ideológica da nova nação. Plínio também teria seu papel. Enquanto Getúlio Vargas presidiria, o fundador da AIB ocuparia o Ministério da Educação, podendo pôr em prática o projeto de doutrinação integralista de todas as crianças e adolescentes do país. Ainda assim, contendo o êxtase ao mesmo tempo que buscava cautela, afirmou que 24 horas havia sido pouco e não tinha tido como avaliar no detalhe a Carta. Que precisava também consultar o alto-comando dos camisas-verdes. O ministro assentiu e lhe deu oito dias.

Por coincidência, naquela semana um recém-casado Miguel Reale estava de visita com a mulher, Filomena, no terço final da primeira gravidez. Hospedado no casarão de Botafogo, Plínio tinha o melhor jurista da AIB, e aos dois se juntou ainda San Tiago Dantas. Passaram os dias e noites seguintes debruçados sobre a nova Constituição, e ela não lhes pareceu de todo adequada para compor aquilo que imaginavam para o Estado Integral.

Não era apenas Plínio Salgado que trabalhava politicamente a ameaça comunista. Embora toda a liderança do Partido Comunista do Brasil estivesse presa, embora o Partidão tivesse sido praticamente extinto pelos homens de Filinto Müller, também Getúlio Vargas explorava a ameaça. No dia 27 de setembro, o presidente fez uma longa romaria pelos cemitérios da capital, celebrando os mortos no combate à Intentona de dois anos antes. Seria o assunto na capa dos jornais, com fotografias largas, no dia seguinte. E enquanto isso, naquela tarde, o general Góis Monteiro havia convocado uma reunião urgente e muito secreta, na qual se encontraram também o ministro do Exército, general Eurico Gaspar Dutra, e Müller. Aos dois, Góis apresentou um plano que o Estado-Maior do Exército, que ele comandava, havia descoberto. Em detalhes, mostrava um projeto de revolução comunista, e eles precisavam fazer algo a respeito.

Era o Plano Cohen, que agora passava a ser tratado como ameaça real.

Nas décadas seguintes, cada pessoa que teve algo a ver com a fraude deu uma ou mais versões diferentes sobre como ocorreu. Em comum a maioria dos testemunhos[37] dão conta de que, após mostrar o documento a Plínio, Mourão Filho também o mostrou ao general Álvaro Mariante, seu padrinho de casamento e conselheiro, ministro do Superior Tribunal Militar. "Dez horas da noite, na porta do elevador, encontrou Mariante, que disse: 'Ô mineiro, me dá aquele teu trabalho aí que eu vou mostrar ao Góis'", lembrou um amigo de Mourão. O general morava no mesmo prédio, entre os bairros de Copacabana e Ipanema, que Góis Monteiro[38] – e mostrou o plano ao comandante do Estado-Maior do Exército. Justamente o comandante de Mourão Filho. E foi assim que o Plano Cohen terminou sobre uma mesa, na reunião entre Góis Monteiro, Dutra e Müller. De lá, para a mesa do presidente da República. "Ninguém ignora que se tratava de solerte utilização para fins políticos, de um documento que havia sido escrito apenas como peça integrante de um exercício",[39] lembraria mal-humorado Miguel Reale.

---

37 SILVA, Hélio. *A ameaça vermelha, o Plano Cohen*. Porto Alegre: L&PM, 1980.
38 TRINDADE, Hélgio. Op. cit.
39 TANAGINO, Pedro. Plínio Salgado e Miguel Reale na AIB: as duas revoluções integralistas. In: SIMPÓSIO NACIONAL DE HISTÓRIA, 28., 2015, Florianópolis. *Anais eletrônicos...* Florianópolis: ANPUH, 2015.

Setembro estava prestes a acabar quando os oito dias de prazo dados pelo ministro da Justiça a Plínio se esgotaram. E, assim, se encontraram os dois no mesmo apartamento neutro pela terceira e última vez. Campos tinha duas novidades. A que chamou mais atenção de Plínio foi a primeira – o próprio Getúlio gostaria de se encontrar com o Chefe Nacional do Integralismo. Mas era a segunda a mais importante. "Ouça o rádio", Campos lhe disse.[40] "O Estado-Maior do Exército apresentou um documento de tal gravidade que, quando dele tiver conhecimento, você vai aderir aos propósitos do presidente."

A Campos, Plínio se queixou da Constituição. Esperava, principalmente, uma estrutura de voto não universal, mas corporativa. Cada grupo profissional elegendo os seus. "Como a própria Constituição nos prometia a organização corporativa do país e a possibilidade de leis que certamente com o tempo iriam reajustando as instituições aos nossos ideais integralistas, não duvidaríamos em apoiar o fato consumado", registrou.[41] Era tudo o que o ministro queria ouvir. E assim, pelo protesto em relação às eleições, se sentiu à vontade para brincar, de fascista para fascista. "Não sabia, Plínio, que você era tão liberal."[42]

Na noite de 30 de setembro, às 19h, o programa *A voz do Brasil* entrou no ar com uma edição especial. Ali, e nos dias seguintes, seria lido para toda a nação um perigoso plano comunista que tinha por objetivo converter o Brasil num satélite de Moscou. No dia seguinte, o 1º de outubro, os jornais se dividiam no destaque. Por um lado, falavam da visita de Benito Mussolini a Adolf Hitler, em Berlim. Os dois garantiam que seus países desejavam a paz e não havia qualquer risco de guerra. Mas havia também outra notícia de igual importância. "As instruções do Komintern para a ação

---

40 LOUREIRO, Maria Amélia Salgado. Op. cit.
41 SILVA, Hélio. *1Op. cit.*, 1971.
42 LOUREIRO, Maria Amélia Salgado. Op. cit.

de seus agentes contra o Brasil", informava o *Correio da Manhã*.[43] O mesmo jornal tratava de acalmar a todos. "Não há motivo para descrença quanto à realização do pleito de 3 de janeiro."[44]

No rastro da Intentona Comunista, entre as emendas constitucionais aprovadas, uma dava ao presidente da República autorização para colocar o Brasil em Estado de Guerra no caso de "comoção intestina grave". Naquele 1º de outubro, sem ter visto ainda o Plano Cohen em detalhes, um Congresso subserviente aprovou o pedido que lhes fazia Getúlio. O país estava, agora, no mais alto estágio de alerta. E os direitos civis, em grande parte suspensos.

"Mandei procurar o Mourão", se lembrou um velho Plínio Salgado.[45] "Estava nervosíssimo. 'Ah! Estou acanhado em chegar aqui, o senhor não sabe o que me aconteceu. Meu padrinho de casamento, general Mariante, me pediu para ler aquilo, que ele me dava no dia seguinte. No dia seguinte fui lá e ele disse: não posso mais te dar porque o Góis Monteiro, que morava no apartamento em cima, pediu para ler e não quer mais entregar.' Eu disse: 'Mourão, você fez muito mal'." O tema o irritava no final da vida. "O Plano Cohen é a maior bandalheira, a maior vergonha que se pode imaginar. Aquilo é uma coisa estúpida, nojenta."

O Plínio Salgado de 1937 talvez houvesse contado a história noutro tom. Naqueles dias de outubro, no apartamento de um conhecido comum no bairro do Flamengo, ele enfim pôde se encontrar com Getúlio. Era noite. "Vossa Excelência perguntou-me, de início, se eu julgava que as eleições solucionassem o problema político do Brasil", escreveu o líder integralista, numa

---

43 CORREIO DA MANHÃ, Rio de Janeiro, 1º out. 1937.
44 Ibid., 2 out. 1937.
45 TRINDADE, Hélgio. Op. cit.

carta, três meses depois.⁴⁶ "Respondi que, pela nossa doutrina, éramos contrários ao sufrágio universal." O presidente demonstrou a Plínio que ele provavelmente seria derrotado na eleição e que possivelmente a AIB não teria futuro em um novo governo. "No dia em que tivéssemos uma perseguição federal, nosso crescimento seria espantoso, é da natureza do nosso movimento crescer pela mística do martírio", ele respondeu, no que era também uma sutil ameaça.

"Vossa Excelência considerou a essa altura que ainda podia haver outro remédio e perguntou-me se eu tinha estado com o dr. Francisco Campos. Lembro-me bem que falei com animação, evidenciando o que era o integralismo como força nacional. Referi-me à grande mística, narrei pequenos episódios. Evocamos juntos os magníficos momentos das demonstrações patrióticas do sigma. Vossa Excelência fez o elogio de minha obra, falou-me da reorganização da nossa milícia. Tais palavras me encheram de confiança. Acreditei até que essa organização da juventude seria patrocinada diretamente pelo Ministério da Educação, uma vez que Vossa Excelência me dizia que esse Ministério tocaria ao integralismo." O presidente também guardou memória daquela noite. "Encontrei-me com Plínio Salgado, que de muito procurava falar--me", registrou em seu diário.⁴⁷ "Caipira astuto e inteligente, mas entendemo-nos bem."

Na noite de 5 de outubro, no grande salão da sede nacional da AIB, o líder integralista reuniu a Câmara dos Quarenta. Àquela altura, a AIB tinha Plínio no comando, abaixo dele os chefes de departamentos, e então um conselho consultivo que era a Câmara dos Quarenta. A partir dali uma terceira estrutura – a Câmara dos Quatrocentos – e todos os comandos regionais. Foi aos quarenta

---

46 SILVA, Hélio. Op. cit., 1971.
47 VICTOR, Rogério Lustosa. *O integralismo nas águas do Lete*: história, memória e esquecimento. Goiânia: Editora da Universidade Católica de Goiás, 2005.

que abriu, em detalhes, todas as conversas que havia tido até ali. Seus principais lugares-tenentes, entre eles Reale e Barroso, não confiavam em Campos, tampouco em Getúlio.[48] Plínio, no entanto, acreditava que aquele era o início da tomada de poder. "Plínio chegou a escrever vários artigos no jornal *O Povo*, que era um vespertino integralista, sobre a grandeza de Vittorio Emanuele, que chamou o Mussolini",[49] lembrou-se Gerardo Mourão, primo do capitão Olímpio e um dos quarenta. Em sua imaginação, Getúlio era o rei Vittorio Emanuele, e ele, o futuro *duce* brasileiro. O caminho estava traçado. Tinha de estar. "Ficou três dias seguidos contando esta história de entregar o poder. Então estávamos convencidos de que o Plínio estava feito com essa gente. Tinha se reunido diariamente com esse pessoal que estava fazendo o golpe do Estado Novo, Chico Campos e os ministros militares conversando com ele."

Não quer dizer que não fosse necessária cautela. Na dança política, ele precisava dar uma prova de poder. E essa demonstração viria na forma da maior marcha integralista de todos os tempos. Para isso, tinha um aliado importante: o general Newton Cavalcanti. Liderando o 5º Regimento de Infantaria, no Rio Grande do Sul, ele havia participado da Revolução de 1930, avançando por todo o seu caminho com Getúlio. Havia, aliás, sido ferido em combate. Em 1935, comandara a reação à Intentona, no Rio. Aos 52 anos, era o homem mais graduado do Exército ligado à AIB. "O Newton Cavalcanti pediu para fazermos uma passeata para prestigiá-lo perante Getúlio", lembrou Plínio.[50] "Ele ia falar para o Getúlio não nos perseguir."

Foram 50 mil pessoas. Quando era meados da tarde, iniciaram a concentração na Praça Mauá, no início da avenida Rio Branco,

---

48 BERTONHA, João Fábio. Op. cit., 2018.
49 CARNEIRO, Márcia Regina da Silva Ramos. Op. cit.
50 TRINDADE, Hélgio. Op. cit.

que cruza o centro do Rio, e ao bater 16h30 puseram-se em marcha.[51] À frente, puxando, vinham Plínio e o alto-comando da AIB. Na sequência, abriam caminho em duas alas oficiais e soldados da Marinha, seguidos dos do Exército, então dos bombeiros, com seus respectivos uniformes. Só da Marinha, onde a penetração integralista era extensa, havia 2,5 mil homens.[52] A eles seguiam-se os integrantes da Câmara dos Quarenta e os da Câmara dos Quatrocentos. E então, atrás deles, dividindo-se em oito colunas que no mesmo compasso ocupavam as avenidas de um canto ao outro, as dezenas de milhares de homens e 5 mil mulheres, de calça ou saia brancas e camisas verde-inglês, gravatas negras.[53]

Em cada praça onde havia uma estátua de personagem histórico, paravam. Depositavam uma coroa de flores e, ali, Plínio discursava, incrementando a cada ponto o tom épico do feito. Batizara, a cada uma dessas paradas, de estações cívicas. "Me lembro que chegou à estação do monumento de Tamandaré, da Marinha", contou Gerardo Mourão.[54] "Plínio falou um negócio que me arrepiava todo, quando ele invocava: 'Tamandaré! Tamandaré! Tamandaré!' Foi muita gente." Conforme atravessavam o centro, desciam a avenida Beira Mar, que margeia a Baía de Guanabara, para depois virar na rua das Laranjeiras, cantavam o Hino Nacional e o Hino Integralista. Ao chegarem ao Hotel Glória, com sua elegante amurada da qual dá para observar de cima a passagem pela rua, o Chefe Nacional subiu para acompanhar o resto da marcha. Braço direito paralelo ao corpo, mão espalmada na altura do rosto, assim, ao estilo de Hitler e sorridente, via todos passarem mantendo-os sob revista.[55] E foi assim que aqueles tantos milhares, já toma-

---

51 O IMPARCIAL, Rio de Janeiro, 2 nov. 1937.
52 BERTONHA, João Fábio. Op. cit., 2018.
53 A NOITE, Rio de Janeiro, 3 nov. 1937.
54 CARNEIRO, Márcia Regina da Silva Ramos. Op. cit.
55 SILVA, Hélio. Op. cit., 1971.

dos de uma emoção patriótica, tribal, ao fim das Laranjeiras, logo após o estádio do Fluminense Football Club, alcançaram o Palácio Guanabara, onde, da varanda, um sorridente Getúlio Vargas lhes assistia acenando, com o general Newton Cavalcanti um tanto prosa ao lado. "Anauê", gritavam na direção do presidente, repetindo três vezes o berro, seus braços esticados.

Foi uma marcha que marcou quem assistiu a ela ou dela participou. "Foi a última vez que me fardei de capitão, de cinza", lembrou um oficial integralista da Marinha.[56] "Estava o Getúlio, ao lado dele o general Francisco José Pinto, chefe da Casa Militar, quando o Dutra veio do meio da massa. Lá estava o Dutra, nem foi para a festa, mas para ver que providências tomar." Como muitos, o capitão vivia a ansiedade do tempo, e comentou com um amigo: "Nilo, tenho vontade de subir na grade do Palácio e fazer um discurso revolucionário, o pessoal entra no pátio do Guanabara e implanta o Estado Integralista. Não vejo a finalidade, a gente vai desfilando, desfilando, e afinal?".

Alzira, filha de Getúlio, havia chegado pouco após as 19h, quando encontrou às escuras o salão do Palácio que dava para a varanda de onde seu pai e assessores assistiam ao desfile. Haviam alcançado fazia pouco o palácio. Ela tinha de repassar os papéis do dia com o presidente, e agora descobria que precisaria esperar. "Por causa dessa papagaiada vou atrasar meu despacho e perder o cinema", se queixou.[57] "Será que eles não têm mais nada que fazer?" Ninguém respondeu. A moça então se esgueirou pelo grupo para também assistir. "O que vi me fez ficar muda o resto do tempo", escreveu. "Durante mais de uma hora desfilaram ao som dos tambores silenciosos, perfiladas e tesas como se fossem militares treinados, pessoas que eu conhecia de longa data sem suspei-

---

56 TRINDADE, Hélgio. Op. cit.
57 PEIXOTO, Alzira Vargas do Amaral. *Getúlio Vargas, meu pai*. Rio de Janeiro: Editora Objetiva, 2017.

tar que fossem apreciadoras desse tipo de atividade. O movimento havia ficado maior, muito maior do que eu supunha, e atingira as mais variadas categorias sociais." Se pretendia dar uma demonstração de força, Plínio parecia estar conseguindo. "Braços levantados em continência, ritmados, enfrentando uma hostilidade latente, continuavam marchando. Cheguei a temer que intempestivamente começassem a fazer o passo de ganso, tais a disciplina contida e a determinação que emanavam."

O que Alzira não sabia é que Getúlio não se impressionava pelas aparências e havia destacado alguns homens para avaliar o tamanho da marcha. Podia impressionar, de fato. Mas, nas contas feitas pelos homens do presidente, não chegavam a 50 mil os camisas-verdes. Eram, aliás, bem menos – 17 mil.[58] E, sem que ela, Plínio ou qualquer outro desconfiassem, ele escolheu compartilhar essa informação com o embaixador norte-americano, Jefferson Caffery. Uma informação que não tardou a chegar à Casa Branca. O caudilho gaúcho, agora fazia já sete anos no comando do país, jogava xadrez.

"Foi uma manifestação civil-militar ampla",[59] lembrou nostálgico um dos participantes. "Posteriormente, nas ruas centrais do Rio, até horas adiantadas da noite houve manifestações políticas populares, civis e militares, de apoio a este pronunciamento político em estilo totalmente revolucionário. Cantava-se o Hino Nacional seguidamente. Estudantes, operários, civis e sargentos, civis e militares de braços dados." Naquela noite, no rádio, o Chefe Nacional discursou. "Aproveito esta oportunidade para afirmar solidariedade com o presidente da República e com as Forças Armadas na luta contra o comunismo e a democracia anárquica, e para proclamar os princípios de um novo regime", afirmou, de um jeito que

---

58 DULLES, John W. F. *Getúlio Vargas, biografia política*. Rio de Janeiro: Editora Renes, 1967.
59 TRINDADE, Hélgio. Op. cit.

parecia pouco claro.⁶⁰ "Desejo ser não o presidente da República, mas simplesmente o conselheiro do meu país."

Já era madrugada de Finados, às 2h, quando um trem especial com quinze vagões deixou a estação Central do Brasil tendo por destino São Paulo. Carregava alguns milhares de camisas-verdes paulistas que exaustos, porém extasiados, haviam participado do desfile. Já passava das 3h quando, na altura da Baixada Fluminense, a locomotiva se chocou contra outra que vinha no mesmo trilho, no sentido contrário – não estava na programação de uma das estações aquele comboio extra. Caos completo. Quem não havia se ferido muito deixara seus vagões para ajudar os vários machucados. Três morreram, vagões descarrilaram. Hospitais da Baixada e da Zona Norte carioca encheram. Com ataduras, gessos, ainda suas caras assustadas, posaram os militantes perante os fotojornalistas fazendo a saudação romana.⁶¹

O presságio era ruim.

Naquele discurso muito parecia não ser dito, Plínio sugeria estar renunciando à candidatura, assim como levantava a possibilidade de um novo regime. Mas ele não era o único. Havia dois outros candidatos no páreo, ambos de cinquenta anos. José Américo de Almeida, um advogado paraibano, se classificava como candidato do povo. Ministro do Tribunal de Contas da União, era em verdade governista, um representante do tenentismo dos anos 1920 que havia feito a revolução e tinha apoio de boa parte dos governadores. Parecia ter garantida a vitória. Armando de Sales Oliveira, por sua parte, era o candidato liberal que representava os revoltosos paulistas de 1932. Executivo de carreira tornado político, casado com uma filha de Júlio Mesquita, proprietário do diário *O Estado de S. Paulo*, não confiava em Getúlio – e, de ingênuo, não tinha nada. Sentia no ar o cheiro de que algo estava sendo armado. E

---

60 DULLES, John W.F. Op. cit., 1967.
61 CORREIO DA MANHÃ, Rio de Janeiro, 4 nov. 1937.

denunciou: fez circular, nos quartéis do país, um manifesto em que alertava para a iminência de um golpe de Estado.⁶² Pedia às Forças Armadas que montassem guarda às urnas.

A sensação não era apenas dele. Numa carta a um amigo, ainda mesmo em 1936, o embaixador brasileiro em Washington, Osvaldo Aranha, já havia mencionado algo do tipo. "Não acredito mais em eleições", escreveu, "teremos primeiro uma ditadura, civil ou militar."⁶³ Sem que José Américo soubesse, pelas suas costas, seu chefe de campanha se aproveitava das viagens para, quando podia, conversar com os governadores sobre como receberiam a suspensão do pleito. Emissário de Getúlio. Tampouco era só com Plínio Salgado que Francisco Campos conversava. Naquele princípio de novembro, o secretário de Estado norte-americano recebeu informação de seu embaixador no Rio de Janeiro. "O ministro da Justiça me informou que o governo havia chegado à conclusão de que a Constituição vigente era de todo impraticável e que havia inadiável necessidade de substituí-la." Aranha podia suspeitar, mas não sabia de nada. Estava prestes a se ver na situação de que os norte-americanos estavam mais bem informados, e pelo governo brasileiro, do que ele próprio, seu representante legal.

Conforme aumentava o número de pessoas informadas parcial ou completamente, maior a tensão na sede da Presidência, o Palácio do Catete. Porque não era só um golpe que Getúlio desejava dar. Eram dois – e simultâneos. O primeiro seria evidente. Suspender as eleições, prorrogar seu mandato e outorgar uma nova Constituição. Manter-se no poder sem a necessidade de um pleito. Era preciso um discurso que desse alguma legitimidade, mas tudo estava organizado. O segundo era mais delicado e exigiria muito malabarismo. A estrutura do comunismo, no Brasil, havia sido desmantelada. A do fascismo, não. O fascismo era uma ameaça maior.

---

62 DULLES, John W. F. Op. cit., 1967.
63 LEVINE, Robert M. Op. cit.

Um relatório de Dutra indicava que um quarto dos oficiais da ativa do Exército, e até metade da Marinha, eram simpatizantes ou membros da Ação Integralista Brasileira. Ele não poderia conviver com a sombra de uma organização que tinha um exército particular, ao que tudo indicava disciplinado, e com o qual o presidente da República competia pela fidelidade das Forças Armadas. Esse não era o único problema. Assim como a União Soviética estimulara e financiara a Intentona, todos os indícios davam mostras de que a Alemanha nazista e a Itália fascista ofereciam alguma sustentação para a AIB. Além disso, tanto em São Paulo como no Sul, comunidades oriundas dos países que compunham o Eixo cultivavam identidades não brasileiras. Quatro milhões de italianos ou descendentes, 800 mil alemães ou descendentes e 200 mil japoneses.[64] Havia jornais e revistas em suas línguas e uma extensa rede de escolas que passavam ao largo do português. Só em Santa Catarina, um quarto da população falava alemão no seu cotidiano. No Rio Grande do Sul era mais.

A preocupação não era apenas com a concorrência integralista. Getúlio Vargas tinha plena consciência de que estava para outorgar uma Constituição fascista. Não foi à toa que Chico Campos tratou de informar o embaixador norte-americano. O governo brasileiro se equilibrava entre as boas relações com Berlim e Roma e também com Washington. Com aquela Carta, e apoio do integralismo, o presidente não teria como manter a neutralidade. Seria como escolher um lado, porém, ele não tinha escolha. Precisava destruir a AIB. Mas fazê-lo não seria simples conforme aumentava a tensão no Catete.

Chovia forte, na madrugada de 10 de novembro de 1937, quando a cavalaria policial cercou o Palácio Tiradentes, sede da Câmara dos Deputados. Naquele dia, ninguém teria acesso ao

---

64 DULLES, John W. F. Op. cit., 1967.

prédio. Armando de Sales foi preso pela manhã, em São Paulo, e levado para uma casa nas proximidades de Belo Horizonte, onde permaneceu por seis meses sem poder sair. Todos os deputados próximos a Sales foram mantidos em prisão domiciliar. José Américo, em silêncio, reassumiu seu cargo no TCU. O general Newton Cavalcanti, o mais graduado oficial leal ao integralismo, foi elevado a marechal – o mais alto cargo do Exército. Atravessou todas as filas – havia passado a coronel em 1933, quando era o 48º na lista de promoções, e a general em 1935. Foi, então, feito marechal num gesto de sedução. E naquela manhã, com exceção de um, todos os ministros assinaram a quarta Constituição brasileira.

"Centralização do poder político; liquidação do divisionismo federativo; criação de órgãos técnicos constituídos com ampla participação das classes produtoras organizadas para assessorar a orientação política e econômica nacional, atribuída precipuamente ao presidente da República",[65] foi como descreveu a Carta de 1937 o jurista Paulo Edmur de Souza Queiroz. "Compulsão ao sindicalismo profissional urbano, como fomento do espírito associativo; redução drástica da influência do Poder Legislativo, órgão, no Brasil, contaminado pelo aventureirismo político e por meio do qual se mantinham, sem alternativa racional, os defeitos mais graves da sociedade patrimonialista em decomposição; liquidação dos chamados partidos políticos." O poder do chefe do Executivo avançava sobre o Legislativo, sobre os governadores ou qualquer outro. Aliás, o presidente passava a nomear os governadores. Ao batizar de Estado Novo o regime que nascia, ainda por cima citava aquele que António de Oliveira Salazar construíra em Portugal. Não demorou muito, para incômodo de Getúlio, para que a Constituição ganhasse entre as elites o apelido de *Polaca*. Afinal, repetia os conceitos jurídicos da Polônia fascista.

---

65 DICIONÁRIO histórico-biográfico brasileiro. Op. cit.

Nos anos seguintes, após o estouro da Segunda Guerra, quando o Brasil enfim se posicionaria em prol dos Aliados, a incoerência daquele regime e de suas escolhas saltaria aos olhos. "Tomamos um partido e, precisamente, o partido cuja ideologia política está em manifesto desacordo com a estrutura ideológica da Constituição",[66] se queixaria depois de tudo o pai do documento, Chico Campos. "Adotamos, por motivo de estratégia política, muitos conceitos que a guerra e, particularmente, o seu desfecho tornaram caducos e inviáveis no mundo a ser modelado pelas nações vitoriosas e pela ideologia que elas representam e declaradamente arvoram como bandeira de luta e de vitória." Equilíbrio incoerente, talvez, mas também fruto de gênio político. "De todos os estadistas vivos, Vargas é sem dúvida o mais frio, o mais racional e o mais cínico",[67] escreveu no dia do golpe um observador que talvez não gostasse do presidente, mas que reconhecia nele uma habilidade ímpar. "Não conhece emoção de espécie alguma. Para ele, a lealdade e o respeito não têm sentido."

Após o longo dia do golpe, quando já era noite, o chefe da Nação foi ao rádio explicar as bruscas transformações. De jaquetão e em pé, microfone à frente, cercado de oficiais e políticos, deu seu diagnóstico sobre a democracia liberal. "Para comprovar a pobreza e desorganização da nossa vida política, aí está o problema da sucessão presidencial, transformando em irrisória competição de grupos, obrigados a operar pelo suborno e pelas promessas demagógicas, diante do completo desinteresse e total indiferença das forças vivas da nação", interpretou.[68] "O sufrágio universal passa a ser instrumento dos mais audazes e máscara que dissimula o conluio dos apetites pessoais", seguiu, questionando

---

66 PORTO, Walter Costa. *Constituições Brasileiras, volume IV, 1937*. Brasília: Edição do Senado Federal, 2012.
67 DULLES, John W. F. Op. cit., 1967.
68 CORREIO DA MANHÃ, Rio de Janeiro, 11 nov. 1937.

a ideia de eleições nas quais todos votam, sugerindo ser mera desculpa para que os espertos manipulem a população. "Ainda ontem, um dos candidatos presidenciais mandava ler da tribuna da Câmara dos Deputados documentos francamente sediciosos e os fazia distribuir nos quartéis" – era o apelo de Sales para que as Forças Armadas garantissem a ocorrência de eleições. "Tenho suficiente experiência das asperezas do poder para deixar-me seduzir pelas suas exterioridades e satisfações de caráter pessoal. Jamais concordaria em permanecer à frente dos negócios públicos se tivesse de ceder quotidianamente às mesquinhas injunções da acomodação política." Único não demagogo, apenas Getúlio Vargas poderia governar o Brasil, mas sem o desnecessário desgaste de negociar com oposicionistas.

Da sede da Ação Integralista Brasileira, primeiro eufórico e depois cada vez mais chocado, Plínio Salgado constatou que em nenhum momento os integralistas foram citados no discurso. Da promessa de que formariam o partido base do novo regime, nem um sinal. "Não se escuta nenhuma palavra para o integralismo", lamentou.[69] "Por todo o país, ouvindo o rádio, 1,5 milhão de brasileiros baixaram a cabeça amargamente." Se o silêncio poderia ser interpretado com ambiguidade, numa entrevista uns dias depois o presidente deixou claro. "A nova Constituição não é nem fascista, nem integralista", afirmou.[70] "O apoio dos integralistas foi espontâneo, não houve pedido de compensação, nem compromisso." Ainda mal informado pelos homens de Plínio, o presidente do Senado italiano celebrou o Estado Novo. "Os camisas-verdes são filhos, ou irmãos mais moços, dos nossos gloriosos camisas-negras."[71] Da Alemanha, o ministro da Propaganda de Hitler, Joseph Goebbels, viu em Getúlio um político realista e

---

69 SILVA, Hélio. Op. cit., 1971.
70 CORREIO DA MANHÃ, Rio de Janeiro, 16 nov. 1937.
71 DULLES, John W. F. Op. cit., 1967.

hábil.⁷² Chico Campos, já apelidado Chico Ciência, dava entrevistas em série. "Uma experiência centenária demonstrou que o princípio de liberdade deu em resultado o fortalecimento cada vez maior dos fortes e o enfraquecimento cada vez maior dos fracos, só o Estado forte pode exercer a arbitragem justa." Enquanto, nos bastidores, Getúlio conversava pessoalmente com o embaixador americano. "É ridículo pensar que os alemães, os italianos ou os japoneses tiveram algo que ver com a recente mudança de regime", tentou tranquilizá-lo. "Da mesma forma, os integralistas em nada contribuíram para ela."

Mas, em Washington, o único dos políticos próximos que Getúlio considerava também amigo pessoal estava em ira. Posto para fora do círculo dos previamente informados, Osvaldo Aranha pediu demissão do cargo. O presidente recusou a demissão e solicitou que um ministro tentasse acalmá-lo por telefone. "Não posso concordar com uma Constituição escrita por um anormal, sem normas, sem regras", explicava contrariado, emocionado.⁷³ "Defendi com toda a minha energia o nome do Brasil neste país. Mas essa Constituição é uma afronta à liberdade. Aprovo um golpe do governo, mas não um golpe na Constituição. Você bem sabe que considero qualquer assunto do Getúlio como um assunto de família, mas não posso receber um mandado desses, de escravidão."

Enquanto isso, igualmente desorientado, Plínio não conseguia aceitar que, assim próximo de conseguir o poder que tanto buscara, havia sido alijado num repente. Um dos camisas-verdes guardou memória vívida do momento. "Um misto de tristeza e revolta nos dominava a todos", lembrou.⁷⁴ "Romarias incessantes verificaram-se, diariamente, à residência de Plínio Salgado. Eram bancários, advogados, militares, enfim, elementos de todas

---

72 LEVINE, Robert M. Op. cit.
73 Id. Ibid.
74 SILVA, Hélio. Op. cit., 1971.

as classes sociais que lhe iam hipotecar solidariedade, ouvir sua palavra de conforto." Quando o Chefe Nacional da AIB conseguiu uma conversa com o ministro da Justiça, ouviu de Campos que o convite para ser ministro da Educação continuava de pé. Mas a condição era desmontar seu movimento.[75] Extingui-lo. Isso Plínio não era capaz de fazer. Assim, tateou a possibilidade de um plano B, contando com a proteção do agora marechal Newton Cavalcanti. Ele organizaria um contragolpe, apostou. Mas, não tendo recebido ordem, não o fez.[76]

Plínio Salgado não era Benito Mussolini. Não era Adolf Hitler. Não era António Salazar, Francisco Franco ou o polonês Józef Piłsudski. Enquanto muitos dos integralistas ainda buscavam sua orientação, os mais próximos, como Miguel Reale e Gustavo Barroso, lentamente se afastavam, num misto de emoções. Muito vaidoso, bom de discurso – até sedutor. Sempre um quê exagerado nos números, mas tudo perfeitamente dentro do jogo da retórica política. Bom de retórica. Não só na do discurso às multidões, mas também naquela que lhe permitia o domínio de reuniões com um ou com alguns. Sempre havia demonstrado, porém, hesitação ao tomar decisões sob pressão. Quando tinha a garantia de autoridade plena, funcionava. Quando sem, congelava. Naqueles dias imediatamente após o golpe de Estado, um jogo de xadrez político se deu entre Getúlio e Plínio, sem que Plínio tivesse dele total compreensão. A partir do choque de 10 de novembro, o presidente da República se lançou em movimentos simultâneos. Queria deixar Plínio inseguro. Queria convencê-lo a aceitar um ministério em troca de que dissolvesse a AIB. Queria tirar o marechal Cavalcanti de sua esfera de influência – e, assim, de boa parte do Exército. Queria, por fim, testar as reações do Chefe Nacional. Getúlio não tinha como saber o que ocorreria. Mas, em termos

---

75 VICTOR, Rogério Lustosa. Op. cit., 2005.
76 BERTONHA, João Fábio. Op. cit., 2018.

concretos, parou o integralismo por quase um mês. Porque, de todas as jogadas, pelo menos numa teve sucesso – inseguro, Plínio Salgado paralisou. Paralisado, não assumiu a responsabilidade por um contragolpe militar.

Era o papel do líder.

O artigo segundo da *Polaca* deixava claro: "A bandeira, o hino, o escudo e as armas nacionais são de uso obrigatório em todo o país. Não haverá outras bandeiras, hinos, escudos e armas. A lei regulará o uso dos símbolos nacionais". No dia 27 de novembro, com presença de Getúlio, as bandeiras dos estados foram queimadas numa cerimônia pública. Parecia ser este o objetivo daquelas três frases soltas logo no início da nova Carta. Mas, em 2 de dezembro, o presidente da República fez baixar um decreto-lei fazendo a regulamentação e indo um tanto além. "Ficam dissolvidos, nesta data, todos os partidos políticos", afirmava o artigo primeiro. "É vedado o uso de uniformes, estandartes, distintivos e outros símbolos dos partidos políticos e organizações auxiliares compreendidos no art. 1º", reafirmava o segundo. "Não será permitido aos militares de terra e mar, assim como aos membros de outras corporações de caráter militar, pertencerem às sociedades civis em que se transformarem os partidos políticos a que se refere o art. 1º", complementava o quinto. "Rio de Janeiro, 2 de dezembro de 1937, 116º da Independência e 49º da República", concluía, com a assinatura de Getúlio e seu ministério. Poderia muito bem ter sido batizado decreto-lei da AIB.

Dessa vez, Newton Cavalcanti, recém-marechal, protestou em nome dos camisas-verdes. E foi de presto exonerado e lançado na reserva. Em 5 de dezembro, não sem ironia, o *Correio da Manhã* publicou uma nota: "Já se sabe que o senhor Plínio Salgado, identificado com a resignação, que é tradicionalmente 'a virtude dos infelizes', vai fixar residência em São Paulo". Ao deixar a capital federal, mudando-se para uma casa ampla na rua Minas Gerais, no bairro paulista de Higienópolis,⁷⁷ o Chefe Nacional deixou a AIB clandestina sob o comando de um médico chamado Belmiro Valverde.

Mas Getúlio não pararia ali. A partir de dezembro, os jornais foram noticiando num ritmo quase diário uma série de operações policiais contra sedes integralistas. Em Nova Iguaçu, na Baixada Fluminense, foram apreendidos 525 quilos de material explosivo e 25 bananas de dinamite.⁷⁸ No bairro de Campo Grande, no Distrito Federal, um galpão carregado de armas, arsenal suficiente para um pelotão.⁷⁹ Trinta fuzis, bombas e munição na cidade de Niterói.⁸⁰ Outro arsenal de fuzis, revólveres e bombas em Petrópolis.⁸¹ Operações similares ocorriam com igual sucesso de São Paulo a Alagoas, de Pernambuco ao Paraná. Nas primeiras páginas dos diários, toda semana uma sequência de fotos com caixas de munição, papelada e imensas bandeiras do sigma. Em todo o país, antigas sedes integralistas eram invadidas por policiais e, com frequência, armamento era encontrado. Sem ter tido capacidade de ação em novembro, a AIB demonstrou fraqueza. O Estado Novo não deixou passar.

"A polícia do senhor Filinto Müller desfechou contra o integralismo e os integralistas a mais torpe das perseguições", se queixou um militante.⁸² "Os núcleos onde funcionavam escolas, lactários, gabinetes médicos, cursos de corte e costura e bordado, foram vandalicamente depredados, as casas dos integralistas, invadidas, os integralistas, presos, espancados, mutilados e até mortos pelas mãos dos policiais bestificados." E arrematou: "Isso naturalmente provocou revolta".

---

77 LOUREIRO, Maria Amélia Salgado. Op. cit.
78 Ibid., 8 dez. 1937.
79 Ibid., 18 jan. 1938.
80 Ibid., 30 jan. 1938.
81 Ibid., 15 fev. 1938.
82 VICTOR, Rogério Lustosa. Op. cit., 2005

Numa noite de janeiro, em 1938, entrou na redação do jornal *A Ofensiva*, uniformizado, um alto oficial da Marinha que procurava o diretor de redação, Olbiano de Melo. Era o principal diário integralista do Rio, e Olbiano também ocupava o cargo de secretário-geral da Câmara dos Quarenta – ele era importante. "Informaram-me que a oficialidade integralista tivera uma reunião com seus camaradas do Exército e estavam todos resolvidos a pôr termo àquele impasse", contou o jornalista.[83] "Revoltar-se-iam desse no que desse." Não era um assunto trivial. Com Plínio ausente, Olbiano o convidou a acompanhá-lo até a casa de Gustavo Barroso, o comandante da Milícia. O historiador cearense lhes perguntou o que tinham em mente. "Aproxima-se um dos vasos de guerra da rua Paissandu, e alguns obuses sobre o Palácio Guanabara reduzirão tudo aquilo a poeira", respondeu o oficial. Barroso tomou um susto. "Mas, comandante, isso será assassinato do doutor Getúlio e de toda a sua família. Não podemos de modo algum entrar para a história do Brasil como assassinos." A interjeição não perturbou o militar. Se os civis não fizessem nada, os fardados fariam. Consultado, o Chefe Nacional autorizou o início da conspiração. Então, por 38 a 2, a Câmara dos Quarenta votou por não mais colaborar com o governo. Até ali, Plínio Salgado tentara por todos os caminhos se reaproximar do presidente. Não mais. Mas a partir dali ele deixaria também de ser protagonista no último capítulo da história do sigma.

Não eram só os militares integralistas que conspiravam. No luxuoso Hotel Glória, onde se encontrava hospedado o ex-deputado Otávio Mangabeira, o fluxo dos amigos de Armando de Sales Oliveira, o candidato à Presidência preso, era intenso. Passaram a se encontrar por lá os irmãos jornalistas Francisco e Júlio Mesquita Filho, o também ex-deputado Luís de Toledo Piza e o coronel Euclides de Figueiredo e seu ajudante de

---

83 SILVA, Hélio. Op. cit., 1971.

ordens, o tenente Severo Fournier. Em comum tinham o fato de todos terem participado em posições importantes da Revolta Constitucionalista, em 1932. Se seis anos antes o objetivo havia sido a convocação de uma Assembleia Constituinte que desse ao Brasil uma Carta liberal democrática, como depois ocorreu em 1934, sua nova meta não era distinta. Reinstituir a democracia e a Constituição de 1934.

Embora nascido no Rio, o coronel Figueiredo havia feito uma carreira legalista,[84] coisa que o pôs em oposição a Getúlio na Revolução de 1930, no comando de uma divisão paulista em 1932 e agora, aos 54 anos, o lançava uma terceira vez no caminho do caudilho gaúcho. Dessa vez, porém, os liberais não contavam com apoio militar e, sem homens ou armas, seu plano não era possível. Mas, mesmo sem contar com as Forças Armadas, havia um grupo no Brasil que também se movia para a oposição, e tinha tanto homens quanto, ao que parecia pelas páginas dos diários, muitas armas. Talvez até tivesse ao seu lado parte dos militares. Por toda a década, estiveram em campos opostos, liberais e integralistas. Tinham crenças políticas distintas. Ainda assim, dados os objetivos comuns, talvez pudessem chegar a um acordo.

Foi em uma casa com amplo jardim, à beira de uma estrada sinuosa e no alto do bairro da Gávea, que eles se encontraram. Lá, uma região da capital ainda erma nos anos 1930, os integralistas haviam montado secretamente um quartel-general para sua conspiração. Plínio estava presente na conversa, assim como Reale e Barroso. Como estavam, pelo outro lado, Mangabeira, os irmãos Mesquita, o coronel Figueiredo e o general João Cândido de Castro Júnior, um oficial igualmente legalista prestes a completar 58 anos. O grupo paulista chegou já decidido a uma imposição – ou punha-se Castro Júnior no comando da operação, ou não haveria acordo.

---

84 DICIONÁRIO histórico-biográfico brasileiro. Op. cit.

"Logo acordamos que era necessário restabelecer a vigência da Constituição de 1934, com a formação de uma junta militar governativa provisória, incumbida de presidir eleições", recordou-se Miguel Reale.[85] "A um golpe ia se contrapor outro golpe." Castro Júnior guardou memória semelhante. "Ninguém fez concessões no terreno doutrinário", escreveu. "Sempre me opus a que oficiais fizessem parte do integralismo, a que prestassem juramento de obediência a quem quer que fosse, de maneira que mais tarde viesse a colidir com os compromissos solenes que tinham e têm para com a Nação. Este ponto de vista foi por mim exposto ao senhor Plínio Salgado como indispensável para a colaboração com o integralismo." Para os camisas-verdes, a natureza do compromisso ficou clara. "O que se preparava não era uma revolução integralista, mas um movimento nacional de vários partidos", escreveu o Chefe Nacional.[86] "E o chefe deste movimento era o general Castro Júnior."

Além dos integralistas e dos liberais paulistas, havia uma terceira conspiração em curso. Exilado no Uruguai, inimigo político de Getúlio, o governador gaúcho deposto José Antônio Flores da Cunha estava em conversas aceleradas com um grupo de comunistas, igualmente exilados, mas na Argentina. Ele tinha a seu dispor algo que nem os camisas-verdes nem os amigos de Armando de Sales tinham. Dinheiro. Decidiram se juntar — ou quase. Com os integralistas, os comunistas concluíram que não seria possível seguir. Em fevereiro de 1938, um emissário de Plínio Salgado cruzou a fronteira para se encontrar com o adversário regional de Vargas. Combinaram, assim, como se daria a transferência do dinheiro.

Não eram, Getúlio Vargas e Flores da Cunha, adversários naturais. Quando assumiu pela primeira vez o governo do Rio Grande do Sul, Flores da Cunha o fez indicado como interven-

---

85 VICTOR, Rogério Lustosa. Op. cit., 2005.
86 SILVA, Hélio. Op. cit., 1971.

tor pelo próprio Getúlio, imediatamente após a revolução. Mas o rompimento entre ambos se deu em dois níveis. Primeiro numa tentativa frustrada de lançar Osvaldo Aranha a sucessor de Getúlio. O presidente não queria, embora fosse o favorito de seu grupo gaúcho. Talvez Getúlio desde o início já planejasse o golpe do Estado Novo e, com Aranha candidato, teria sido mais difícil. Depois, Flores da Cunha defendia maior autonomia dos estados, maior poder para os governadores e um governo federal com menos garras. Defendia, pois, exatamente o oposto do que propunham tanto os integralistas quanto o novo ditador. Terminou deposto e exilado.

Os integralistas tinham dinheiro e podiam contar com militares leais a Plínio. Tinham, igualmente, um plano. Assumiriam o controle da Rádio Mayrink Veiga, pela qual transmitiriam ao país a notícia de que o governo estava deposto. Armados com pistolas e fuzis desviados do arsenal da Marinha, os homens tomariam pontos-chaves da capital. E, enquanto passava em revista três novos submarinos que o Brasil havia adquirido da Itália, Getúlio Vargas seria assassinado.

"À tarde, recebi o ministro da Justiça e o chefe da Polícia", registrou o presidente,[87] no início de março, em seu diário. "Descreveram-me um ambiente de franca conspiração no Exército, na Marinha e no elemento civil, dirigido pelos integralistas e secundado por todos os elementos descontentes." Getúlio chegou a cogitar vestir uma cota de malha por baixo da roupa ao visitar as naves, mas chegou à conclusão de que ficaria óbvia sob o linho branco do terno e foi sem nada. Ele sabia de tudo. O capitão de mar e guerra responsável pelos submarinos *Tupi*, *Timbira* e *Tamoio*, um oficial integralista, foi destituído do cargo e imediatamente preso. Foram igualmente presos o coronel Euclides Figueiredo e Otávio Mangabeira. Júlio de Mesquita Filho foi detido para inter-

---

87 VICTOR, Rogério Lustosa. Op. cit., 2005.

rogatório, e seria detido outras tantas vezes naquele ano até optar pelo exílio. Centenas de militantes integralistas foram interrogados.

Aos 54 anos, Belmiro de Lima Valverde era um dedicado integralista, secretário de finanças da AIB desde 1934, médico baiano que havia se tornado referência entre os urologistas no Rio de Janeiro. Foi um dos fundadores da Academia Brasileira de Medicina e patrono de uma das cadeiras, a 72. Mantinha o cabelo crespo bem curto, lustro pela pasta, partido ao meio de forma a emoldurar seu rosto em duas ondas, uma para cada lado. Fez carreira na capital, mas também na França e na Bélgica. Reale havia escolhido voltar para São Paulo, ficar em casa, onde estava a filha recém-nascida. Barroso se retirara com discrição. Plínio, naturalmente observado, continuava em sua casa paulistana. E assim foi que, em março de 1938, o líder de fato da Ação Integralista Brasileira passou a ser o urologista baiano. "Era uma figura ímpar", referiu-se a ele um militante.[88] "Homem íntegro, caráter extraordinário, não mentia nem para contar anedota." Obstinado. Havia sido ele quem alugara a casa na Gávea onde passaram a viver inúmeros homens predispostos a participar de um golpe de Estado. Dedicado como era, não seria o desmonte do primeiro ensaio de golpe que cortaria seu entusiasmo.

Havia motivos para entusiasmo. Não diminuía o número de homens que se apresentavam dispostos à luta. Na verdade, só aumentava, e, quando a conta passou das centenas, o espaço da Gávea foi se tornando exíguo. Com o que havia sobrado do dinheiro de Flores da Cunha, Belmiro alugou uma segunda casa para abrigar todo mundo. Esta tinha um largo pátio gramado, localizada na avenida Niemeyer, que faz a ligação entre os bairros cariocas do Leblon e de São Conrado. A construção dava para um penhasco de granito, naco da Serra do Mar, com abaixo o Oceano Atlântico. Lembrava,

---

88 CARNEIRO, Márcia Regina da Silva Ramos. Op. cit.

à sua maneira, o Ninho da Águia que o Partido Nazista erguera no topo de uma montanha bávara. Por isso mesmo, ganhou esse apelido. Em seu pouco mais de um mês de atividade manteve na parte interna sentinelas de verde e constantes exercícios militares. Não havia mais Euclides Figueiredo para o comando, então para seu lugar Belmiro indicou o tenente Severo Fournier, que em 1932 havia servido como ajudante de ordens do coronel. Aos 30 anos, Fournier sofria de uma tuberculose, mas procurava se manter em forma – ao longo do mês de abril, enfurnado sem poder sair do Ninho da Águia verde, tomou banho de sol e se aproveitou dos mergulhos no mar, quando não estava treinando as tropas civis.

Dessa vez, gastaram mais tempo planejando. Prenderiam quinze pessoas – os principais ministros, alguns generais e autoridades, além do presidente. Quem pudesse exercer voz de comando devia ser neutralizado, de preferência preso, tudo em uma só madrugada. Capturariam as principais rádios e estações de trem. Como muitos vestiriam uniformes militares, para que pudessem se identificar todos trariam consigo um lenço branco no qual, em verde, estaria escrito "Avante".[89] O ponto mais delicado seria, naturalmente, prender Getúlio. Para isso, era inevitável tomar de assalto o Palácio Guanabara, sua residência. Contavam, para essa missão, com o tenente Júlio Nascimento, um fuzileiro naval que estava entre os responsáveis pela guarda palaciana. Getúlio seria embarcado a partir de um ancoradouro que existia em frente ao Palácio do Catete, na praia do Flamengo. Dentro do cruzador Bahia permaneceria até que o golpe estivesse consolidado.

O tenente Fournier não era integralista. Ainda responsável militar pelo golpe, o general Castro Júnior tampouco. Mas, agora, era diferente. Com as lideranças liberais presas ou neutralizadas, contando praticamente só com militares e militantes leais ao sigma, esse golpe carregaria muito mais a marca integralista. Não bastasse,

---

89 DULLES, John W. F. Op. cit., 1967

se o comando teórico era do general, o comando de fato pertencia ao doutor Belmiro, o único que um dia após o outro acordava e dormia no QG da Niemeyer, cercado por seus homens. Só que eram muitos, e o entrar e sair da casa, por mais que estivesse num lugar deserto, em algum momento terminaria por despertar a atenção. Conforme o tempo passava, a apreensão aumentava.

E foi assim que, nos primeiros dias de maio, o tenente Júlio do Nascimento foi dar no Ninho da Águia. "Fiz sentir ao doutor Belmiro Valverde e a Severo Fournier que eu entraria de serviço no Palácio Guanabara."[90] Madrugada de 11 de maio. Um leal integralista estaria no comando da segurança da portaria da residência presidencial. "Só voltaria ao mesmo 36 dias mais tarde." Eles tinham uma data, mas também problemas. Não estavam prontos. Não estavam suficientemente armados. "Expliquei a Fournier que tinha a convicção de poder afastar a guarda do campo de operações", afirmou Nascimento. "Bem, se assim é", lhe respondeu Fournier, "vou conversar com o general Castro Júnior." O general assentiu. Tinham poucos dias.

No dia 10 de maio de 1938, o presidente da República, Getúlio Dornelles Vargas, despachou o dia inteiro da residência no Guanabara, sem passar pelo Palácio do Catete. Tinha motivos para celebrar. Fazia exatos seis meses desde a proclamação do Estado Novo. Após uma longa negociação, havia convencido seu amigo Osvaldo Aranha a assumir a chancelaria. Como ministro das Relações Exteriores, a boa relação com o governo norte-americano era meio caminho andado para uma aliança, em caso de guerra. Essa, aliás, foi uma das razões que levaram Aranha a concordar. Simpáticos ao fascismo, no ministério, tampouco faltavam. Agora, após a longa temporada em Washington e o tenso debate que sucedeu ao golpe, o ministro aproveitava para

---

90 SILVA, Hélio. Op. cit., 1971.

tirar férias revisitando sua terra, o Rio Grande do Sul. Apenas uma semana antes, Getúlio lançara no Brasil um salário mínimo nacional e criara o conceito da cesta básica, peças fundamentais de seu projeto de política social. Baixou também um decreto tornando todo petróleo encontrado no subsolo nacional recurso natural de utilidade pública e fundou o Conselho Nacional do Petróleo. Lançara, ainda, uma nova política industrial. Tudo num espaço de semanas. O governo produzia, tinha garantida na imprensa boa cobertura, e tudo parecia enfim tranquilizado. Naquela noite, o ministro Francisco Campos estourou em casa umas garrafas de champanhe para um grupo pequeno, entre eles o general Eurico Dutra. O chefe da Polícia, Filinto Müller, foi ao cinema com sua mulher.[91]

A temperatura era amena no Rio de Janeiro. Dessa vez, nenhum deles sequer desconfiava do que estava por vir.

Às 23h ou pouco mais, o PM oficial do dia entrou na enfermaria do Quartel de Cavalaria da Polícia Militar onde estavam presos Otávio Mangabeira e o coronel Euclides Figueiredo. Estava acompanhado de outro coronel, que trazia ordens de soltura. Os dois logo o reconheceram – não era militar, só se vestia como um. Era um integralista. O PM, incomodado com a ordem de soltura àquela hora, hesitava questionar um coronel do Exército enquanto os presos se vestiam – Mangabeira dissimulando resmungar por estar tarde.[92] Dirigiram-se para o pátio quando o policial achou por bem confirmar a ordem. Estavam, Mangabeira e Figueiredo, em frente ao portão.

Quando o PM ligou, quem o atendeu foi Israel Souto, delegado de Segurança Política e Social, que estava de plantão. Foi sorte. A carta de soltura estava justamente assinada por Souto. Que nunca havia assinado carta alguma. No Quartel de Cavalaria, foi

---

91 LEVINE, Robert M. Op. cit.
92 SILVA, Hélio. Op. cit., 1971.

um corre-corre – sem ter encontrado o carro que deveria estar lá para buscá-los, os prisioneiros fugiam a pé já na outra esquina. Foram alcançados. Mas, na delegacia, alarmado, Souto rapidamente lançou mão do telefone para falar com seu chefe, Filinto Müller, que havia acabado de chegar em casa. Agora eram dois em alerta. Desconfiando de que uma surpresa poderia vir, o delegado mandou chamar o aspirante responsável pela segurança do prédio e determinou que esta fosse reforçada imediatamente. Então foi cuidar de outras coisas. Quando viu, o aspirante retornava, sua cara esquisita. Avisou que a PM mandaria reforços. Mas ninguém chegava. O aspirante voltou novamente – a PM não tinha reforços para mandar. Souto ainda não sabia, mas aquele aspirante era integralista e sua missão era deixar a delegacia desprotegida. Não aconteceu. Quando um elétrico Filinto Müller entrou no prédio, mão no bolso do paletó, lá uma pistola e o dedo no gatilho, já vinha preparado para um possível ataque. Estava tudo tranquilo e o delegado já havia driblado o aspirante e colocado metralhadoras em várias janelas. Ainda assim, o prédio estava vazio. Com ele, naquele início de madrugada, eram cinco pessoas. Um, traidor.

Foi mais ou menos a essa hora, quando passada a meia-noite já entrava a madrugada, que um inspetor de polícia civil e sua equipe foram pegos de surpresa por um grupo de vários carros que dirigiam à toda na avenida Delfim Moreira, que margeia a praia, no bairro do Leblon. Sem entender do que se tratava, puseram-se em perseguição. Ao final, já era 0h40, terminaram presos 26 homens, quatro deles armados. Nos carros, um arsenal em bananas de dinamite. Todos com um lenço triangular branco com a palavra "Avante". Não tinham ainda como saber, mas um dos presos naquele momento era o médico Belmiro Valverde, chefe de todos.[93]

Até ali, tudo havia dado errado. A equipe que deveria prender Müller, sua mulher e as duas filhas pequenas nem sequer chegara

---

93 LEVINE, Robert M. Op. cit.

a sua casa. Os homens tomaram conhaque para ganhar coragem e talvez tenham sido doses demais.⁹⁴ Os responsáveis pela prisão de Chico Campos ficaram de prontidão perante seu prédio, em Copacabana. Aguardaram. Aguardaram. Depois se dispersaram – também a eles faltou coragem.⁹⁵

Ao menos no início de Ipanema, onde vivia o general Góis Monteiro, foi diferente. Porque ele acordou com um grupo de homens batendo frenéticos à porta. Imaginou um ataque comunista. Luzes apagadas, foi discreto à janela – três automóveis, uns quinze homens, todos armados lá embaixo. Sacou o telefone para falar com Müller, que já estava na delegacia. Dele, ouviu que havia um ataque integralista generalizado pela cidade. Sua mulher, a filha e a senhora que trabalhava para a família, muito nervosas. Por quinze tensos minutos, homens tentaram arrombar a porta de seu apartamento enquanto ele telefonava, sequencialmente, para o Palácio Guanabara, o Ministério da Guerra e o Forte de Copacabana, que ficava a poucos metros. "Os assaltantes, para estabelecer terror, fizeram forte tiroteio na rua",⁹⁶ declarou o general ao escrivão de polícia uns dias depois. "Tinha convicção de que todo o edifício estava cercado e o grupo assaltante devia ser superior a trinta homens, pois dez subiram ao apartamento; uns quinze ficaram numa das ruas e os outros montavam guarda ao prédio." Pois foi aí que, sem motivo aparente, os atacantes se dispersaram. Quando Góis desceu à rua, encontrou conhecidos que vinham chegando. Estavam no boêmio Cassino Atlântico, também ali bem perto, e foram atraídos pelos tiros.

Àquela altura, o general Dutra já estava a caminho do Forte do Leme, ciente de que a residência presidencial estava sob ataque. Cruzou, pois, o Bar Alpino, onde viu o grupo de homens que deve-

---

94 ROSE, R. S. Op. cit.
95 SILVA, Hélio. Op. cit., 1971.
96 Id. Ibid.

riam estar de tocaia. Eles, os integralistas que tinham a missão de prendê-lo, não o viram. Ironia. E desarmado ele passou, chegou ao forte, onde encontrou apenas o oficial no comando, 12 soldados e um caminhão. Subiu no veículo e tocou para o bairro das Laranjeiras com aqueles 12 soldados mal armados para evitar uma revolução. O oficial no comando ficou com a missão de arranjar mais gente e partir para proteger o presidente. De bonde.

Até ali, o único refém feito da noite havia sido o porteiro de Góis Monteiro. Não ficaria assim. Um outro refém seria feito. E não ia ser qualquer um.

A Rádio Nacional, a maior do Brasil, não tinha qualquer segurança durante a madrugada. Na verdade, àquela hora trabalhava um único locutor, que foi rendido por um revólver de baixo calibre. Assumiu o microfone Gerardo Mourão, irmão do capitão Olímpio. "Falei a noite toda", ele se lembraria.[97] "Transmitindo as notícias que nós tínhamos maquinado lá: o chefe está descendo na frente de 20 mil caboclos, descendo a serra de Petrópolis, vem tropa de Minas. Vem nada", contou com humor, muitos anos após aquela madrugada de adrenalina. Em São Paulo, acompanhado de outros camisas-verdes, Plínio Salgado ouvia tudo, atento e emocionado.[98] Ouviu que Getúlio e os ministros estavam detidos, que o Ministério da Marinha havia sido dominado. E só essa última parte era verdade. De fato, um tenente e trinta marujos tomaram o prédio deserto e passaram a noite trocando tiros com as tropas legalistas.

Erguido em estilo neoclássico em 1853, imponente, o Palácio Guanabara serviu de residência à princesa Isabel até a destituição do Império, quando foi confiscado pela União. Teve inúmeros

---

97 CARNEIRO, Márcia Regina da Silva Ramos. Op. cit.
98 DULLES, John W. F. Op. cit., 1967.

usos até Getúlio decidir separar o palácio de trabalho – o Catete – do residencial. Um imenso jardim com palmeiras e árvores de todo tipo, além de um grande gramado, circunda o edifício. Na frente, uma escadaria com amurada leva à entrada, onde colunas sustentam o alpendre anterior à grande porta. Dois portões grandes separam o terreno da rua Pinheiro Machado, uma das principais no bairro das Laranjeiras. Imediatamente vizinhos, separados só por um muro, já estavam lá na época a sede social e o estádio do Fluminense Football Club. A maior parte dos homens que chegaram num caminhão à porta do Guanabara, quando o 11 de maio mal passara da 1h, só soube que a sua missão seria a principal da noite quando já estava a caminho. Foi um longo percurso – uma hora e vinte minutos de um silêncio exasperante desde o Ninho da Águia.

Eles eram aproximadamente cinquenta,[99] vestiam uniformes de fuzileiros navais, porém sapatos e meias civis,[100] além do lenço branco – com a palavra "Avante" – amarrado ao pescoço. O caminhão parou no primeiro portão, saltaram alguns, aí parou de novo no segundo, onde saltaram os outros.[101] A sentinela no segundo bateu olho nos calçados e se assustou. Desconfiou, abriu fogo. Foi abatida de presto pelos tiros contrários. Outra sentinela fez soar o alarme, que acordou todos no interior do Palácio. "Imediatamente corri e a inutilizei",[102] contou o tenente Nascimento. Era ele o integralista das internas responsável por abrir passagem aos seus e, tão rápido quanto pôde, desligou a campainha. "Os fuzileiros tomaram dos seus fuzis e despejaram contra os revoltosos", seguiu. "Chamo aos brados a guarda. Os homens me atendem e, reunindo-

---

99 ROSE, R. S. Op. cit.
100 DULLES, John W. F. Op. cit., 1967.
101 O IMPARCIAL, Rio de Janeiro, 12 maio 1938.
102 SILVA, Hélio. Op. cit., 1971.

-se em torno de mim, explico-lhes que não deveriam derramar o seu sangue na defesa de um governo já deposto."

O tenente Severo Fournier, que comandava a operação, havia acordado naquele dia com febre – talvez fruto da tuberculose somada à tensão. Belmiro Valverde lhe aplicou uma injeção que o pôs de pé. "Você acha que vai, Severo?", perguntou o médico.[103] O militar não estava de todo confiante. "Vamos ver, doutor. Por mim, cumprirei a missão."

Como os tiros da guarda na portaria cessassem, as duas equipes de assalto cruzaram os dois portões e avançaram sobre os jardins. Os fuzileiros responsáveis pela guarda depuseram suas armas e foram trancados em uma guarita pelo próprio chefe, o tenente Nascimento. Fournier, vestindo um casaco de couro e com uma metralhadora automática ligeira à mão, vinha à frente. Os dois tiveram ainda tempo de pegar uma das metralhadoras pesadas e colocá-la num ponto protegido, apontado para a entrada do edifício. Foi quando começaram a vir tiros de dentro do Guanabara, rajadas contínuas. Com a metralhadora pesada, Fournier identificou a janela de onde vinham e retribuiu fogo. Foi o suficiente para calar a arma automática, mas não outros tiros eventuais de revólver.

De dentro do Palácio, o capitão-tenente Isaac Cunha, oficial de dia, ouviu o primeiro estampido quando lia um romance, recostado à cama. Ele se levantou sobressaltado, tomou uma metralhadora e partiu para a porta principal. No caminho se encontrou com o policial Manoel Pinto, que também cuidava da segurança da primeira-família. Protegidos pelas colunas e amurada da escada, viram ao longe o que pareciam ser uniformes de fuzileiros com o curioso lenço branco atado ao pescoço. Pareciam querer avançar. Os dois retribuíram os tiros que vinham, preocupados – tinham poucas armas e munição. O policial avisou que ia à frente fazer um reconhecimento. O capitão-tenente tentou contê-lo, o movi-

---

[103] Id. Ibid.

mento era irresponsável. Mas não houve tempo. Só viu ao longe sua sombra na penumbra reagindo às ordens de mãos ao alto. Fora rendido.

"Nascimento, olha esse homem aí",[104] gritou de um canto Fournier para o tenente. "Voltei-me e vi um vulto que procurava se esconder", contou. "Tomei da minha pistola e prendi o homem. Era o investigador Pinto, do Palácio, que me confessou ser precária a situação lá dentro." Quando Fournier se aproximou, o policial rendido estava em pânico. "Tranquilizei-o", narrou o comandante verde. "Já refeito do susto, submeti-o a um interrogatório ligeiro, que teve a vantagem de nos dar melhor ideia da situação. Devido às informações de Pinto, à falta de socorro ao ditador e ao fato de já haver decorrido tanto tempo de ação no Palácio, começávamos a acreditar em vitória."

De fato, no interior do Guanabara, a situação era crítica. Alzira, a filha do presidente, havia acabado de se deitar quando ouviu o primeiro tiro. Foi o segundo, seguido de um grito no quarto ao lado, que a fez se levantar sobressaltada. "O que vi me surpreendeu, mas não chegou a assustar. No jardim, às escuras, uma porção de homens corriam dando tiros contra as paredes."[105] Ela saiu do quarto em disparada e deu com o pai, vestindo pijama, um revólver à cintura. Tendo descido ao piso térreo, encontrou o capitão-tenente Cunha e ainda o policial Pinto, pouco antes de ser detido. Eles a informaram do ataque. O impacto dos tiros fazia com que pedaços da tinta seca do teto caíssem sobre eles. Os integralistas haviam tomado o cuidado de cortar as linhas telefônicas do Palácio, mas não tinham uma informação-chave. Havia uma linha especial, de trabalho, e esta permaneceu intacta. Foi dela que Alzira conseguiu ligar para o Catete. "O telefonista vibrava de indignação e prontificou-se a fazer os contatos necessários." O

---

104 SILVA, Hélio. Op. cit., 1971.
105 PEIXOTO, Alzira Vargas do Amaral. Op. cit.

homem logo conseguiu completar uma ligação de Alzira com o chefe da Polícia, Filinto Müller. Ele já estava informado e afirmou já ter enviado a tropa de choque. Àquela altura, os empregados haviam sido armados com os revólveres e pistolas de que dispunham. Alzira estava com a sua. Foi quando ela percebeu Getúlio, pensativo, caminhando de um lado para o outro. "Papai, pelo menos senta", ela extravasou. "Não fica por aí servindo de alvo, e logo em frente à janela."

Pegando de surpresa os rebeldes, um carro num repente cruzou o portão do Palácio e manobrou pela aleia de palmeiras imperiais até a proteção da porta. Dele saltou o coronel Benjamin Vargas, Bejo, o irmão do presidente, que, protegido pela amurada, conseguiu entrar no prédio. O cerco, assim como os tiros, já durava mais de uma hora. Foi mais ou menos no momento em que o tenente Severo Fournier voltava da casa da guarda, onde fazia perguntas aos soldados presos. "Deixaram entrar aqui um automóvel com gente dentro",[106] lhe contou o tenente Nascimento. "Era o cúmulo da displicência", Fournier viria a se queixar depois. Quem estava dentro do Guanabara tinha a impressão de que o cerco se fechava. Mas, de fora, os rebeldes enfrentavam dificuldades. O número de homens ia lentamente diminuindo — os voluntários desertavam, apavorados. "Tive certeza de que não contava com mais ninguém", completou. Mas não se deu por vencido. O comandante começou a gritar ordens de um canto ao outro, para dar a impressão de que eram muitos e não havia saída.

Dentro do palácio, revólver à mão, Bejo e um amigo da família se puseram de guarda, prontos a sair atirando caso alguém entrasse. "Vai para o telefone que eu fico aqui",[107] determinou a Alzira. "Vê se falas com esses trompetas que não mandam socorro. Que é que estão fazendo, enquanto o presidente da República conti-

---

106 SILVA, Hélio. Op. cit., 1971.
107 PEIXOTO, Alzira Vargas do Amaral. Op. cit.

nua prisioneiro?" Foi o que a moça fez. Combinaram que, se os dois caíssem, Alzira e seu irmão Maneco partiriam para o ataque. O capitão-tenente Isaac Cunha se pôs ao lado de Getúlio. Seria o último homem a cair. E o presidente resistiria.

Sua filha, porém, olhava aflita, da janela, para o jardim escuro, tentando identificar se a tropa policial havia chegado. Então percebeu duas sombras muito próximas da entrada que quase podia identificar. Um em particular, de pé, vestido de escuro, homem alto, lhe pareceu o comandante da Polícia Especial. Ela forçou os olhos – e teve certeza. Aliviada. Gritou para chamar atenção, sentiu que estavam salvos. Enfim. Atraído pelo grito, o homem de escuro virou-se fitando a janela. "É ele mesmo", disse Alzira para dentro. Tudo estava acabando. Foi então surpreendida por uma rajada de metralhadora na sua direção. No susto ela foi de queixo ao chão, e do choque no mármore levou uma cicatriz para o resto da vida.

Já eram quase 5h quando chegou o caminhão com o ministro da Guerra e seus doze soldados. Um de seus homens entrou lentamente e avistou Nascimento. "O general quer saber como vão as coisas aí", disse.[108] "Mandei que virasse de costas e apontei-lhe a pistola", lembrou o tenente. "Pediu-me que não o matasse. Ordenei que regressasse e dissesse ao general que o comandante da Guarda se revoltara e tínhamos toda a munição nas mãos." A situação piorava. Lá fora, o ministro não sabia quantos eram os rebelados dentro. Mas Fournier e Nascimento também não tinham como saber quantos estavam de fora. Então Dutra ganhou reforços – sirenes da polícia a toda anunciavam, enfim, uma série de carros. Quem saltou, seu comandante, Dutra logo reconheceu pelo rosto alongado e a marcante careca completa que lhe era peculiar. O coronel do Exército Osvaldo Cordeiro de Farias, que meses antes havia sido nomeado para o governo do Rio Grande do Sul. Coordenando o movimento policial da sede da

---

108 SILVA, Hélio. Op. cit., 1971.

Polícia, aproveitando-se da experiência militar do governador, Filinto Müller lhe pedira para comandar a equipe que partia em defesa do Guanabara.

Quando os homens de Dutra, animados pelos reforços, tentaram novamente forçar a entrada, Nascimento não viu mais Fournier. Talvez já tivesse entrado no Palácio. A aurora se anunciava. Viu novo movimento no portão. "Quem vem lá?", perguntou, a metralhadora pesada já engatilhada. "Sou o ministro da Guerra e quero entrar", respondeu uma voz de fora. Nascimento não piscou. Pesou o dedo contra o gatilho, e a rajada matou, de primeira, dois soldados, além de tirar sangue da orelha esquerda do general. Um susto. A um homem do lado, Nascimento então perguntou se vira Fournier. "Quem é Fournier?", o homem quis saber. "Aquele de casaco de couro." Estupefato, o chefe da guarda palaciana ouviu a resposta. "Mas ele já saiu há muito tempo e me convidou."

Àquela altura, o general e o governador descobriram outro caminho. Em silêncio, para não chamar atenção dos atacantes, rumaram para o clube vizinho. Havia uma porta entre o Fluminense e o Palácio.[109] Demorou um tempo até que fosse localizada a chave. Ainda havia mais escuro do que claro no céu quando soldados e policiais tomaram os jardins de supetão. Já não encontraram quase ninguém.

Os dias seguintes seriam marcados por perseguição. A embaixada da Itália foi o principal foco das buscas de asilo.

Na manhã do dia 11, Getúlio Vargas vestiu um terno escuro de jaquetão e três botões, pôs uma gravata de listras, lenço ao bolso e chapéu de feltro. Tinha 56 anos. Acompanhado apenas de um dos oficiais de sua Casa Militar, fez o mesmo percurso de todos os dias, caminhando a pé por uns 25 minutos do Guanabara ao Catete. Tinha o rosto sereno como se houvesse dormido pesado.

---

109 A NOITE, Rio de Janeiro, 11 maio 1938.

Pessoas se aproximavam, o cumprimentavam. Ele respondia com sorrisos sem perder o ritmo.

De sua casa na rua Minas Gerais, Plínio ouviu tudo. Foi do êxtase ao luto em uma madrugada. Talvez tenha sonhado com um *reich*. Depois achou melhor buscar um lugar para se esconder.

DEPOIS

Plínio Salgado se mudou de Higienópolis para o Jardim Europa, naquele tempo um bairro novo, deserto, discreto. Viveu lá por oito meses. Em agosto de 1938, o Tribunal de Segurança Nacional o excluiu da lista de denunciados pelo levante de maio. Ele sempre negou participação, embora os envolvidos afirmem que estava informado e parecia insuflar. Terminou preso em maio de 1939. Em junho, partiu para a Europa, onde viveu seu exílio na terra de Salazar. Retornou ao Brasil após a democratização e fundou o Partido de Representação Popular. Miguel Reale ironizava, chamando a atenção para o fato de que a sigla, PRP, sugeria um retorno ao Partido Republicano Paulista no qual iniciara a carreira. Foi finalmente candidato à Presidência em 1955. Teve 714 mil votos, ou 8%. Elegeu-se deputado federal em 1958, reelegeu-se em 1962 e, quando houve a Marcha da Família com Deus pela Liberdade, nas semanas anteriores ao golpe de 1964, Plínio esteve entre os oradores. Passou o resto da vida negando que a Ação Integralista Brasileira fosse fascista. Afirmava ter sido um movimento nacionalista católico. Durante a ditadura militar, que apoiou, se elegeu novamente deputado pela Arena em 1966 e 1970. Quando morreu, em 1975, seu enterro foi acompanhado pelos principais nomes de todas as forças políticas, incluindo o principal político da oposição à época – Ulysses Guimarães. Tinha oitenta anos.

Gustavo Dodt Barroso também não foi envolvido pela Justiça no levante de 1938. Preso em 12 de maio, foi logo solto. Reassumiu a direção do Museu Histórico Nacional e, próximo do governo, trabalhou para a reabilitação de muitos integralistas. Quando o Brasil se juntou aos Aliados, em 1942, ele submergiu. Serviu como presidente da Academia Brasileira de Letras entre 1949 e o fim de 1950. Passou o resto da vida escrevendo livros, publicando regularmente artigos e colunas na imprensa, mas nunca mais voltou a se envolver com política. Morreu antissemita, em 1959, aos setenta anos.

Miguel Reale foi aprovado em concurso público como professor catedrático de Filosofia do Direito da USP em 1940. Tinha apenas trinta anos. Após o Brasil se tornar uma das nações aliadas, chegou a ser preso na onda anti-integralista que tomou o país. Como Plínio, passou o resto da vida negando o caráter fascista do movimento. Esteve entre os fundadores do Partido Social Progressista, que, em 1947, elegeu Ademar de Barros governador paulista. Serviu como seu secretário de Justiça. Foi reitor da USP e, por sua iniciativa, a universidade se expandiu para o interior do estado. Voltou a ser secretário estadual de Ademar de Barros em 1962. Tomou parte discreta da conspiração que levou ao golpe de 1964, e serviu de conselheiro a alguns dos presidentes militares. Foi novamente reitor da USP entre 1969 e 1973, e recusou o convite do presidente Ernesto Geisel para assumir uma das cadeiras do Supremo Tribunal Federal. Em 1975, por outro lado, aceitou uma cadeira na Academia Brasileira de Letras. Em finais da década, defendeu uma transição mais lenta da ditadura à democracia, querendo aliviar o AI-5, mas mantendo alguns controles. Já era considerado um dos maiores juristas brasileiros quando foi convidado por Afonso Arinos para se juntar ao grupo de notáveis que produziu o anteprojeto de Carta no qual se basearam os constituintes eleitos para formular a atual Constituição Brasileira. Sempre se queixou de que o establishment intelectual brasileiro era mais tolerante com a esquerda do que com a direita. Morreu em 2006, aos 95 anos.

Olímpio Mourão Filho teve a carreira militar prejudicada por ter sido o autor do Plano Cohen. Nos anos 1950, o general Góis Monteiro despejou em cima dele toda a responsabilidade pelo documento que levou ao golpe do Estado Novo. Requereu no Exército um Conselho de Justificação para provar sua inocência, mas só em março de 1956 passou a general de brigada. Muito depois de seus colegas de turma. Estava na reunião de 1962 considerada a primeira de conspiração contra o governo João Goulart, embora tenha sido no governo Jango que subiu a general de divisão. Foi quando estava no comando da 4ª Região Militar, em Minas, que na madrugada de 31 de março de 1964 deu ordens para que seus homens tomassem a principal rádio de Juiz de Fora. Ele iniciou o golpe de Estado que apeou o herdeiro de Getúlio do poder. Foi presidente do Superior Tribunal Militar entre 1967 e 1969 e passou à reserva. Morreu em 1972, poucos dias após completar 72 anos.

Belmiro de Lima Valverde foi preso na madrugada daquele 11 de maio, quando estava no carro, ainda antes de suas tropas chegarem ao Palácio Guanabara. Condenado a dezesseis anos de prisão pelo Tribunal de Segurança Nacional, cumpriu sete, primeiro em Fernando de Noronha, depois na Ilha Grande. Foi torturado. Acusado por Plínio Salgado de ser inteiramente responsável pelo malogro do golpe, depois de liberto nunca mais voltou à vida política. Permaneceu sendo um dos médicos mais respeitados do país até sua morte, em 1963, aos 79 anos.

Severo Fournier, que, tendo comandado o ataque integralista ao Palácio Guanabara, não era integralista, se asilou na manhã do 11 de maio na embaixada da Itália. Após uma longa negociação diplomática, se entregou. Preso na fortaleza da Laje, provavelmente a pior prisão brasileira no tempo e o mesmo lugar onde os inconfidentes mineiros haviam sido presos, foi torturado. Liberto pela anistia em abril de 1945, com a tuberculose muito agravada, morreu no ano seguinte. Tinha 38 anos.

Francisco Luís da Silva Campos renunciou ao Ministério da Justiça em 1942, contrariado com a decisão brasileira de juntar-se aos Aliados na Segunda Guerra Mundial. Considerava que Getúlio havia cometido um erro estratégico, porque, a seu modo de ver, o Estado Novo seguia a lógica política do Eixo. Ele permaneceu por mais de uma década afastado da vida pública, período no qual um forte anticomunismo substituiu uma simpatia ao fascismo. Teve parte na conspiração que levou ao golpe de 1964 e foi convidado, pelos generais, a dar sustentação jurídica ao novo regime que nascia. Exatamente como fizera com Getúlio, tantos anos antes. Foi o principal autor dos Atos Institucionais de números 1 e 2. Morreu em 1968, dias antes de a ditadura fechar ainda mais, com o AI-5. Chico Ciência tinha 77 anos.

Luís Carlos Prestes permaneceu preso até 1945. Solto, se movimentou politicamente para apoiar a manutenção de Getúlio no governo até as eleições, e depois a candidatura de Eurico Gaspar Dutra. Muitos no partido não se conformaram com a ideia de que o Cavaleiro da Esperança estivesse do lado do homem que deportara sua mulher para um campo de concentração. O rearranjo da ordem política mundial, que levou o Brasil a se alinhar com os EUA no pós-guerra, colocou o Partidão novamente na ilegalidade, no início de 1947. Dez anos depois, Prestes presidiu o mais grave debate dentro do Partidão, quando o secretário-geral soviético, Nikita Kruschev, denunciou as atrocidades do stalinismo. "O Velho", como também era chamado, manteve-se alinhado com o PCUS, mas um grupo importante rompeu, formando o PCdoB, em memória de Stálin. Condenado à prisão em 1971, fugiu do país para novamente se exilar em Moscou. Mais de 10 mil pessoas o receberam no Aeroporto do Galeão quando retornou ao Brasil anistiado, em 1979. Chegou ao país descrente, envolvido em difíceis brigas políticas internas do Partidão, mas, após uma sequência de celebrações públicas de seu nome nos anos seguintes, abraçou o processo de abertura, reconhecendo que era real. Morreu apoiando a candidatura de outro sucessor de Getúlio, Leonel Brizola, à Presidência, em 1990. Tinha 92 anos.

PLÍNIO E BOLSONARO

Estudamos história por muitos motivos — entre os mais importantes está encontrar pistas para compreender o presente. Ao longo dos últimos meses, reconstruindo para as páginas deste livro a década de 1930, foi inevitável que comparações com o Brasil dos anos 2010 e 2020 surgissem. Como a extrema-direita daquele tempo se compara com a atual? É possível tirar conclusões ao colocar esses dois períodos lado a lado? Sim, é. Mas, para chegar lá, é preciso compreender o que estamos comparando. É preciso entender o que foi o fascismo europeu, como e por que ele surgiu, como se comparava a ele o fascismo brasileiro e, só então, tentar buscar naquele mundo e naquele Brasil pistas sobre o hoje.

O que Plínio Salgado criou em quatro anos foi extraordinário. É fundamental compreender esse ponto, pois não se trata de uma nota de pé de página. Foi uma vergonha pátria. Da maneira como contamos história nas escolas, em geral evitamos esse ponto. Mesmo entre historiadores, foi só com o professor gaúcho Helgio Trindade, já na década de 1970, que o primeiro estudo sério apareceu. É muito fácil lançar mão de um apelido como "galinhas-verdes" e achar graça de brasileiros querendo repetir os ritos do fascismo europeu. Mas a esquerda radical não abraçou o apelido "galinhas-verdes" por falta de respeito. O objetivo era ridicularizar. Mas queria ridicularizar porque esta era uma forma de combater. Porque, apesar da Batalha da Praça da Sé, o fascismo brasileiro era mais organizado, mais estruturado, e contava com maiores números que o comunismo. Em grande parte, é porque o fascismo encontrou, ao menos até o Estado Novo, um espaço de tolerância no governo de Getúlio Vargas. Os comunistas não tiveram algo assim. Se isto talvez explica o curto alcance comunista, não explica o crescimento da Ação Integralista Brasileira. Só uma coisa explica, um traço que preferiríamos negar. Está em nosso DNA político. Na sociedade brasileira, no caldo de cultura que reúne crenças, histórias que contamos a nós mesmos, os muitos valores, o conjunto daquilo com que criamos a ideia de Brasil, há espaço para um movimento fascista de grande porte. Como Getúlio interrompeu o crescimento da AIB quando ele estava a toda, não sabemos em que ponto atingiria seu potencial. Mas a AIB nos obriga a pensar no movimento espontâneo que levou à Presidência Jair Messias Bolsonaro – também ele um político vindo do interior paulista.

Um passo por vez. Precisamos, antes, dissecar aquela década de 1930.

Getúlio Vargas ganhou a partida de xadrez por dois motivos. O primeiro: agiu cedo o bastante. Compreendeu que o movimento estava crescendo e que, um ano ou dois mais tarde, talvez estivesse grande demais para ser destruído. O integralismo ameaçava seu poder. O segundo motivo é que Plínio Salgado era um indeciso. No fim, é óbvio. Getúlio era um político maior. Se política é um jogo de estratégia, o velho caudilho via o tabuleiro todo, o cenário político brasileiro com todas as peças distribuídas. O Chefe Nacional da AIB só enxergava o naco que cabia a seu movimento. Getúlio leu melhor o cenário e tomou decisões destemido. Plínio era inseguro e não entendeu o jogo que o presidente jogava. Getúlio compreendia perfeitamente o jogo de seu opositor.

É preciso cautela. Seria um erro considerar que Getúlio estava perante um adversário fraco. Não estava. Basta colocar, lado a lado, a Intentona Comunista e a Fascista. Os camisas-verdes, naquela noite de atrapalhados, chegaram com metralhadoras a metros do presidente da República e de sua família. Plínio Salgado, de fragilidade física e insegurança permanente, era capaz de inspirar num palanque. E não só. Ele não inventou sozinho o movimento fascista brasileiro. Inúmeros grupos semelhantes nasceram naqueles anos. No Rio Grande do Sul, no Ceará, em Minas Gerais, mas não apenas lá. A ideia estava no ar. Quem consolidou todos os movimentos ao seu redor foi Plínio. Após o Congresso Nacional de Vitória, a AIB se impôs sobre todos os outros grupos fascistas e, dentro dela, Plínio se impôs como líder. Mesmo quando tentaram destroná-lo, e mais de um tentaram, ele se impôs. Foi um político hábil que driblou adversários.

Então quanto dessa conta, dessa vitória de Getúlio sobre Plínio, cai na insegurança do líder dos camisas-verdes? Por que, em tantos lugares, o fascismo passou como um trator destruindo tudo? No Brasil não foi assim. A conta fica toda nas características de personalidade dos líderes políticos?

Há uma diferença evidente entre o fascismo italiano e o brasileiro. É o conforto com a violência. O fascismo italiano nasceu proletário e nasceu violento. Os *arditi*, os soldados de elite italianos da Primeira Guerra, foram pinçados pelo seu temperamento agressivo para lutar num conflito sangrento baseado em trincheiras. Sangrento é a palavra. Aquela guerra foi uma na qual se lutou com armas pesadas e estratégias do tempo das cavalarias. As pessoas morriam em pilhas, eram diaceradas, aleijadas, ela devastou por onde passou. A guerra moldou os *arditi*, incentivou uma índole que já era violenta. E foi a esses homens, desorientados no retorno à vida civil, que Benito Mussolini ofereceu um propósito.

O que nos traz a uma pergunta fundamental que vem ecoando em nosso tempo: o que é o fascismo? O fascismo não nasce no vácuo. Não é um movimento genérico. Por isso mesmo, vale rever a história. Vale caminhar para algumas décadas antes.

Em dezembro de 1894, o capitão francês Alfred Dreyfus foi condenado por alta traição, acusado de repassar segredos de guerra aos alemães. A acusação era falsa, e Dreyfus, inocente. Mas o caso rachou a França, não por causa do destino de um homem, mas porque no cerne estava o conflito de valores que dividia o país fazia já um século. Muitos, na sociedade, tinham convicção da culpa de Dreyfus. Porque nunca declarada, mas sempre presente esteve a dúvida sobre se pode um judeu ser leal à França. Que, em essência, sugere outra pergunta: pode um não cristão ser leal à França? E, a partir daí, pode um não católico ser leal à terra de São Luís? Havia um debate posto diante da nação. O que é a França? A terra de cidadãos com direitos iguais criada pela Revolução Francesa, ou uma nação católica na qual o lugar de cada um é definido por algo dado logo ao nascer? Cenários muito distintos, valores muito distintos, mas as duas ideias de país conviviam. A segunda metade do século XIX foi marcada no Ocidente pela ascensão do nacionalismo. O que é pertencer a uma nação, a um país, estava na ordem do dia. Estavam, todos, descobrindo – e inventando – o conceito. Etnia e religião faziam parte do debate. Aliás, nunca deixaram de fazer.

No caso francês, o debate era complexo. Em 14 de julho de 1789, a terrível prisão da Bastilha caiu, tornando-se o símbolo da Revolução Francesa. Foi uma derrota simultânea da monarquia, o Antigo Regime, e da Igreja Católica, ambas intrinsecamente conectadas. E uma vitória de pequenos comerciantes, profissionais liberais, industriais que surgiam, gente que vivia do próprio trabalho empregando outros. Um grupo que foi ali chamado burguesia, por serem burgueses – cidadãos livres das cidades, ou burgos. Considerados rudes pelos aristocratas que se iam. Foi, com a Revolução Norte-Americana, uma das duas revoluções liberais fundadoras que propunham uma nova forma de organizar a sociedade. Diferentemente dos EUA, que mergulharam na experiência acidentada e continuada da república liberal democrática, a França passou o século XIX oscilando. Não houve governante nos primeiros dois terços do oitocentismo francês que não tenha passado parte da vida em exílio. Do Terror a Napoleão, de Napoleão à volta dos reis Bourbon, de sua fragilidade ao golpe de Napoleão III, e daí a uma nova experiência republicana.

O caso Dreyfus, que explodiu um século após a queda da Bastilha, se tratava de algo maior que o destino de um homem. Se o jovem oficial foi enfim inocentado numa mobilização que juntou intelectuais liberais franceses, nos anos seguintes cresceu um grupo também de intelectuais chamado *Action Française*. Eram católicos, monarquistas, e, em essência, gostariam de voltar a 1788. Eram aristocráticos e antiburgueses. Extremamente cultos. Era novo, e era velho. Era novo porque o discurso antiburguês que marcou a Europa do século XIX foi o marxista. Vinha pela esquerda. Seu problema com o liberalismo não vinha da aristocracia, vinha do proletariado. Vinha das condições desumanas dos trabalhadores nas fábricas da Revolução Industrial. Vinha da fome, do crescimento desordenado das cidades, das crianças condenadas a não ter infância enquanto labutavam no chão de fábrica. Vinha, em suma, dos pontos que a democracia liberal não conseguiu resolver. Mas a *Action Française* construía sua crítica doutra forma – remetia a um passado baseado em valores morais, baseado na Igreja, em Deus, e na Justiça dos reis e nobres donos de terras.

Os marxistas falavam de uma revolução após a revolução liberal. Os burgueses liberais derrubaram as monarquias absolutistas, os proletários comunistas derrubariam os burgueses para implantar enfim um ambiente no qual todos poderiam estar na mesma posição econômica, uma sociedade igualitária. Mas a proposta da *Action Française* era outra. As desigualdades impostas na vida urbana ao longo do último século, sugeriam seus pensadores, vinham de um pecado original. A burguesia era gananciosa. Avareza – pecado mortal. A nobreza, a aristocracia, estava acima disso. Ocupava um local hierárquico na sociedade e, por dever religioso, moral, era benevolente com quem estava embaixo. A burguesia não agia dessa forma, pois era motivada não por um lugar de destaque (moral) na sociedade, mas por dinheiro. É um passado idealizado – a realidade não tinha nada de benevolente, e as revoluções para encerrar o Antigo Regime não haviam surgido à toa. Era um regime violentamente opressor que regeu sobre uma França de miseráveis famintos. Por definição, a *Action Française* era reacionária. Exatamente o oposto de revolucionário. O reacionário quer a reinstauração de um passado, que em geral enxerga por lentes idealizadas. O revolucionário quer a implantação de uma nova ordem radicalmente distinta.

A extrema-direita francesa se tornou atuante, presente, em toda a primeira década do século XX – e também no início da segunda. Mas aí veio a Primeira Grande Guerra, que perturbou a estrutura política de inúmeras nações. Não é possível que tanta gente morra sem que governos caiam. Foram 20 milhões de mortos, metade militares, metade civis. O povo, pois: quando o povo se levanta de forma organizada, governos caem. O que vem depois é sempre uma incógnita, mas o movimento é natural. Viradas econômicas fortes para baixo costumam ter efeito similar. As pessoas se sentem em perigo, querem mudar quem manda. A Revolução Francesa foi isso um século antes. E a Revolução Soviética de 1917, que ergueu o primeiro regime marxista, foi apenas um dos marcos de transformação do poder europeu como consequência daquela carnificina que foi a Grande Guerra. Não bastasse, um império que ocupava meia Europa, o Império Austro-Húngaro, se dissolveu. Acabou. Não é coisa que deixe continentes tranquilos.

Benito Mussolini era um homem brilhante. Vinha de um treino político que remetia à infância, solidamente ancorado entre o anarquismo, o socialismo e todos os aprendizados sobre como mobilizar gente que ambos acumularam ao longo de dúzias de anos. Os dois grupos de esquerda radical da última década do século XIX e das primeiras do XX. Por causa de suas viagens como dirigente partidário da extrema-esquerda italiana, teve muito contato com a extrema-direita francesa. Leu. Era um leitor voraz, Mussolini. Rompendo com o Partido Socialista por sentir que devia combater como soldado pela Itália, ao final do conflito precisou inventar um novo campo político onde se encontrar. Daí construiu uma síntese louca. A mistura de um movimento revolucionário com um reacionário. A promessa de instaurar ordem por uma revolução – é uma contradição em termos. Como se fosse possível fundir a extrema-esquerda com a extrema-direita. Pois foi. E, fincado na extrema-direita, juntou um grupo de veteranos das tropas de elite italianas na guerra, os organizou utilizando as técnicas da esquerda, cultivando os ritos da direita, assim criando os camisas-negras. Inventou o fascismo no caminho – a junção de um movimento revolucionário com um reacionário. O encontro dos extremos.

Pois já não era mais como a *Action Française*. Não era aristocrático, era popular. Como os comunistas, criticava a burguesia liberal olhando de baixo. Mas, diferentemente do comunismo, não baseava sua crítica numa leitura econômica da história, no movimento de grandes blocos sociais. Baseava sua crítica numa leitura moral da história. Como a direita reacionária, remetia à fantasia de um passado virtuoso que teria sido perdido por falta de comando, falta de vontade. Por fraqueza. Demonstrações de força eram parte importante do credo fascista.

Ocorre que o fascismo é muito particular. É o caminho pelo qual a extrema-direita captura a devoção daqueles que os comunistas chamavam proletários. O fascismo deixa a esquerda marxista sem discurso – em sua essência, é um nó tático. Porque se o proletário é o único que pode decidir sobre seu destino e ele escolhe o fascismo, como responder? E o fascismo acena com uma identidade positiva. O indivíduo não é proletário. Não é essa sua identidade – não são as condições econômicas que definem a pessoa. Sua identidade é ser da Itália. Um filho, uma neta, do Império Romano que inventou a Europa. A pessoa é especial. Dribla, simultaneamente, marxismo e liberalismo. O liberalismo porque sua defesa exige um debate sobre liberdade que não é intuitivo. Muito menos emocional — não há o apelo nacionalista. O comunismo porque o fascismo oferece não a utopia da superioridade na revolução de depois, mas a utopia da superioridade do povo a quem você pertence agora.

Fernando Rosas, um historiador português que se especializou no período em que seu país foi governado por António de Oliveira Salazar, estudou cada um dos regimes fascistas que se espalharam pela Europa naquele tempo entre guerras.[1] Quis descobrir o que tinham em comum. Entre o muito que descobriu está que os movimentos fascistas nascem de massa, nascem populares, mas só se estabelecem no poder a partir de uma aliança com ao menos parte das elites. Quem descobriu o caminho e o abriu foi Mussolini. No caso italiano, como no de boa parte da Europa peri-

---

1   ROSAS, Fernando. *Salazar e os fascismos.* Lisboa, Portugal: Tinta da China, 2019.

férica, após a Revolução Russa perdurava entre as elites do continente o medo de que crescesse o comunismo. Em alguns casos, nem sequer era medo. Era pânico. Havia também o descontentamento com os rumos da democracia liberal. Partidos demais, parlamentos instáveis, uma sensação geral de ingovernabilidade, de instabilidade. A democracia parecia não funcionar.

Quase um século depois, não é difícil entender o porquê. A Europa vivia a última etapa de avanço da Revolução Industrial e a economia agrária começava a encolher de vez. A industrialização recente de vários países, incluindo a Itália, mexia com o sustento de gente demais. Não bastasse, o estrago causado pela Grande Guerra não foi pequeno. O desaparecimento do Império Austro-Húngaro muito menos. Estabilidade política e econômica não viria sem muito esforço, sem algum tempo de trabalho. Com a explosão de movimentos radicais, porém, tanto à esquerda quanto à direita, qualquer esforço político era implodido facilmente. Estabilizar pelo caminho da democracia parecia, a muitos, tarefa impossível. Democracia, em períodos de mudança, sacoleja. É difícil. No olho do furacão, para parte das elites o autoritarismo proposto pelos fascistas pareceu atraente. Uma política estabilizada na marra, sufocamento da ameaça marxista. Simultaneamente. De quebra, ainda trazia consigo uma filosofia de Estado que punha seu dinheiro diretamente naquilo que enriqueceria muitos. Democratas-cristãos, liberais-conservadores, aristocratas, industriais, comerciantes, ricos em geral a um ponto decidiram considerar que o fascismo era uma solução.

É nesse momento que ocorre aquilo que Rosas chama de "Noite das Facas Longas". Em todos os regimes fascistas que chegaram ao poder aconteceu. É quando o pacto entre fascistas e elites se dá, e os movimentos fazem um grande expurgo em seus quadros. Muitos de seus fundadores mais radicais no discurso antiplutocrático e antiburguês são expulsos. Em cada país que foi fascista, esse pacto se deu de uma forma distinta, pois variou no equilíbrio entre as partes na mesa de negociação. Na Alemanha, a desestrutura do Estado era tal que o Partido Nazista se impôs, em essência substituiu o Estado. Mas teve de aplacar sua milícia, vista como desordeira e selvagem pelo Exército prussiano, que era aristocrático. Na Itália houve equilíbrio – a monarquia de Saboia, os generais, os industriais e a Igreja negociaram seu espaço com o fascismo de Mussolini. Houve um convívio de certa harmonia. Em Portugal, o fascismo ascendeu ao poder, mas foi subordinado ao Estado, que tinha força.

O integralismo brasileiro foi um movimento que nasceu entre intelectuais. Foi entre escritores e estudantes de direito que encontrou seus primeiros seguidores. O fascismo italiano eliminou em um ano e meio a esquerda no norte industrial do país. Atropelada, esmagada, sufocada pelos camisas-negras. O integralismo brasileiro se humilhou no primeiro evento de grande porte que produziu. Era para demonstrar força, saiu com todo mundo apelidado de galinha verde. Plínio não estava na Praça da Sé no dia em que comunistas e anarquistas fizeram do centro geográfico paulistano um galinheiro em escala humana. A chave do fascismo é a pulsão por violência, e, no seu núcleo, a Ação Integralista Brasileira não a tinha em quantidade suficiente.

Então talvez o problema não estivesse na indecisão de Plínio Salgado. O Brasil dos anos 1930 sentiu como todos os outros países o impacto da Depressão. Mas tratava-se de um país cuja economia ainda era profundamente agrícola e onde não havia ocorrido a brutalidade de uma guerra de trincheiras. A violência no nível europeu não pairava sobre o Brasil e a dolorosa mudança da agricultura para a indústria só viria mais tarde, a partir dos anos 1950 e 1960, quando a economia mundial já ia bem. A indecisão de Plínio era um traço de sua personalidade, claro. Mas o fato de ter se tornado ele, e não outro, o líder fascista brasileiro diz muito a respeito do país. Quem se interessou pelo fascismo foi um grupo de intelectuais. Principalmente jovens. E não soldados de tropa de elite acostumados a matar. Não havia, no Brasil, legiões de trabalhadores urbanos, operários com medo de não ter comida ou casa, que apavorassem parte da elite com receio de uma revolução comunista. Havia fome. Mas era no campo, e os miseráveis do campo não se organizam em sindicatos. Esta foi uma novidade da Era Industrial. O Brasil encontrou, no caldo de sua cultura, um ambiente no qual o fascismo poderia acontecer. Mas os tecidos social e econômico não ofereciam as condições para que evoluísse da mesma forma que evoluiu na Europa. Assim, como boa parte do mundo, o Brasil viveu sua ditadura. Mas não foi uma ditadura politicamente extremista.

É um erro tentar compreender Getúlio Vargas sem levar em conta os porões de Filinto Müller, a máquina de propaganda, a ampla censura à imprensa, ou ignorando que outorgou uma Constituição fascista e autoritária. No sentido do respeito às liberdades essenciais do cidadão, Getúlio foi um ditador em nada diferente de um Emílio Médici. Mas, apesar da Constituição, o Estado Novo não foi um regime fascista. Num tempo de radicalismos, Getúlio foi o político que conseguiu bloquear, no Brasil, tanto o avanço comunista quanto o fascista. No caso da extrema-esquerda, foi fácil. O movimento, embora com pertinência na elite intelectual, era pequeno. A extrema-direita deu mais trabalho.

O Brasil dos anos 2020 não é o Brasil dos anos 1930. Alguns números mostram o nível da diferença. Em 1940, de acordo com o IBGE, no Brasil viviam 41 milhões de pessoas, contra 209 milhões, em 2017. Desses, 31% viviam em cidades, naquele ano. De acordo com o censo de 2010, esse número passava de 84%. Não há dados precisos sobre a composição do Produto Interno Bruto anteriores a 1950 – o IBGE só começou a coletar a estatística em 1948. Mas foi só entre 1950 e 1955 que a indústria ultrapassou o agronegócio e, mesmo assim, por pouco: 27% contra 25%. Em 2017, o agronegócio não chegava a 6% do PIB. Aliás, o Brasil de hoje é movido por um terceiro setor, o de serviços, como a maioria das grandes economias do mundo. Um último número que também diz muito. O PIB brasileiro, corrigido para dólares de janeiro de 2020, fechou em aproximadamente US$ 38 milhões no ano de 1938. O dos Estados Unidos, naquele mesmo ano, era de US$ 1,6 trilhão. O Brasil valia menos de meio por cento da economia americana. Hoje, é o equivalente a 10%.

O Brasil é simplesmente muito mais relevante no mundo do que era. Com todos os seus defeitos, e não são poucos, é também muito mais parecido com as grandes nações ocidentais do que era – ele faz mais parte do mundo. O fato de ser um país mais urbano do que rural também afeta o conjunto de valores da população. É um país mais cosmopolita. Mas isso não quer dizer que o DNA cultural tenha mudado. Porque não muda em duas ou três gerações. Este é um processo muito mais lento.

Entre os muitos grupos da extrema-direita daqueles anos 1930 estava o Patrianovismo. Eram monarquistas, catolicíssimos, e defendiam que a industrialização estava destruindo o perfil tradicional da nação brasileira, cuja vocação, acreditavam, era agrícola. Foram uma espécie de *Action Française* brasileira. Eram reacionários perante os revolucionários da Ação Integralista Brasileira, embora muitos dos patrianovistas tenham abraçado a AIB após seu crescimento. O fascismo, afinal, é essa peculiar combinação entre um quinhão de reacionarismo com outro tanto de espírito revolucionário. Pois o culto ao catolicismo e à monarquia faz parte da iconografia dos mais influentes blogueiros e youtubers bolsonaristas. São, quase sempre, homens que vêm de cidades cuja economia está alicerçada no agronegócio. Não é acidental: o rosto do reacionarismo brasileiro é este, porque este é o passado mais remoto que o Brasil independente tem. O fato de que os dois imperadores eram homens politicamente liberais pelas convenções do tempo e o Império teve pouco espaço para reacionários em nada afeta o passado imaginado no qual esses movimentos se aconchegam.

Há outro exemplo. O Muro de Berlim caiu em 1991, faz trinta anos que vivemos numa ordem mundial posterior à da Guerra Fria, e o anticomunismo ainda é presente no discurso do Exército Brasileiro. Um anticomunismo que foi plantado pela Intentona e pelo Plano Cohen. Esses ecos que o DNA da cultura política de um país impõe, no fim, representam isto mesmo: a cultura. O pacote de valores que pais passam para filhos, as histórias internas que instituições diversas contam a seu respeito, as mesmas frases que ouvimos repetidas em determinadas situações, os cacoetes vários. Não é diferente do tempero que nos agrada ao paladar, dos ritmos que sempre parecemos encaixar em nossa música. É evidente que novidades surgem e são incorporadas, e, sim, traços fortes da cultura também podem desaparecer com o tempo. Mas, mesmo que separados por um século, nós brasileiros tendemos a reagir de uma mesma forma perante situações similares. Compomos, afinal, uma nação. Não é a etnia que nos une, mas uma cultura que compartilhamos. Uma série de códigos que incorporamos de berço. No olhar do Exército Brasileiro está ainda o abalo sofrido pela Intentona, na forma de uma paranoia anticomunista que não vai embora. Assim como nos valores dos blogueiros bolsonaristas está, vivo, o patrianovismo e os ecos do eterno reacionarismo como ele se apresenta no Brasil.

Assim, voltamos ao macro. O Brasil viveu três períodos de democracia formal na República. De 1894 a 1930, entre 1945 e 1964, e desde 1985. Todos, em algum ponto, entraram numa crise de legitimidade. Na Primeira República, porque o jogo entre São Paulo e Minas não permitia a ascensão de presidentes vindos de outros estados. Ficou viciado. Na República de 1945, porque um sistema que elegia presidente e vice-presidente em separado trouxe um presidente de direita e um vice de esquerda e, diante da renúncia repentina do primeiro, o sistema político não foi capaz de se recompor, espatifado em disputas internas e pressionado pelo anticomunismo golpista dos militares. Por fim, a Nova República também encarou uma crise – e a crise, novamente, estava na incapacidade de as forças políticas encontrarem um espaço de recomposição na disputa de poder.

Pelo menos um analista e dois cientistas políticos observaram que, no coração da Operação Lava Jato, estava a mesma origem do tenentismo. São o jornalista Murilo Aragão, o professor da PUC-Rio Luiz Werneck Vianna e, quem foi mais fundo na comparação, o professor do Iesp-Uerj Christian Edward Cyril Lynch.[2] São movimentos que nascem de uma insatisfação social. Na Primeira República, a insatisfação se deu a partir de dois grupos. Os operários que começavam a se organizar e uma classe média, principalmente de funcionários públicos, que se formava. Ambos não encontravam espaço de participação num governo oligárquico. Os tenentes que se levantaram em 1922 e que terminaram por derrubar o regime, colocando Getúlio Vargas no poder, eram funcionários públicos, carregados desse espírito da indignação da classe média ascendente com a corrupção do sistema. Os procuradores que se levantaram a partir de 2014 eram funcionários públicos, carregados desse espírito da indignação da classe média ascendente com a corrupção do sistema. Os tenentes foram uma criação da Primeira República: a primeira turma de oficiais profissionalmente treinados, aprovados por concurso público. Os procuradores foram uma criação da Nova República, por meio da reformulação do Ministério Público pela Constituição de 1988. E ambos os grupos se emba-

---

[2] LYNCH, Christian Edward Cyril. *Ascensão, fastígio e declínio da Revolução Judiciarista*. Insight Inteligência, n. 79, out/nov/dez de 2017.

laram imbuídos de uma missão que encarnaram como sua, talvez de forma quase religiosa. Talvez messiânica. Tenentes e procuradores se outorgaram uma missão. E um bom pedaço da população, não encontrando na paralisia política respostas, os abraçou como heróis. Nos anos 1920 como nos 2010.

O governo de Getúlio Vargas incluiu parte do tenentismo, mas trouxe outras forças. Da mesma forma, o governo de Jair Bolsonaro incluiu parte da Lava Jato por um tempo, embora traga outras forças. Historicamente, os dois momentos conversam. Mas há uma diferença muito relevante: Getúlio, assim como os generais de 1964, ascendeu rompendo a Constituição. Bolsonaro foi eleito. Dois personagens foram fundamentais tanto no golpe do Estado Novo quanto no de 1964 – Olímpio Mourão Filho e Chico Campos. O primeiro com o Plano Cohen num caso, e colocando a tropa nas ruas, no outro. O segundo dando para as duas ditaduras uma cara de juridicamente legítimo ao que não passava de golpe de Estado clássico. Não apenas os dois estão obviamente ausentes na eleição de Bolsonaro como não existem equivalentes no momento atual. Eles são os agentes facilitadores do rompimento. E o fato de não haver personagens fazendo papéis similares é sinal de amadurecimento da democracia brasileira. Ela passa pela mesma crise cíclica. Há um desejo expresso da população por um líder que acabe com a bagunça, que imponha ordem. Há sede de autoridade, que, no Brasil, sistematicamente se faz confundir com autoritarismo. Que no Brasil sempre passa com parte do povo batendo às portas dos quartéis. Mas, desta vez, foi por meio de uma eleição. Não custa insistir: esta não é uma diferença irrelevante.

Há um último ponto de semelhança nos dois cenários políticos. Na década de 1930, o Brasil se dividiu em três grandes grupos políticos. A extrema-direita, a extrema-esquerda e um centro liberal. Getúlio, que não fazia parte de qualquer um desses grupos, cooptou pedaços de cada para se equilibrar no governo – incluindo simpatizantes do fascismo, como Chico Campos e o ministro da Educação e Cultura, Gustavo Capanema. O paralelo não é perfeito. Mesmo que tenha se inclinado mais à esquerda após o impeachment da presidente Dilma Rousseff, o Partido dos Trabalhadores não é uma legenda de extrema-esquerda. Não é comunista ou revolucionário, tampouco é a força mais à esquerda dos grupos políticos representados no Congresso Nacional. O núcleo duro que circunda Jair Bolsonaro representa a extrema-direita brasileira. Porque não há força à sua direita no Congresso. E, assim como nos anos 1930, imprensado pela polarização há um centro liberal. Em parte, cooptado pelo governo, mas muitos numa firme oposição. É um cenário diferente daquele que predominou durante a Nova República, quando a direita estava na periferia e as duas forças que disputavam o poder estavam ou no centro liberal, representado pelo PSDB, ou entre esquerda e centro-esquerda, dependendo do momento do PT que trafega ao longo dos anos entre esses dois pontos.

Aí se mostra como é o comportamento político que se repete no Brasil – em 1964 foi o mesmo. Nestes momentos de crise da democracia, os discursos mais polarizantes, portanto mais radicais no sentido de serem convocações ao conflito, são os que encontram espaço. Políticos moderados são calados. Perdem espaço. Nem sequer a população parece desejar ouvi-los.

O Brasil não é uma ilha, faz parte do mundo. Já não era naquele tempo, hoje muito menos. A década de 1930 é fruto da consolidação da economia industrial na Europa e do terror da Grande Guerra. Aquilo desestruturou sociedades inteiras, gerou desemprego em massa. Foi nesse ambiente que o radicalismo se instaurou. É aí que encontram espaço comunismo e fascismo. Não vivemos uma guerra como aquela. Mas estamos vivendo um período de transição econômica equivalente. A Era Industrial acabou e se inicia uma nova, com a economia baseada no Digital. O período de transição da agricultura para a indústria provocou êxodo rural e, no primeiro momento, gerou muito desemprego. É evidente. Negócios que funcionavam bem fazia décadas de repente paravam de funcionar. Novos negócios surgiam exigindo mão de obra especializada de outro tipo. Havia muitos sem as habilidades necessárias para a nova economia. A transição da indústria para o digital não é diferente – empregos que existiam desaparecem, novos surgem, há crise de habilidades e uma desorganização geral do todo. Como no passado, gera angústia pessoal. Incerteza a respeito do futuro. Nostalgia de uma estabilidade que existiu e vai demorar até reaparecer. A diferença é que o Brasil era um país periférico e não viveu aquela crise a toda. O Brasil atual está sentindo o impacto da transformação digital. Muitos brasileiros urbanos encontram na chamada *gig economy*, os precários subempregos baseados em aplicativos de transporte, entregas e tantos outros, o sustento que antes extraíam de empregos que lhes garantiam plano de saúde, aposentadoria. Segurança.

São muitos os grupos afetados. Operários, mas também muitos com diploma superior que trabalham em ramos mais abalados pela mudança. Os movimentos populares ancorados nessa insegurança, na Europa anterior à Segunda Guerra, levaram a regimes totalitários. Talvez porque as circunstâncias da atual transição sejam mais leves, os mesmos movimentos populares existem. São inúmeras as passeatas nas quais a indefectível máscara de Guy Fawkes, na versão quadrinizada por Alan More em *V de vingança*, salpica pelo mundo — representam o retorno de movimentos anarquistas como os que Mussolini e Plínio enfrentaram. E, claro, como antes deságuam em uma Nova Direita que tem por características ser nacionalista, xenófoba e autoritária. Mas que se equilibra dentro de regimes democráticos. Porque esta é uma diferença fundamental entre aquele tempo e o atual. Havia convicção de que a democracia era um sistema de governo fracassado. O discurso que tanto Plínio Salgado quanto Chico Campos faziam, de desprezo à democracia liberal, era compartilhado por muitos, e não apenas na direita. Hoje, desprezar democracia é um tabu. É preciso, ao menos, fingir-se democrático. Vale para a presidência de Donald Trump nos EUA, a de Viktor Orbán na Hungria, e a de Jair Bolsonaro no Brasil. Muitos cientistas políticos se referem ao regime construído por Orbán como Democracia Iliberal. Parece democracia na forma, não respeita mais liberdades individuais.

As semelhanças não ficam só nisso. Este ano em que encerro o livro, 2020, abriu com um atentado terrorista promovido por uma Frente Integralista Brasileira. Com Sigma, camisas verdes e tudo. Enquanto isso, em alguns setores da esquerda, saudosismo de Stálin entrou em voga. Sim. Existem influenciadores stalinistas nas redes. Não há qualquer indício de que deixarão de ser isto: minoritários. Exageros num tempo já dado a exacerbações. Mas há outros indícios, outros ecos presentes daquele passado. Um dos ex-secretários de Cultura do governo Bolsonaro, Roberto Alvim, pediu em vídeo por uma "arte heroica e imperativa", citando sem nomear o ministro da propaganda nazista Joseph Goebbels. Imitou até a estética, forçando uma semelhança tal até na goma do cabelo que se tornou impossível cogitar coincidência. Já em plena pandemia, um grupo de empresários decidiu financiar uma milícia armada apelidada de os "300 do Brasil" que desfilou perante o Supremo Tribunal Federal, carregando tochas, num rito que remete à Ku Klux Klan ou ao próprio nazismo.

O que nos traz ao principal debate do tempo. A grande novidade política do mundo, não apenas do Brasil, neste princípio de século é o ressurgimento desta Nova Direita, que opõe seu nacionalismo aos ideais do sistema de governança global criados no pós-guerra e ampliados a partir da Globalização nos anos 1990. Que trata com desprezo os ritos da democracia liberal – que, ora, é abertamente iliberal. Que é xenófoba, com uma profunda desconfiança dos grupos que considera diferentes. Que não reconhece legitimidade na oposição, que despreza imprensa livre, e trata política como guerra. Que é tão atraente, principalmente, para homens jovens.

O bolsonarismo é um novo fascismo?

Não custa lançar mão da maior diferença. O discurso econômico é liberal — de um liberalismo radical, que remete à Escola Austríaca. Este não é um detalhe. Para lançar sua rede, uma vez no poder, o fascismo precisa do Estado. É através do Estado que doutrina pela educação. Que captura as indústrias pelo controle que exerce sobre a economia. Que regula as mensagens seja pela arte, seja pela imprensa, graças aos monopólios sobre violência e financiamento. O ministro da Economia, Paulo Guedes, passou a vida pregando a doutrina do Estado mínimo. Não é só o oposto. É também importante compreender de onde vem essa sua ideologia.

O liberalismo, que nasce com John Locke na segunda metade do século XVII, evoluiu pelo tempo através de inúmeros filósofos e economistas, se bifurcou incontáveis vezes. Não há o liberalismo — há liberalismos. Em comum, todos têm a defesa das liberdades individuais. Mas o que isto quer dizer varia de acordo com o tempo e o lugar. Os utilitaristas ingleses da segunda metade do século XIX enxergavam os problemas sociais causados pela rápida industrialização e concluíam que ninguém é livre se não tem renda que lhe garanta dignidade mínima. É esse liberalismo que vai dar no New Deal americano dos anos 1930, puxado pelo inglês John Maynard Keynes. É esse liberalismo que apresentou ao mundo o caminho pelo qual democracias eram, sim, capazes de oferecer soluções aos novos problemas que, muitos defendiam, só regimes de força como os fascistas e comunistas tinham como encarar.

Foi meu amigo Ricardo Rangel quem me ajudou a observar com empatia a Escola Austríaca. Porque o mundo visto pelos contemporâneos de Keynes em Viena era outro. Ludwig von

Mises e Karl Popper eram judeus vivendo na Áustria em que o nazismo ia lentamente ocupando os espaços. Friedrich Hayek não era judeu, mas havia sido criado entre judeus e tinha, entre eles, seus maiores amigos. No mundo desses três homens, o Estado era violentamente opressor. Era a encarnação da violência. Se o liberalismo que propunham é radical no desejo do Estado mínimo é porque respondiam à realidade de um Estado fascista. De um Estado total.

Buscar o Estado mínimo e promover o fascismo são incompatíveis. Numa realidade alternativa na qual jamais houve a pandemia, em que o governo Bolsonaro seguisse o rumo natural livre de pressões externas, para ser fascista teria de promover um rompimento com sua política econômica. Porque são duas forças contraditórias. O liberalismo defendido por Guedes é, no âmago, uma ideologia de destruição do Estado que tem por objetivo impedir que ele se torne fascista. Atua justamente na crença de que algo como o fascismo é inevitável.

É, portanto, contraditório?

Não. E a pista para compreendê-lo está noutra percepção sutil que outro amigo me levou a perceber. Christian Lynch, que como cientista político é especialista em ideologias. Quando Bolsonaro e seguidores falam em liberdade, não tratam da mesma liberdade dos liberais. A busca do liberalismo é a do Estado regido por leis, um Estado no qual todos os cidadãos têm direitos equivalentes. É preciso haver um Estado para garantir essa igualdade. Mas um governo que fala da liberdade de garimpeiros e madeireiros que desmatam perante o "excesso" de regulamentações ambientais trata de outra coisa pela mesma palavra. E a liberdade de se armar com o equipamento que desejar, de comprar munição sem ser rastreado, é uma que só liberais muito radicais defenderiam. Porque é a liberdade de o mais forte se impor sobre o mais fraco, algo que o liberalismo inglês jamais toleraria. É iliberal para boa parte dos liberais, mas no limite tem pontos de contato com a Escola Austríaca.

Assim, voltamos ao coração daquilo que define o fascismo. É simultaneamente reacionário e revolucionário. Não parece haver, no discurso bolsonarista, o componente revolucionário. Não quer construir um Estado radicalmente novo. Quer apenas destruir sem dar pistas do que colocará no lugar. Porém há muito do reacionário: porque o espírito de uma cultura política brasileira a mais primitiva, a mais remota, está lá vivo. Ardendo para ser visto. Está em só aceitar a tradicional família cristã, de pai, mãe e filhos. Está na plena identificação com o lado mais primitivo do mundo agro, a raiz da economia brasileira. Está no namoro com a monarquia e seus símbolos — um Orleáns e Bragança quase foi candidato a vice-presidente. Mas vai além. Porque esse garimpeiro, esse madeireiro que quer derrubar a mata para fazer dela pasto, para nela plantar e vender, para repassar a madeira e o metal, então talvez revender a terra que conquistou com "as próprias mãos" no que em sua visão era só coisa abandonada — isto é também um espírito brasileiro. Radicalmente brasileiro, aliás, embora perdido há muito no passado. Porque assim eram os bandeirantes.

Esse apego que se recusa a permitir que a sociedade avance e se transforme, que quer impor os trejeitos do passado, isto é reacionarismo. Jair Bolsonaro é reacionário no talo. O argumento dá voltas e se encontra. Plínio queria regras, muitas regras. Bolsonaro deseja sua completa ausência. A democracia liberal ocorre entre os dois extremos.

O bolsonarismo é fascista? Historiadores como Fernando Rosas dirão que o fascismo é um marco histórico. Algo que houve e tem suas características próprias. Outros, como o americano Robert Paxton,[3] sugerem uma forma diferente de compreender. Mesmo nos anos 1930, os fascismos eram tão diversos que, ele argumenta,

---

3 PAXTON, Robert O. Op. cit.

é mais fácil enxergá-los pelas paixões que moviam, por aquilo que os motivavam e por como se viam, do que pelas ideias. Assim, não é relevante se um é estatista e o outro, não. Importa, isto sim, que o fascismo acredita que a sociedade está em declínio, que ele se enxerga humilhado, que se percebe como uma vítima do sistema. Que aí contra-ataca com nacionalismo, que arma seus militantes, cultua unidade e exige total fidelidade. Que se relaciona com as elites tradicionais, mas há desconforto nesse relacionamento. Respira violência. No momento em que tem força suficiente para tal, atropela restrições éticas ou legais.

Pois é. A definição de Paxton é um choque. E Paxton não é qualquer historiador. Quando os franceses julgaram o último colaboracionista nazista, em 1997, o juiz pediu que fosse convocado como testemunha esse professor norte-americano gentil para explicar ao júri francês o que havia sido a França fascista. E Jair Bolsonaro se encaixa na definição que Paxton escreveu muitos anos antes. Encaixar é pouco. É como se nada de original houvesse em Bolsonaro. É como se a definição tivesse sido escrita para ele.

Então é fascista? A resposta já foi dada nesta conclusão. Onde há semelhanças, onde há diferenças. É a única resposta realmente possível. Porque, no fundo, depende de como se define a palavra *fascismo*.

Se a definição é histórica, se é uma referência ao ponto mais baixo ao qual a humanidade chegou no século XX, então não dá para afirmar que há um novo fascismo. Talvez o fascismo não tenha sido o pior regime político já instaurado desde o Iluminismo. Afinal, o comunismo em sua forma totalitária, com Stálin, Nicolae Ceaușescu, Mao Tsé-tung, Pol Pot e os Kim da Coreia do Norte é igualmente sanguinário e trata com desprezo semelhante os mínimos resquícios de dignidade humana. No mínimo são equivalentes, cada um no seu extremo do arco político. Embora seja preciso apresentar outro argumento: a Segunda Guerra Mundial matou

85 milhões de pessoas. E foi o fascismo, não o comunismo, que levou o mundo ao conflito. Aquilo que aconteceu na Itália, na Alemanha e em vários outros países europeus, aquilo que Plínio Salgado desejou para o Brasil, deveria ter um nome próprio. Um nome único para representar aquele momento em que a realidade virou pesadelo. Levou à morte de gente demais e a muitos anos de terror na esperança de sobreviver para outros tantos. Em respeito à história dessas pessoas, aquilo deveria ter um nome próprio.

Mas se a definição é política, ora. O momento em que nos encontramos na história, tanto no planeta quanto no Brasil, tem muitos pontos de contato. Muitas semelhanças. E, assim como o outro, vai refluir. Nenhum sistema tem demonstrado mais resiliência do que a democracia liberal. É claro que história passa e tudo muda. Mas a liberdade de ser quem se é segue tendo um apelo que aquilo de humano em nós logo compreende.

Pedro Doria
Gávea,
junho de 2020.

BIBLIOGRAFIA

A GAZETA, São Paulo, 4 out. 1930.

_____, São Paulo, 24 maio 1932.

AMADO, Thiago da Costa. *A nação despertou?* O integralismo e sua cenografia (1932-1937). 2012. 76 f. Trabalho de Conclusão de Curso (Graduação em História) – Instituto de Filosofia e Ciências Humanas, Universidade Estadual de Campinas, Campinas, 2012.

_____. *Para a glória de Deus e da nação*: o integralismo, a Igreja Católica e o laicato no Brasil dos anos 1930. 2017. Dissertação (Mestrado em História) – Instituto de Filosofia e Ciências Humanas, Universidade Estadual de Campinas, Campinas, 2017.

ANDRADE, Oswald de. Manifesto da Poesia Pau-Brasil. *Correio da Manhã*, Rio de Janeiro, 18 mar. 1924.

A NOITE, Rio de Janeiro, 5 out. 1934.

_____, Rio de Janeiro, 8 out. 1934.

_____, Rio de Janeiro, 9 out. 1934.
_____, Rio de Janeiro, 3 nov. 1937.
_____, Rio de Janeiro, 11 maio 1938.
A OFFENSIVA, Rio de Janeiro, 11 out. 1934.
A ORDEM, Natal, 20 nov. 1935.
ATHAIDES, Rafael. *As paixões pelo sigma: afetividades políticas e fascismos*. 2012. 304 f. Tese (Doutorado em História) – Setor de Ciências Humanas, Letras e Artes, Universidade Federal do Paraná, Curitiba, 2012.
BARBOSA, Jefferson Rodrigues. *Integralismo e ideologia autocrática chauvinista regressiva*: crítica aos herdeiros do sigma. 2012. 717 f. Tese (Doutorado em Ciências Sociais) – Faculdade de Filosofia e Ciências, Universidade Estadual Paulista, Marília, 2012.
BARROSO, Gustavo. *O integralismo e o mundo*. Rio de Janeiro: Editora Civilização Brasileira, 1936.
BERTONHA, João Fábio. *O fascismo e os imigrantes italianos no Brasil*. Porto Alegre: ECIPUCRS, 2001.
_____. *O integralismo e sua história memória, fontes, historiografia*. Salvador: Editora Pontocom, 2016.
_____. *Plínio Salgado, biografia política (1895-1975)*. São Paulo: Edusp, 2018.
_____. Trabalhadores imigrantes entre identidades nacionais, étnicas e de classe: o caso dos italianos de São Paulo, 1890-1945. *Varia Historia*, Belo Horizonte, n. 19, p. 51-67, nov. 1998.
BOAVENTURA, Maria Eugenia. *22 por 22, a Semana de Arte Moderna vista por seus contemporâneos*. São Paulo: Edusp, 2008.
BOBBIO, Norberto; MATTEUCCI, Nicola; PASQUINO, Gianfranco. *Dicionário de Política*. Brasília: UnB, 1998.
BRITO, Giselda (Org.). *Estudos do integralismo no Brasil*. Recife: Editora da UFRPE, 2007.
BULHÕES, Tatiana da Silva. *"Evidências esmagadoras dos seus atos"*: fotografias e imprensa na construção da imagem pública da Ação Integralista Brasileira (1932-1937). 2007. 186 f. Dissertação (Mestrado em História)

– Instituto de Ciências Humanas e Filosofia, Universidade Federal Fluminense, Rio de Janeiro, 2007.

CAMPOS, Eduardo. *Gustavo Barroso, sol, mar e sertão*. Fortaleza: Editora Universidade do Ceará, 1988.

CAMPOS, Maria José. *Versões modernistas do mito da democracia racial em movimento*. 2007. 371 f. Tese (Doutorado em Antropologia Social – Faculdade de Filosofia, Letras e Ciências Humanas, Universidade de São Paulo, São Paulo, 2007.

CANNISTRARO, Philip V. Mussolini, Sacco-Vanzetti, and the Anarchists: The Transatlantic Context. *The Journal of Modern History*, Chicago, v. 68, n. 1, p. 31-62, mar. 1996.

CARNEIRO, Márcia Regina da Silva Ramos. *Do sigma ao sigma. Entre a anta, a águia, o leão e o galo: a construção de memórias integralistas*. 2007. 415 f. Tese (Doutorado em História Política) – Instituto de Ciências Humanas e Filosofia, Universidade Federal Fluminense, Rio de Janeiro, 2007.

CASANOVA, Antonio. *Matteotti*: una vita per il socialismo. Milão: Bompiani, 1974.

CHASIN, José. *O integralismo de Plínio Salgado, forma de regressividade no capitalismo hipertardio*. São Paulo: Livraria Editora Ciências Humanas, 1978.

CHRISTOFOLETTI, Rodrigo. *A enciclopédia do integralismo: lugar de memória e apropriação do passado*. 2010. 279 f. Tese (Doutorado em História, Política e Bens Culturais) – Centro de Política e Documentação de História Contemporânea do Brasil, Fundação Getulio Vargas, Rio de Janeiro, 2010.

CORREIO DA MANHÃ, Rio de Janeiro, 5 out. 1930.

_____, Rio de Janeiro, 28 fev. 1931.

_____, Rio de Janeiro, 6 mar. 1931.

_____, Rio de Janeiro, 6 out. 1932.

_____, Rio de Janeiro, 10 out. 1934.

_____, Rio de Janeiro, 4 out. 1934.

_____, Rio de Janeiro, 9 out. 1934.

_____, Rio de Janeiro, 1º jan. 1937.

_____, Rio de Janeiro, 1º out. 1937.
_____, Rio de Janeiro, 27 e 28 out. 1937.
_____, Rio de Janeiro, 4 nov. 1937.
_____, Rio de Janeiro, 11 nov. 1937.
_____, Rio de Janeiro, 16 nov. 1937.
CORREIO DE S. PAULO, São Paulo, 3 mar. 1934.
_____, São Paulo, 8 out. 1934.
_____, São Paulo, 9 out. 1934.
_____, São Paulo, 19 abr. 1937.
CORREIO PAULISTANO. São Paulo, 4 out. 1930.
_____, São Paulo, 5, 6, 7 e 8 out. 1930.
CORTEZ, Luiz Gonzaga. *Câmara Cascudo, o jornalista integralista*. São Paulo: Editora GRD, 2002.
COSTA, Homero de Oliveira. *A insurreição comunista de 1935*. Natal: EDUFRN, 2015.
COSTA, Luiz Mário Ferreira. *Maçonaria e antimaçonaria*: uma análise da "História secreta do Brasil" de Gustavo Barroso. 2009. Dissertação (Mestrado em História) – Instituto de Ciências Humanas, Universidade Federal de Juiz de Fora, Juiz de Fora, 2009.
DANTAS, Elynaldo Gonçalves. *Gustavo Barroso, o führer brasileiro*: nação e identidade no discurso integralista barrosiano de 1933-1937. 2014. 155 f. Dissertação (Mestrado em História) – Centro de Ciências Humanas, Letras e Artes, Universidade Federal do Rio Grande do Norte, Natal, 2014.
_____. Palimpseto Antissemita: desconstruindo o Plano Cohen. *Escritas*, Araguaína, v. 6, n. 1, p. 126-143, 2014.
DEUTSCH, Sandra McGee. *Las Derechas*: The Extreme Right in Argentina, Brazil, and Chile, 1890-1939. Palo Alto, EUA: Stanford University Press, 1999.
DIÁRIO DA NOITE, 3 mar. 1931.
DIÁRIO DE PERNAMBUCO, Recife, 28 nov. 1935.
_____, Recife, 29 nov. 1935.

_____, Recife, 1º dez. 1935.
DICIONÁRIO histórico-biográfico brasileiro. Rio de Janeiro: CPDOC-FGV, 2001.
DINES, Alberto; FERNANDES JR., Florestan; SALOMÃO, Nelma. *Histórias do poder, cem anos de política no Brasil*. São Paulo: Editora 34, 2000.
DONATO, Hernâni. *História da Revolução Constitucionalista de 1932*. São Paulo: Ibrasa, 2002.
DULLES, John W. F, *Brazilian Communism, 1935-1945*: Repression during Wold Upheaval. Austin, EUA: University of Texas Press, 1983.
_____. *Getúlio Vargas, biografia política*. Rio de Janeiro: Editora Renes, 1967.
FAGUNDES, Pedro Ernesto. *A ofensiva verde*: a Ação Integralista Brasileira no estado do Rio de Janeiro (1932-1937). 2009. 257 f. Tese (Doutorado em História) – Instituto de Filosofia e Ciências Humanas, Universidade Federal do Rio de Janeiro, Rio de Janeiro, 2009.
_____. Morte e memória, a necrofilia política da Ação Integralista Brasileira. *Varia Historia*, Belo Horizonte, v. 28, n. 48, p. 889-909, jul./dez. 2012.
_____. Os integralistas no estado do Espírito Santo (1933-1938). *Revista Ágora*, Vitória, n. 13, p. 1-16, 2011.
_____. Revista Vida Capichaba (1934-1937): As imagens fotográficas a serviço dos integralistas do estado do Espírito Santo. *Em Tempo de Histórias*, Brasília, n. 15, p. 88-107, jul./dez. 2009.
FARRELL, Nicholas. *Mussolini*: A New Life. Londres: Weidenfeld and Nicolson, 2003.
FOLLO, Valentina. *The Power of Images in the Age of Mussolini*. 2013. 249 f. Tese (Doutorado em Filosofia) – University of Pennsylvania, Filadélfia, EUA, 2013.
FOOT, John. *Italy's Divided Memory*. Nova York: Palgrave Macmillan, 2009.
GONÇALVES, Leandro Pereira. Plínio Salgado e integralismo: relação franco-luso-italiana. *Lusitania Sacra*, Lisboa, v. 26, tomo XXVI, p. 133-154, jul./dez. 2012.

_____. *Plínio Salgado, um católico integralista entre Portugal e o Brasil (1895-1975)*. Rio de Janeiro: FGV Editora, 2018.

GONÇALVES, Leandro Pereira; MATOS, Maria Izilda Santos de. O estrangeiro na obra de Plínio Salgado: matrizes, representações, apropriações e propostas. *Patrimônio e Memória*, São Paulo, v. 10, n. 1, p. 157-182, jan./jun. 2014.

GONÇALVES, Marcos Augusto. *1922, a semana que não terminou*. São Paulo: Companhia das Letras, 2012.

GRACIOTTI, Mário. *Os deuses governam o mundo*: a magia e a ciência de paracelso. São Paulo: Nova Época Editorial, 1980.

GREGOR, Anthony James. *Young Mussolini and the Intellectual Origins of Fascism*. Berkeley, EUA: University of California Press, 1979.

GUNDLE, Stephen; DUGGAN, Christopher. *The Cult of the Duce*: Mussolini and the Italians. Manchester, Reino Unido: Manchester University Press, 2013.

HOFMANN, Reto. *The Fascist Effect*: Japan and Italy, 1915-1952. Ithaca, EUA: Cornell University Press, 2015.

HORNSTEIN, David P.; BREZINKA, Wolfgang. *Arthur Ewert*: A Life for the Comintern. Lanham, EUA: University Press of America, 1993.

HUGHES-HALLETT, Lucy. *Gabriele D'Annunzio*: Poet, Seducer, and Preacher of War. Nova York: Anchor Books, 2014.

JORNAL DO BRASIL, Rio de Janeiro, 3 mar. 1934.

KALLIS, Aristotle. *The Third Rome, 1922-1943, the Making of the Fascist Capital*. Londres: Palgrave Macmillan, 2014.

KODRIC, M. Evangeline. *Origins of Fascism*. 1953. Dissertação (Mestrado em História) – Marquette University, Milwaukee, EUA, 1953.

LA STAMPA. Turim, 15 jun. 1930.

LEVINE, Robert M. *O regime de Vargas*: os anos críticos 1934-1938. Rio de Janeiro: Editora Nova Fronteira, 1980.

LINS DE BARROS, João Alberto. *Memórias de um revolucionário*. Rio de Janeiro: Editora Civilização Brasileira, 1953.

LOBATO, Monteiro. *Na antevéspera*. São Paulo: Editora Brasiliense, 1957.

LOUREIRO, Maria Amélia Salgado. *Plínio Salgado, meu pai*. São Paulo: Edições GRD, 2001.

LOURENÇO, Marco Aurélio Duque. *Um rio e dois parques: a formação da rivalidade entre Corinthians e Palestra Itália durante o período de construção de seus estádios*. 2013. 118 f. Dissertação (Mestrado em História Social) – Faculdade de Filosofia, Letras e Ciências Humanas, Universidade de São Paulo, São Paulo, 2013.

MAFFEI, Eduardo. *A batalha da Praça da Sé*. Rio de Janeiro: Philobiblion Livros de Arte, 1984.

MARTINS, José de Souza. *A aparição do demônio na fábrica*: origens sociais do eu dividido no subúrbio operário. São Paulo: Editora 34, 2008.

MATTEOTTI, Giacomo. *Contro il Fascismo*. Milão: Garzanti Classici, 2019.

MEDEIROS, Jarbas. Introdução ao estudo do pensamento político autoritário brasileiro. *Revista da Ciência Política*, v. 17, n. 4, p. 67-124, out./dez. 1974.

NERY, Sebastião. *Folclore político*: 1950 histórias. São Paulo: Geração Editorial, 2002.

NETO, Lira. *Getúlio (1882-1930)*: dos anos de formação à conquista do poder. São Paulo: Companhia das Letras, 2013.

_____. *Getúlio (1930-1945)*: do governo provisório à ditadura do Estado Novo. São Paulo: Companhia das Letras, 2013.

O ESTADO DE S. PAULO, São Paulo, 24 maio 1932.

O IMPARCIAL, Rio de Janeiro, 1º jan. 1937.

_____, Rio de Janeiro, 27 abr. 1937.

_____, Rio de Janeiro, 28 abr. 1937.

_____, Rio de Janeiro, 2 nov. 1937.

_____, Rio de Janeiro, 12 maio 1938.

O JORNAL, Rio de Janeiro, 16 mar. 1934.

OLIVEIRA, Eduardo de. *Cidade "verde" ou cidade "vermelha": AIB e ANL em Petrópolis*. 2018. 215 f. Tese (Doutorado em História, Política

e Bens Culturais) – Centro de Pesquisa e Documentação de História Contemporânea do Brasil, Fundação Getulio Vargas, Rio de Janeiro, 2018.
OLIVEIRA, Rodrigo Santos de. O jornal *A Razão*: o ventre fecundo que criou o modelo de totalitarismo integralista. *Historiæ*, Porto Alegre, v. 7, n. 2, p. 129-159, 2016.
O PAIZ. Rio de Janeiro, 27 jul. 1930.
PAXTON, Robert O. *The Anatomy of Fascism*. Nova York: Vintage Books, 2005.
PEIXOTO, Alzira Vargas do Amaral. *Getúlio Vargas, meu pai*. Rio de Janeiro: Editora Objetiva, 2017.
PINHEIRO FILHO, Fernando Antonio. A invenção da Ordem: Intelectuais católicos no Brasil. *Tempo Social*, São Paulo, v. 19, n. 1, p. 33-49, jun. 2007.
PINTO, Daniel Cerqueira. *General Olympio Mourão Filho*: carreira político-militar e participação nos acontecimentos de 1964. 2015. 145 f. Dissertação (Mestrado em História) – Departamento de História, Universidade Federal de Juiz de Fora, Juiz de Fora, 2015.
POLLINI, Maria Grazia. Recent Interpretations of Mussolini and Italian Fascism. *Il Politico*, Pavia, Itália, v. 48, n. 4, p. 751-764, 1983.
PORTO, Walter Costa. *Constituições Brasileiras, volume IV, 1937*. Brasília: Edição do Senado Federal, 2012.
RAMOS, Alexandre Pinheiro. *Intelectuais e carisma*: a Ação Integralista Brasileira na década de 1930. 2013. 340 f. Tese (Doutorado em Sociologia) – Universidade Federal do Rio de Janeiro, Rio de Janeiro, 2013.
REALE, Miguel. *Memórias*: destinos cruzados. v. 1. São Paulo: Editora Saraiva, 1986.
_____. O integralismo revisitado. *O Estado de S. Paulo*, São Paulo, 28 ago. 2004.
REIS, Daniel Aarão. *Luís Carlos Prestes, um revolucionário entre dois mundos*. São Paulo: Companhia das Letras, 2014.
RIDLEY, Jasper. *Mussolini*: a biography. Nova York: First Cooper Square Press, 2000.

RODRIGUES, Athanis Molás. *Raízes integralistas da Teoria Tridimensional do Direito*: História das ideias de Miguel Reale (1933-1953). 2014. 335 f. Dissertação (Mestrado em Teoria, Filosofia e História do Direito) – Centro de Ciências Jurídicas, Universidade Federal de Santa Catarina, Florianópolis, 2014.

ROLNIK, Raquel. *A cidade e a lei*: legislação, política urbana e territórios da cidade de São Paulo. São Paulo: Fapesp, 1997.

ROQUE, José de Britto. *Imaginação vencida: um estudo sobre as fontes do pensamento político de Plínio Salgado (1926-1937)*. 2003. 295 f. Dissertação (Mestrado em Ciência Política) – Instituto de Filosofia e Ciências Sociais, Universidade Federal do Rio de Janeiro, Rio de Janeiro, 2003.

ROSAS, Fernando. *Salazar e os fascismos*. Lisboa, Portugal: Tinta da China, 2019.

ROSE, R. S. *O homem mais perigoso do país*: biografia de Filinto Müller, o temido chefe de polícia da ditadura Vargas. Rio de Janeiro: Editora Civilização Brasileira, 2017.

ROSSI, Angelo. *The Rise of Italian Fascism*: 1918-1922. Oxford: Routledge, 2010.

SALGADO, Plínio. *Como eu vi a Itália*. São Paulo: Sociedade Editora Latina, 1992.

_____. *O estrangeiro*. Rio de Janeiro: Livraria José Olympio Editora, 1936.

SANTIAGO-ALMEIDA, Manoel Mourivaldo. Projeto Caipira, FFLCH-USP.

SANTOS, Tarcyanie Cajueiro. Os primeiros passos do profissionalismo ao futebol como megaevento. In: CONGRESSO DA INTERCOM, 7. 1999, Rio de Janeiro.

SARFATTI, Margherita. *My Fault*: Mussolini As I Knew Him. Nova York: Enigma Books, 2014.

SARMENTO, Carlos Eduardo. *O Rio de Janeiro na era Pedro Ernesto*. Rio de Janeiro: Editora FGV, 2001.

SCHMIDT, Patricia. *Plínio Salgado: o discurso integralista, a revolução espiritual e a ressurreição da nação*. 2008. 170 f. Dissertação (Mestrado em História) – Centro de Filosofia e Ciências Humanas, Universidade Federal de Santa Catarina, Florianópolis, 2008.

SCHMITZ, David F. "A Fine Young Revolution": The United States and the Fascist Revolution in Italy, 1919-1925. *Radical History Review*, Durham, EUA, v. 1985, n. 33, p. 117-138, maio 1985.

SEGRE, Claudio G. *Italo Balbo*: A Fascist Life. Berkeley, EUA: University of California Press, 1987.

SEPULVEDA, José Antonio. *O projeto integralista*. *Encontros com a Filosofia*, Rio de Janeiro, ano 2, n. 2, abr. 2014.

SETTEMBRINI, Domenico. Mussolini and the Legacy of Revolutionary Socialism. *Journal of Contemporary History*, Essex, Reino Unido, v. 11, n. 4, p. 239-268, out. 1976.

SFORZA, Carlo. D'Annunzio, Inventor of Fascism. *Books Abroad*, Norman, EUA, v. 12, n. 3, p. 269-271, 1938.

SILVA, Hélio. *A ameaça vermelha, o Plano Cohen*. Porto Alegre: L&PM, 1980.

_____. *1935, a revolta vermelha*. Rio de Janeiro: Editora Civilização Brasileira, 1969.

_____. *1938, terrorismo em campo verde*. Rio de Janeiro: Editora Civilização Brasileira, 1971.

SOUZA, Ricardo Luiz de. Nacionalismo e autoritarismo em Alberto Torres. *Sociologias*, Porto Alegre, ano 7, n. 13, p. 302-323, jan./jun. 2005.

TANAGINO, Pedro. Plínio Salgado e Miguel Reale na AIB: as duas revoluções integralistas. In: SIMPÓSIO NACIONAL DE HISTÓRIA, 28., 2015, Florianópolis. *Anais eletrônicos...* Florianópolis: ANPUH, 2015.

TRINDADE, Hélgio. *A tentação fascista no Brasil, imaginário de dirigentes e militantes integralistas*. Porto Alegre: UFRGS Editora, 2016.

VICTOR, Rogério Lustosa. *O integralismo nas águas do Lete*: história, memória e esquecimento. Goiânia: Editora da Universidade Católica de Goiás, 2005.

_____. *O labirinto integralista: o conflito de memórias (1938-1962).* Goiânia: Ifiteg Editora, 2013.

VIEIRA, Newton Colombo de Deus. *Além de Gustavo Barroso: o antissemitismo na Ação Integralista Brasileira (1932-1937).* 2012. 149 f. Dissertação (Mestrado em História) – Faculdade de Filosofia e Ciências Humanas, Pontifícia Universidade Católica do Rio Grande do Sul, Porto Alegre, 2012.

WERNECK, Maria. *Sala 4, primeira prisão política feminina.* Rio de Janeiro: Cesac, 1988.

**Acreditamos
nos livros**

Este livro foi composto em Bembo Std e
impresso pela Geográfica para a Editora
Planeta do Brasil em junho de 2021.